本书获 云南省高层次人才“培引”计划资助
云南省精品课程“教育学”建设项目资助

当代教育问题新视点

褚远辉 著

云南大学出版社

前　言

当今世界，教育在经济和社会发展中的基础性和战略性地位愈益凸现，纵观世界，很多国家都把教育放在了优先发展的战略地位。他们纷纷增加教育的投入，加大教育改革的力度，不断提高教育质量，并把发展教育作为促进经济、社会发展，增强民族凝聚力和国家竞争力的一个重要举措。可以这样讲，在人类社会的发展历史上从来就没有像现在这样重视和关注过教育。

教育的重要性毋庸置疑，同时教育又是一种十分复杂的社会存在。从其外部联系来看，教育与社会的政治、经济、科技、文化、人口和意识形态等有着广泛而密切的联系。教育的发展一方面受制约于社会的政治、经济、科技、文化、人口和意识形态的发展水平及现实状态；另一方面，教育的发展又反作用于这些因素。事实上，教育已经成为推动社会政治、经济、科技、文化发展和提高人口素质的强大力量。而从教育自身来看，教育又是一个由多种要素构成的复杂系统，具有自身独特的性质、特点、功能和运行规律。教育作用和功能的充分发挥，既取决于社会发展对教育的需求，更决定于人们对教育本质和规律的认识和把握。

人类对教育自身的认识又是一个渐进的、逐渐趋于真理的过程。教育的极端重要性和复杂性决定了我们对教育的认识不能采用简单思维，教育外部联系的多样性和内部结构的复杂性也决定了对教育的认识应该是多元化和多样化的。尽管在“全球化”和“国际化”的背景下，世界各国的教育呈现出了趋同的一面，但各国、各民族的历史文化传统又总是有差异的，深深植根于“历史文化传统”和“民族性”的各国教育也必然是个性化和民族化的，并由此显现出世界教育发展的“多元之美”。如现在对“什么是教育”、“什么是世界上最好的教育”，以及“怎样的教育才是有效和有用的”等诸如此类的问题，不同国家、民族，甚至不同个体的认识和回答都是有差异的。这一方面反映了教育的复杂性；另一方面，也反映了人们对教育问题认识的多元性和个性化。

也正是因为教育的极端复杂性和人们对教育自身认识的有限性，在当前，对教育的认识是允许多元化的，也应当是多元化的，而对教育的多元化认识之中就包含了对教育本质和规律某种程度的揭示。也正是基于这样的理解和认识，本书对“学校教育科研”、“减轻学生过重课业负担”、“学校德育”、“教学”、“素质教育”、“教师威信”和“比较教育”等课题作了比较独特和深入的探讨，展现作者对这些教育问题的新认识、新理解、新思维、新观点和新探索。

著　者

2011 年 1 月于大理学院古城校区

目　录

第二编　关于“减负”的新视点

第三编　关于“学校德育”的新思维

第四编 关于“教学”的新视点

第五编　关于“素质教育”的新视点

第六编　关于“教师威信”的新视点

第七编　关于“比较教育”的新视点

第一编　关于“学校教育科研”的新视点

视点1：中小学教师从事教育科研的意义①

中小学教师要不要从事教育科研？这在我国历来就是一个争议颇多、观点各异的问题。在我国，长期以来，无论是在教育理论研究中还是在教育实践中，都把中小学教师的职业角色定位于“知识的传授者”，认为中小学教师的核心角色和主要任务就是把课本上的知识传授给学生，其背后隐含的意蕴就是中小学教师没有必要再去从事什么研究了。其实，在国际上教师专业化发展和国内基础教育新课程改革的背景下，中小学教师作为直接的教育教学研究者已经成为最具时代性的教育理念和重要要求之一。当然，中小学教师成为研究者并不是自然赋予的，它需要中小学教师具备从事研究的一些主体素质和客观条件；另外，在当前中小学教育科研中还存在着诸多认识上的误区和弊端，这些都在一定程度上降低了中小学教育科研的有效性，也阻碍了教育科研在教育教学中的先导作用的充分发挥。在本编中，我们将就以上问题谈谈自己的理解和认识。

中小学教师究竟该不该从事教育科研？让中小学教师从事教育科研是一种应时应景之作，还是教育改革和发展的必然要求？是一种对中小学教师的外部强制性要求，还是中小学教师专业化发展和提高学校教育教学质量的内在需要？这些问题在我国教育界一直没有形成共识。其实，对中小学教师从事教育科研，首先要解决的还是一个“为什么”的问题，即中小学教师为什么要从事教育科研，或者说，中小学教师从事教育科研的意义和价值何在的问题。对此，具体分析如下。

---

① 辉进宇，褚远辉．中小学教师从事教育科研价值的再认识［J］．今日教育，2006（10）：26－27.

一、从事教育科研是提升教师教育教学基本素质的客观要求

教师在教育教学过程中发挥着主导的作用，教师既是学生学习的促进者，又是学生人生的引路人。同时，这次基础教育新课程改革不但丝毫没有忽视教师的倾向，反而更加强化了教师的作用，把学生的成长、发展，甚至生活的幸福与否都与教师紧密地联系在一起。这样，教师自身素质的重要性就凸现了出来，它直接关系到学校教育教学的质量和人才培养的规格。应该讲，提高教师的素质从来就是教育的一个永恒主题，尽管培养和提高教师素质的途径很多，但其中很重要的一个方面就是让中小学教师从事教育科研。从事教育科研能有效地培育教师的问题意识，训练和发展教师的逻辑思维能力、语言表达能力、设计能力、组织管理能力以及使教师养成以研究和探索的态度来对待教育教学工作的习惯，等等。所有这些都是教师教育教学基本素质的核心构成要素。通过从事教育科研就可以达到提升教师教育教学基本素质的目的。

二、从事教育科研是提高学校教育教学质量的有效途径

中小学教师从事教育科研的具体内容是十分丰富的，其中之一就是借鉴国内外先进的教育教学理论，进行教育教学改革探讨和实验研究，并在此基础上揭示教育教学的客观规律。这样，人们就可以根据对教育教学规律的认识和掌握来改变中小学教育教学过程原有的构成要素、组合关系以及状态，优化教育教学过程的结构，最终达到提高教育教学质量的目的。另外，在教育科研过程中，广大中小学教师还可以把自己在教育教学实践中遇到的问题和困惑作为研究的课题，通过研究来解决这些问题，以此促进教育教学活动的顺利进行和教育教学质量的提高。

三、从事教育科研是促进教师专业化发展的必由之路

近年来，教师的专业化及其发展问题被提到了议事日程，越来越引起了大家的注意。教育教学是社会的一种专门活动，因此教师是社会的专业人员，这是我们对教学和教师职业性质的一般认识。但实际上，在我国却存在着中小学从业人员的专业化程度低、教育教学质量不高等问题（如在过去相当长的时间里，我们就认为教师职业不需要专门的特殊训练，只要有知识就能当教师）。而所谓教师的专业化发展，就是使准备和正在从事教师工作的人经过长期的学习、训练、培养、实践和研究，形成特殊的职业道德结构、知识结构和技能结构，从而使教师

职业具有不可替代性。促进教师专业化发展是提高教育教学工作层次、水平和效果的根本之策，也是当前国际上教师教育和培养的一个共同特点和趋势。促进教师专业化发展的一个重要措施就是要强化教师，尤其是中小学教师作为教育教学研究者的职责，让中小学教师具有教育者和研究者的双重角色，并以此来改变长期以来中小学教师职业业余化或半专业化的特点和性质，提高教师的专业化程度。

四、从事教育科研是培养教育专家型教师的客观需要

时代和社会的发展要求中小学教师不能仅仅停留在书本知识传授者和某门具体学科专家的层次上，他们也应该成为教育专家，即中小学教师除了要具有扎实的专业知识和技能外，还要具有较深厚的教育理论修养、敏感的教育问题意识及对自己的教学进行研究、监控和反思的能力等。培养教育专家型的教师不仅是教育改革和发展的客观需要，而且是教师专业化发展的必然趋势。教育专家型教师和传统知识传授型教师相比较，他们的一个显著区别就是专家型教师具有很强的教学反思和研究能力，他们不再仅仅是别人研究成果的消费者和接受者，而本身直接就是一名研究者和生产者。从这个意义上讲，从事教育科研既是教育专家型教师的重要标志，又是传授型教师向教育专家型教师转化的重要途径。

五、从事教育科研是激发中小学教师工作热情和内驱力的重要源泉

教师，尤其是中小学教师在工作中容易产生一种职业的倦怠感。倦怠感作为一种影响教育教学工作的负面因素和消极的情感体验，它开始引起了人们的重视。固然，造成教师职业倦怠的因素很多，既有主观原因，又有客观因素，其中不容忽视的就是，中小学教师的教学具有知识的再生产性和教学阶段的周期循环性等特点。一方面，作为一名中小学教师，他的主要任务是把人类长期以来积累的知识经验传授给学生，从而实现科学知识的再生产，即他的劳动具有知识的再生产性，而非知识的生产性或创新性；另一方面，中小学教师的教学过程和阶段还具有周期循环往复性的特点。由于这些特点的存在，如果一名中小学教师只教书、不研究，只是满足于一种述而不作的程式化的工作方式，则他的教学就很难在周期性更替中得到完善和升华，而往往只能停留在一种简单的、低层次的循环往复中。在这种周期性更替的过程中，教师难免会对教学工作产生厌倦感和惰性，从而影响他的教学积极性和教学质量。相反，如果一名教师是以研究和探索的态度来对待教育教学工作，他就会产生一种常教常新的体验，认为教育教学充满新意，是一个富有创造性和乐趣的过程，并且他在教育科研中取得的成果反过

来又会成为一种巨大的内驱力，促使他更加全身心地投入教育教学工作中去，在这个过程中他会产生一种干事业的满足感和成就感，并由此激发起对教育教学工作更大的热情。因为凡是从事有新意、有创造性的事情都能使人的心理得到极大的满足，并激发出工作的激情。

六、从事教育科研是名师们的共同特征

新中国成立以来，我国基础教育战线上涌现了一批敬业精神强、教育教学理念先进、教育教学艺术高超、教育教学技能扎实、教育教学质量和效果卓著，并且社会影响较大的教师群，即所谓的名师群。当以这些名师作为个案对其进行分析和研究时，我们发现，除了具有自己鲜明的教学风格和教学个性外，他们还有许多共同的特征，其中的一个重要方面就是他们都有很强的研究意识和研究能力，并能把教育教学和教育科研有机地结合起来，也正是通过教学和科研的结合使他们的教学达到了一个新的、更高的层次和水平。

七、从事教育科研是培养学生创新精神和创新能力的必然要求

培养学生的创新意识、创新精神和创新能力是知识经济时代对人才素质要求的核心，也是当前我国全面实施素质教育的重点。学校教育是培养学生创新精神和能力的重要途径，而教师在其中起着引导、示范的作用。要培养学生的创造性，首先就要求教师自身富有创造性，因为学生的创造性只能通过教师的创造性来培养。但由于长期以来我国基础教育盛行传统应试教育的僵化模式，一些中小学教师往往习惯于应试教育一整套固定的程式和机械的操作模式，在这个过程中他们的创新意识和能力在很大程度上也被淹没了。因此，创造型教师的培养问题也是当前基础教育的一个重要课题，即教师自身的创造性实际上存在着一个再培养、再开发和挖掘的问题，而从事教育科研可以有效地培养教师的问题意识、研究能力和创造性。

八、从事教育科研能有效地促进教育科学理论的发展

在过去很长的一段时间里，我们还存在着一个认识上的误区，认为只有理论工作者和高校教师才具有创新和发展教育科学理论的素质和条件，其实，中小学教师工作的职责、对象、性质和特点等决定了他们是发展教育科学理论的另一支重要队伍。与其他教育研究人员相比较，中小学教师具有从事教育科研独特的有利条件和优越性。中小学教师几乎天天都在从事教育实践工作，他们对教育问题

的反应比较敏锐，发现教育中存在的问题比较迅速，对所发现的教育问题的体会也比较深刻。在他们丰富的教育教学经历和经验中蕴藏着许多教育科研的素材和课题，其中也孕育着无数新的教育理论的生长点。国外一些学者就认为，由教师来研究和改革自己的教育实践是教育改革最直接、最适切的方式。外来的研究者对教育的现实情景往往缺乏深入的了解，他们的研究往往不能抓住问题的关键，得不到教师的认同。因此，我们认为中小学教师处于教育科研的最佳位置，他们拥有最多的研究素材和最佳的研究机会。这就为他们从事教育科研和发展教育科学理论奠定了诸多有利条件和牢固的实践根基。

九、从事教育科研是当前基础教育新课程改革的需要

当前，我国基础教育正在进行新中国成立以后的第八次课程与教学改革。虽然这次教育改革是以课程改革来命名的，但我们认为，它并不仅仅局限在课程改革的层面上，它涉及教育思想观念的更新、教学的改革和管理及评价制度的重新构建等，实质上是我国基础教育的一次深刻的、全方位的变革。这次新课程改革很有新意的一个方面就是教育理念的更新，如认为要实现教师职业角色的转化，由过去的教书匠转变成为直接的教育教学研究者，由过去的课程执行者和传授者转变为课程的建设者和开发者，由过去的知识传授者转变为学生学习的促进者等。另外，这次基础教育新课程改革使广大教师遇到了许多前所未有的新问题，要求教师必须要有研究的意识，这就强化了教师作为研究者的职责。从这个意义上讲，从事教育科研是这次新课程改革对教师的客观要求。

总之，中小学教师从事教育科研对促进教师的专业化发展和提高学校教育教学质量都具有十分重要的意义和作用，在当前，应该大力倡导中小学教师从事教育科研，并由此促进中小学教师实现由教书匠的传统角色向研究者的现代角色的转化。

视点2：中小学教师从事教育科研的主体性条件

中小学教师的教育科研意识和能力并不是自然和自发形成的，它需要中小学教师经过一定的训练，具备多方面的知识和能力，其中特别值得关注的是中小学教师要具备从事教育科研的一些内在主体性条件。

一、教育思想观念的转变与教育科研①

在我国，对大多数中小学教师来讲，开展教育科研毕竟还属于一种新鲜事物，它首先要解决的还是一个认识和观念及其转变的问题。其中主要包括：中小学教师有没有必要从事教育科研；中小学教师有没有可能从事教育科研以及中小学教师从事教育科研到底为何；如此等等。这些认识和观念上的问题不解决，开展教育科研、提高中小学教育科研的实效就只能是一句空话。因为教育思想观念是教育工作者最根本的内在素质，甚至可以说它是教育工作者的灵魂，并在教育工作者从事教育教学的过程中发挥着统帅和先导的作用。教育工作者有什么样的教育思想观念，就会生发出什么样的教育行为、教育方式、教育态度以及教学观和学生观等。自然地，如果中小学教师在头脑中压根就没有从事教育科研的思想和意识，他们也就不会产生从事教育科研的实际行动和方式了。

在我国，长期以来，中小学教师的核心职业角色就是“知识的传授者”，人们往往认为，中小学教师最重要的任务就是把人类长期以来积累的知识经验（主要是书本知识）传授给学生，在实现知识经验再生产的过程中，把学生个体的认识提高到社会认识的高度，并以此实现学生个体的社会化和个性化，从而完成培养人的任务。而从事研究则主要是教育理论工作者、教研人员和高校教师的事，与中小学教师无关。应该讲，长期以来形成的这些认识和观念根深蒂固，对中小学教师从事教育科研起了严重的制约和束缚作用。这种对中小学教师职责狭窄化、片面化的理解和对教育科研的模糊认识是造成当前一些中小学教师教育科研意识不强、学校教育科研低效的认识根源。

如此，转变和更新传统教育思想观念就成为当前中小学教师从事教育科研的一个重要的主体性条件。在当前，拓展中小学教师工作的职责，强化他们的研究意识，树立他们的研究者地位等就成为开展中小学教育科研的一个重要切入点。

二、教育理论素养的提升与教育科研②

教育科研是指以教育科学理论为指导，以教育领域中出现的问题和现象为对象，以探索教育规律、提高教育质量为目的的一种创造性的认识和实践活动。教育科研呼唤教育科学理论的指导，开展教育科研还离不开教育科学理论。这实际上也就对教育科研实践活动主体的中小学教师的教育理论素养提出了较高的要

① 褚远辉．教育思想观念的转变与教育科研［N］．教师报，2004－05－19.

② 褚远辉．教育理论素养的提升［M］．云南教育，2005（10）：10－11.

求，并且我们认为，中小学教师教育理论功底的深浅和水平的高低对能否取得教育科研的成果和取得什么样的科研成果起着重要的制约作用。至于中小学教师的教育理论素养对其所从事的教育科研的影响，我们可从两个层面来认识。从宏观的层面来看，中小学教师的教育理论素养对其所从事的教育科研实践活动起着总体把握和指导、调节的作用；从微观的层面来看，中小学教师的教育理论素养可以从多个方面影响他所从事的教育科研活动。首先，中小学教师教育理论素养的高低直接决定了他们对教育问题的意识和感悟。发现教育中存在的问题是开展教育科研的起点和关键，尽管研究者教育问题意识的高低和强弱要受诸多因素的影响，但其教育理论素养是其中起根本性作用的一个方面；其次，中小学教师教育理论素养的状况直接决定了研究过程的顺利与否。因为教育科研是一个十分复杂的过程，它要受很多因素的影响。如何认识这些因素，如何认识这些因素作用的性质，如何最大限度地避免其中的一些消极因素对教育科研过程的干扰等，对这些问题的认识、理解和解决也在很大程度上取决于他们的教育理论素养；最后，中小学教师的教育理论素养还直接决定了研究结论的得出以及研究结论的正确程度。由此可见，较高的教育理论素养也是中小学教师从事教育科研必不可少的一个主体性条件。

研究者的教育理论素养对教育科研的重要性是毋庸置疑的。但反观我们的中小学教师，虽然他们中的绝大多数都是从师范院校毕业的，在大学里他们都学过教育学、心理学和学科教学法等教育理论类的课程，都从事过教育见习和实习。但毋庸讳言，他们的教育理论素养和水平普遍不高，这就使他们在从事教育科研时常常感到力不从心。归纳起来，造成当前中小学教师教育理论素养不高的原因主要有两个方面：一方面，与现在教育理论类课程的理论体系、学术观点不成熟，科学性不高，实践应用性不强等因素有关，这属于当前我国教育理论类课程和学科发展水平不高的原因；但另一方面，更主要的还是与当前师范生对待这些学科和课程的态度有关。一般来讲，师范院校的教育类专业都具有双专业的性质和特点：一是学科专业，二是教育专业。这两个专业对构建师范生的教师素质和促进教师职业专业化的发展都具有独特的价值和作用，都是不可或缺的。但令人遗憾的是，在师范生中普遍存在着重学科专业、轻教育专业的倾向，这就使得他们的教育理论素养先天不足。加之毕业后，一些中小学教师在从事教师工作的过程中整天忙于教学和学生管理，不注意教育理论知识的学习，也不注意总结自己在教育教学实践中积累的经验，并把这些经验上升到理性认识的高度。这样的工作性质和工作状况就加剧了他们教育理论素养的欠缺。在现实生活中，我们发现，一些中小学教师撰写的教育科研论文没有理论色彩，缺乏抽象概括性和学术研究性，往往只是就事论事，把学术论文写成了经验总结和工作报告，而很难把所积累的教育教学经验上升到理论的高度，并从中提炼出一些带规律性的东西来指导自己的教育教学实践。这些问题存在的根源就在于部分中小学教师的教育理论知识欠缺、教育理论修养不高。因此，从某种意义上讲，当前在一些中小学很难开展有效的教育科研活动，主要还是由于一些中小学教师缺乏教育理论素养，这就使他们不知道怎样从事教育科研。

中小学教师的教育理论素养是其教育科研能力和水平的内在根据，所以，倡导和要求中小学教师从事教育科研，就必须首先提升他们的教育理论素养。

三、问题和研究意识的培育与教育科研①

教育科研与其他科学研究一样，都是从发现问题和矛盾开始的。能否发现问题、能发现一个什么样的问题在很大程度上决定了教育科研的方向和最终取得成果的社会、经济、科学和学术价值。有人就认为，发现问题比解决问题更重要。这样，中小学教师的问题与研究意识就构成其研究素质的另一个重要方面，它对教育科研活动的启动、顺利进行和取得较好的成效起着重要的作用。但在学校教育教学实践中我们又发现，一些中小学教师的问题与研究意识比较淡薄，这也在很大程度上阻碍了他们开展教育科研活动。因为没有问题，就谈不上对问题的研究；没有对教育中存在问题的认识，也就无从谈起教育科研的开展。所以说，问题与研究意识的觉醒程度同样是中小学教师从事教育科研的一个重要的主体性条件。

教师的教育教学工作具有复杂性、科学性、艺术性、创造性和探索性等特点，这同时也说明了教育教学工作中存在的问题是复杂多样的，这就要求广大中小学教师要以研究和探索的态度来对待自己的教育教学工作，并在这个过程中强化自己发现问题和探索研究问题的意识。为什么当前部分中小学教师的问题与研究意识比较淡薄呢？分析其原因，也是多方面的。首先还是传统教育思想观念使然。如前所述，由于受传统角色观念的影响，一些中小学教师习惯于一种“述而不作”的工作方式，久而久之就成了“教书匠”，在这个过程中也就逐渐泯没了自己的问题与研究意识。其次是受传统应试教育模式的影响。由于受片面追求升学率、历史文化传统和现实社会压力等诸多因素的影响，我国基础教育中应试的成分和特点比较突出。本应是师生交往、积极互动、共同提高和发展的教学过程，退化为一种教师讲授和灌注、学生接收和记忆的简单劳动；本应是一种丰富多彩、充满创造性和个性化的教学过程，退化为一种机械的模式化工作。在这种程式化工作方式的影响下，一些中小学教师理论思维的兴趣被压抑，探索的热情和创造的火花也逐渐熄灭。再次就是与中小学教师劳动的性质、特点与现状有

---

① 褚远辉，等．问题与研究意识的培育，中国民族教育［J］．2005（5）：22－23.

关。中小学教师的劳动具有知识的再生产性和教学阶段的周期循环性等特点。知识的非生产性从源头上削弱了一些中小学教师创造的欲望；而教学阶段的周期循环性，使一些中小学教师的教学停留在周而复始、机械重复、低层次的周期更替中得不到升华，单调、成规、经验和习惯扼杀了问题、思考、研究和创造。加之当前中小学教师的工作任务非常繁重，一些教师无暇也无力思考和研究问题，这也阻碍了他们成为教育教学的研究者。

我们现在应该换一种思维方式来思考当前中小学教育科研难以开展的原因。上述问题的存在使我们认识到，问题与研究意识的培育不应仅仅只是针对学生而言，对教师而言，同样必须重视问题与研究意识的培育。尤其是在新课程改革要求广大中小学教师成为直接教育教学研究者的背景下，问题与研究意识的培育对中小学教师的专业成长和学校教育科研的开展就具有更加重要的意义和作用了。

四、内部需求的激发与教育科研①

值得注意的是，当前制约中小学教师从事教育科研的另一个重要因素还在于部分中小学教师缺乏从事教育科研的内部需求和动力，他们无心、也不愿从事教育科研。如在笔者的一项调查中，因为“学校有要求而去从事教育科研”的教师占了被调查对象的51.3%；因为“撰写和发表论文在评职称和评优中有加分因素”而去从事教育科研的占56.7%；也有近一半的教师从事教育科研的动机来自“别人都在搞，我不搞就会吃亏”等。这些调查数据表明，当前一些中小学教师从事教育科研还处于一种外部强制性要求的阶段，不少教师还缺乏从事教育科研的内部需求和自觉性。由于从事教育科研的积极性不高，他们很难自觉地参与到教育科研的活动中去，真正成为教育科研的有心人。应该说，中小学教师对教育科研的这种低层次认知水平和心理需求是造成当前中小学教育科研低效的另一个重要原因。因为心理学的研究成果表明，一个人能否自觉、积极地参与某项活动并取得活动实效的关键是能否认识到这一活动对自己和对社会的重要性，对从事这一活动产生强烈的内部需求，并由此形成活动的动机。因为没有需求，也就没有创新和变革的动力。可见从事教育科研内部需求的增强无疑是教师从事教育科研的重要主体性条件之一。

造成中小学教师对教育科研缺乏内部需求的原因也是多方面的，首先还是不能不谈传统教育思想观念的影响及其惯性作用。当前，素质教育的实施和基础教育新课程改革都要求中小学教师从过去单一的教育教学实践者转变成为教育教学的实践者和研究者，从“教书匠”的传统职业角色转变为研究者的新角色。从

① 褚远辉，等．内部需求的激发［J］．云南教育，2005（5）：7－8.

理论上讲，这些外部要求强化了中小学教师作为研究者的职责，有利于激发中小学教师从事教育科研的内部需求和动力。但从实际来看，观念的复杂性和传统观念本身固有的惯性作用，决定了旧观念的改造和新观念的形成并非易事。观念的转变从来就是一个长期、复杂的过程，观念的转变也从来就不可能收到立竿见影的效果。由于旧观念的影响，一些中小学教师教育科研的意识不强、积极性不高，所以自然对教育科研缺乏内部需求。其次，对从事教育科研的意义和作用的认识不够。中小学教师究竟应不应从事教育科研，从事教育科研到底对中小学教师有什么作用和好处，这些问题在我国始终没有得到很好的解决。在学校的实际工作中，一些中小学教师由于没有充分认识到从事教育科研的意义和价值，他们在内心里是排斥教育科研的，对学校倡导的教育科研活动也抱应付的态度，这也导致他们对教育科研缺乏内部的需求和动力。再次，对教育科研缺乏直接的情感体验和感受。长期以来，一些中小学教师习惯于传统应试教育的机械模式，他们既对从事教育科研的意义和作用缺乏认识，更缺乏由教育科研所带来的教学成功的积极的情感体验，这也导致他们对教育科研缺乏内部需求。

既然内部需求的激发是中小学教师从事教育科研的一个重要的主体性条件，因此，在当前开展中小学教育科研活动就应该注意提高和激发中小学教师对教育科研的内在需求，一方面，要让中小学教师充分认识到从事教育科研的重要性和必要性，要把开展教育科研活动放在提高自身教育教学能力、促进自身专业化发展的高度来看待，甚至是要把从事教育科研与自己的生活和专业成长紧密地联系起来。做到这一点十分重要。因为对一个人来讲，只有是他认为重要的事情，他才有做这件事和追求该事物的冲动和需要。另一方面，就是要让中小学教师在实际从事教育科研的过程中对教育科研产生积极的情感体验。让他们喜欢搞教育科研，对教育科研活动感兴趣。这种直接的情感体验对支撑中小学教师从事教育科研也是十分重要的。因为在现实生活中我们注意到这样一种现象：一些中小学教师之所以没有产生从事教育科研的内部需求，主要还是由于他们缺乏从事教育科研的经验、体验和感受，尤其是缺乏由教育科研所带来的教育教学成功的喜悦。因此，激发中小学教师从事教育科研的内部需求，很重要的一个方面就是丰富他们从事教育科研的体验和感受，因为他们对教育科研的积极情感体验可以转化成从事教育科研的内部需求和动力。

五、教育科研知识和能力的构建与教育科研

教育科研作为一种高层次的、创造性的认识和实践活动，它要求从事教育科研实践活动的主体必须要接受专门的训练，并形成从事教育科研的专门和特殊的知识和能力结构。就其中的知识结构而言，主要是要求中小学教师要学习和掌握

有关教育理论（包括教育学、心理学和学科教学法等）和教育科研的知识，提高中小学教师的教育理论素养，并让他们了解和熟悉教育科研的基本过程和常用的教育研究方法等；而就其中的能力结构而言，则主要是指要培养和提高中小学教师策划和提炼选题的能力、收集资料的能力、抽象能力和概括能力、分析和综合的能力以及语言表达的能力等。总之，在当前，构建中小学教师完整的从事教育科研的知识和能力结构，这也是中小学教师从事教育科研的一个重要的主体性条件。

视点3：当前中小学教育科研中存在的问题及改进策略

在我国，中小学教师从事教育科研毕竟还是一个新生事物，存在着不少问题，影响了中小学教育科研的实际效益，也影响了中小学教师对开展教育科研活动的实际认同。这些问题，既有认识层面上的，也有操作层面上的。在这里，我们主要从对教育科研认识上的误区、中小学教育科研中的“几多几少”、教育科研中的“媚外”与“移植”和教育科研论文撰写中存在的问题等几个方面对这一问题进行分析。

一、教育科研认识上的误区及其对策①

当前中小学教育科研中存在的问题首先表现在中小学教师对教育科研的认识上。由于受传统教育思想观念和现实应试教育等诸多因素的影响，部分中小学教师对教育科研形成了认识上的一些误区。概括起来，大致有以下几个方面。

一是无关论。在我国，长期以来，中小学教师大都认为自己的任务就是给学生传授书本上的知识，并让学生在考试时能够正确地回忆和再认这些知识，从而取得理想的分数。由此他们认为，从事教育科研是教育理论工作者、教研人员和高校教师的事，是所谓专家和学者们的专利，从事教育科研与自己的本职工作无关。于是，他们对教育科研的态度是“事不关己，高高挂起”。

二是神秘论。从总体上讲，在我国，除了科学研究的下移，全民科学及研究意识的培育和科学知识、科学技术的普及等工作做得不够好之外，科学教育在中小学教育教学工作中也是一个比较薄弱的环节。科学研究，尤其是一些高、精、尖技术的研究往往是在一个相对封闭的环境里由极少数科学家和技术人员来参与

① 褚远辉. 中小学教师对教育科研的认识误区及消解［J］. 当代教育科学，2008（14），42－44.

和完成的。如此，人们就很容易对科学研究本身形成了这样一种思维和观念上的定式：认为搞研究是一门高深的学问，它需要深奥的理论，深邃的思维和智慧，专门的技能、技巧，独特的研究方法以及高超的研究工具与手段等，并由此对科学和技术的研究产生一种神秘感，认为只有科学家和学者才能搞研究、作出创造和发明。受此影响，一些中小学教师也把教育科研神秘化。他们认为教育科研高深莫测，自己无从，也无力从事教育科研。

三是无用论。在我国，教育理论工作者和中小学教师以及教育理论和教育教学实践之间存在着某种程度的分离现象。现实中的实际状况是，一方面，一些中小学教师主要是凭借自己长期以来积累的教育教学经验在从事教育教学工作。由于缺乏科学教育理论的指导，他们在教育教学实践中的科学性不高、有效性不强。而另一方面，一些教育理论工作者和专家、学者则是把自己关在书斋里写论文、搞研究，他们在头脑中凭空构想和推导出自认为理想的教育模式和解决教育问题的方式和措施，他们的教育科研成果可谓是拍拍脑袋想出来的。由于缺乏实践的根基和经验的支撑，他们这种既无科学性，又无实践性和可操作性的所谓教育科研成果，对中小学教育教学实践的指导作用是极其有限的。两支队伍的分离和教育理论与教育实践脱节的现状使一些中小学教师对教育科研形成了一种消极的印象，认为搞教育科研完全是一种“花架子”，没有什么实际用途和价值。

四是负担论。由于受“应试教育”和“片面追求升学率”等的影响，中小学教师之间在考试和排名等方面的竞争非常激烈，一些中小学教师承受着巨大的社会压力和心理压力，加之他们本身大都还承担着非常繁重的教学、学生管理和思想政治教育等方面的任务，各种压力相互叠加，使他们苦不堪言。一些中小学教师把教育科研看成是教育行政主管部门和学校附加在他们身上的一种新的额外负担。他们认为，自己本身的负担就已经很重了，从事教育科研只会进一步加重他们业已十分沉重的负担。

五是无素质论。通过从事教育科研促进中小学教师专业化的发展，并达到提高学校教育教学质量和效率的目的，这可谓中小学教师从事教育科研的意义和价值所在。一些中小学教师对此也开始逐渐有了比较深切的认识，他们也认为中小学教师应该而且必须从事教育科研，但与此同时，他们又认为，从事教育科研需要有较深厚的教育理论素养和功底，需要具备相关的教育科研知识、技能和接受专门的教育科研训练等，而所有这些却都是他们所缺乏的。于是就认为教育科研虽然十分重要，但自己缺乏从事教育科研的素质。

六是无条件论。一部分中小学教师片面夸大和强调从事教育科研所需要的外部环境和条件，尤其是物质条件。他们认为，从事教育科研需要有一定的研究经费、实验设备、图书资料、专业引领和专家的指导等，但自己所在的学校缺乏这些条件。于是就以缺乏从事教育科研的条件为由，排斥搞教育科研。

七是应付论。由于基础教育新课程改革的要求，也由于上级教育行政主管部门开始把开展教育科研活动的情况作为检查和评估学校工作的一项重要内容和指标，一些学校迫于外在的要求和压力，硬性要求每一位教师都必须申报课题、参与教育科研活动。由于对教育科研本身的意义和作用缺乏认识，加之自身的教育理论素养和教育科研训练不足，在一些教师身上就出现了外部要求搞教育科研与自己不知道怎样搞教育科研和不愿意搞教育科研之间的矛盾。由于缺乏认识，也由于缺乏必要的指导和帮助，他们只能对教育科研抱应付的态度，于是不少学校形成了“只有教育科研之形，而无教育科研之神”的尴尬局面。

八是理论研究论。一些人把中小学教师的研究与教育理论工作者的研究等同起来，一味强调研究中的学术性、理论性、专业性和抽象概括性等。这些人认为，搞研究就是申报课题和撰写论文，并且把中小学教师课题立项的级别和发表论文的数量等作为衡量中小学教育科研成效的主要标准。于是，一些中小学就形成了“人人都在报课题，人人都有立项课题，人人都在开展课题研究”的教育科研虚假繁荣现象。

二、当前中小学教育科研中的“几多几少”①

当前中小学教育科研中存在的问题，还具体表现在中小学教育科研的“几多几少”上。这“几多几少”的具体含义如下。

（一）一般号召多，具体落实少

中小学教师从事教育科研是培养学者型、科研型教师，促进教师专业化发展和提高学校教育教学质量的重要途径，也是这次基础教育新课程改革对教师所提出的需要和要求。中小学教师应该从事教育科研，这已为越来越多的人所认同。但令人遗憾的是，在现实学校工作中，并不是所有的人对此都有正确的认识。一些学校的领导就担心开展教育科研活动会影响学校正常的教育教学秩序，降低学校在考试和升学中的竞争力；一些教师也认为自己本身就承担了十分繁重的教学和学生管理工作，无暇再顾及教育科研工作，同时他们对教育科研的实际作用和效果也心存疑虑。在这种认识下，很多学校开展教育科研活动只是为了迎合所谓新课程改革的要求，也更多的是为了应付上级部门对学校教育科研工作的检查、评估和督导（因为在新课程改革的背景下开展教育科研活动已成为学校的一项基本职责，并且教育科研成果的数量和质量开始成为评估一所学校办学水平的重要指标）。这种迫于外在压力和检查的教育科研完全流于一种形式，沦落为一种应

① 褚远辉，等．当前中小学教育科研中的“几多几少”［J］．中国教师，2006（3）：28－30.

时应景之作。于是，在学校教育科研中出现了一般号召多、具体落实少，雷声大、雨点小的现象。

（二）立项课题多，结题成果少

开展教育科研活动必须要借助于一定的载体。在中小学，开展教育科研活动的载体形式应该是多方面的，其中很重要的一个切入点就是以课题申报、论证和最终立项的方式来开展教育科研活动。应该讲，这是中小学开展教育科研活动的一种有效形式，也是中小学教育科研走向规范化和正规化的必由之路。但在这里出现的问题是一些学校把这种做法推向了一个极端，他们把教育科研的全部内涵简单化为课题的立项以及对立项课题的研究，认为搞教育科研就是课题的申报和立项。于是在一些学校里出现了学校领导积极动员、广大教师争先恐后报课题、人人都有立项课题的繁荣景象。其实，这只是一种表面的虚假繁荣，在这种泡沫式繁荣的背后隐藏的是研究课题选择的主观性、盲目性和随意性。由于大量的课题事先并没有经过认真的思考、严格的选择和科学的论证，在立项以后的具体实施过程中才发现，有些课题根本就没有什么理论和应用价值，毫无研究的必要；有的课题本身就是一个虚假问题，没有什么科学的立论依据；而有些课题由于论证过程不严密，设计的技术路线和采用的研究方法不合理、不科学，在实施过程中才发现根本就没有研究的可行性，或者说很难再把研究深入下去，结果造成了人、财、物等的浪费。这样做的后果必然是立项课题多、完成和结项的课题少。这种重立项、轻过程管理和结题验收的现象并非个别。

（三）一般性成果多，有指导价值的成果少

教育科研作为一种创造性的认识和实践活动，衡量其价值高低的一个重要标准是其成果有无创新性和指导性。对当前中小学教育科研的具体成果，我们有一个基本的估价，即一般性的东西居多，而在理论上有创新和突破，并对教育教学实践有直接指导作用的成果却寥寥无几。分析造成这种情况的原因，主要有以下几个方面：（1）受认识和观念转变等因素的制约，当前教育科研在中小学还没有成为广大中小学教师的自觉行为，大家从事教育科研的积极性和创造性不高。这样的研究状态很难出精品成果。（2）受部分教师教育理论素养不高、教育科研能力不强、教育科研知识和技能欠缺等的影响，研究者的素质阻碍了高水平成果的取得。（3）缺乏专家的引领和指导，从事教育科研的科学性不高、规范性不强、专业化程度不高等。这也是当前教育科研成果的影响力较小的一个重要原因。也正是由于一般性的成果多，有直接指导作用的成果少，导致一些老师看不到搞教育科研的好处，体验不到从事教育科研的甜头。这反过来又影响他们从事教育科研的热情和积极性。

（四）理论构思的多，解决实际问题的少

理论构思的多，解决实际问题的少，主要是针对当前中小学教育科研的过程和成果而言的。中小学教育科研的一个显著特点是比较具体，而且具有很强的实践性，即要求选择那些内容具体、明确，涉及范围较小的问题来开展研究，而且研究的价值取向直接指向实践。即开展研究的目的就是为了解决教育教学过程中存在的问题，促进教育教学过程的顺利进行，达到提高教育教学质量的目的。但在当前中小学教育科研的实践中，我们发现很多课题和研究都还仅仅是停留在一种理论的构思和逻辑的推导上，有物化成果、能解决具体问题，并具有指导和先导作用的成果并不多。由于这种研究更多的体现了教育理论工作者和高校教师研究的性质和特点，没有充分反映中小学教育科研自身的特点，这也就决定了这种研究是不受中小学教师欢迎的。

（五）工作经验总结的多，有理论色彩和学术价值的少

工作经验总结的多，有理论色彩和学术价值的少，主要是就当前中小学教育科研成果的性质和特点而言的。如前所述，当前中小学教育科研中，由于缺乏专业引领，也由于一些中小学教师教育理论素养不高、学术研究能力不强，导致现在的教育科研成果更多的是一些工作总结和经验之谈，研究过程和研究结果既缺乏理论色彩和学术价值，缺乏抽象概括性和理论的阐释性，更缺乏对教育教学规律的发现和深层次的揭示等。这样的教育科研成果给人的总体感觉是深度不够、层次不高、水平较低，难以发挥指导性和先导性作用。

（六）凭空撰写论文的多，进行实验探索的少

中小学教育科研的方式和内容应该是十分丰富的，教育观察、教育调查、教育实验、教育行动研究、教育人类学研究和教育改革等都应该是中小学教育科研的有效手段。在这里，尤其值得我们注意的是长期的并且是有科学理论指导的教育实验。综观当代国内外的教育教学改革，凡是有重大影响的教育科研成果，无一不是通过长期的实验探索出来的。如苏联著名教育家赞科夫提出的“发展教学论体系”，就是对长达二十多年教育实践经验的概括和总结。巴班斯基提出的著名的“教学过程最优化”理论，也是研究者在苏联各个加盟共和国进行了长达十多年的实验改革的基础上总结而成的。美国著名心理学家布鲁纳的“结构教学论”，也是多年教育实验改革的结晶。但反观我们中小学的教育科研情况，我们的科研精神和态度就差了很多。由于对教育科研的长期性、复杂性和艰巨性缺乏认识，加之受功利主义倾向和其他原因的影响，一些人往往认为从事教育科研就是简单地撰写一些论文、拿出一些立竿见影的成果，而不愿意沉下去，踏踏实实地做一些长期的对比和研究。这种急功近利的教育科研缺乏精神实质和科学性，更遑论指导性和先导性了。

（七）源于外部压力的多，源于自身内在需求的少

教育科研作为一种高层次的、创造性极强的认识和实践活动，它需要从事教育科研的主体高度投入，并充分发挥自身的主动性、积极性、能动性、自觉性和创造性。可以这样认为，教育科研有成效的一个重要的主体性条件就是从事教育科研的人自觉参与，并真正成为教育科研的有心人。比照这一要求，我们当前中小学教育科研的差距也是明显的。当前，一些教师从事教育科研并非是对教育科研的重要性有正确的认识，也并非是把从事教育科研作为自己的一种工作方式甚至生活方式，他们从事教育科研更多的是出于一种外在的压力和要求，而非源于自身的内在需求。如有的教师是因为“学校有要求而去从事教育科研”的，有的教师是由于“撰写和发表论文在评职称和评优中有加分因素”而去从事教育科研的，也有相当一部分教师从事教育科研的动机来自“别人都在搞，我不搞就会吃亏”，他们从事教育科研实际上只是一种从众行为。这些都表明，当前中小学教师从事教育科研大多出于一种外部强制性要求，缺乏从事教育科研的内部需求和自觉性，教师从事教育科研的积极性普遍不高，这也就使他们很难自觉地参与到教育科研的活动中去，并真正成为教育科研的有心人。

（八）依靠专家搞科研的多，自身开展校本研究的少

中小学教育科研离不开专家的指导，尤其是在教育科研起步的阶段，专业的引领对中小学教育科研的实施起着至关重要的作用。但专家的指导与专家和教育理论工作者的包办代替是有区别的。我们发现一些中小学校在开展教育科研时存在着一个认识上的误区，似乎认为教育科研是专家和教育理论工作者的专利，中小学教师没有能力和条件从事教育科研，中小学校只是高校和教育科研院所的科研基地，中小学教师也只是在配合他们搞研究，为他们提供研究的素材、对象和场所等。这样一来，就导致中小学教师在教育科研中始终处于从属的地位，他们的教育科研能力和素质很难得到提高和发展。这可谓当前中小学教育科研中存在的一个突出问题。当前基础教育新课程改革所倡导的校本教研为这一问题的解决提供了新的思路和启发。校本教研的关键词有三个方面：“基于学校”、“在学校中”和“为了学校”。通俗地讲，所谓校本教研，就是指研究的队伍是这所学校的全体教职工，研究的课题是这所学校在教育教学实践中遇到的实际问题，研究的目的就是要解决这些问题，提高这所学校的教育教学质量。因此，开展校本教研是解决这一问题的有效途径和方法。

总之，这“几多几少”是当前中小学教育科研存在问题的直观表象，唯有删减“多”、增添“少”，中小学教育科研才可能得到健康的发展。

三、教育科研中的“媚外”与“移植”①

当前，我国教育科研中存在的问题还突出表现在“媚外”与“移植”上。这里所指的“媚外”与“移植”主要有以下六个方面的含义和表现:② (1) 不加分析地照抄照搬国外，尤其是西方发达国家的教育观点、教育思想、教育理论、教育流派，甚至是一些具体的教育方法等；(2) 将国外，尤其是西方发达国家的某些教育理论或教育流派视为经典和解决中国教育实际问题的秘诀，信奉“西方的月亮就是比中国的圆”，在谈论教育问题时“言必称希腊”；(3) 他们所研究的领域以外国教育和比较教育的研究为主，但其研究没有与中国教育的实际有机地结合起来，研究过程中翻译、注释和简单移植的痕迹和成分比较明显；(4) 他们把国外某种或某些教育理论流派和主张直接作为当前我国基础教育课程与教学改革的主要理论基础，由于指导思想和理论基础具有非适切性，加之脱离中国的国情和教育的实际，改革的实际过程与预期目标的偏离度较大，导致改革步履维艰，甚至走入死胡同；(5) 他们撰写教育科研论文和著作的表达方式不符合中国人的语言习惯，语句不通顺，概念界定不明确、似是而非；(6) 可能是由于译著者本人也没有真正理解和弄明白，或是由于翻译上的原因等，他们所介绍的一些国外教育理论十分晦涩难懂，不仅非专业人员读不懂，即便是专业人员也很难读下去。这样的书籍和论文读了以后不仅不能给人以任何启发，相反使人感到云里雾里，不知所云。如此等等，不一而足。这种研究中的“媚外”与“移植”现象不仅在教育科学研究领域中存在，在其他社会科学研究中也有不同程度的反映。国内一些学者早在上个世纪末就注意到了这一现象。如有人就撰文指出“不少著名中国哲学家至今仍在追随那种欧洲近代所形成的西方哲学定式，用西方哲学的理论框架、思维方式、概念系统来理解、解释中国的现实、中国的历史、中国的学问”的现象,③ 并对这一现象进行了批评。

教育作为传递和保存人类文化最重要的途径、方式和手段之一，它本身就是人类文化的一个重要组成部分，也是人类共同的精神财富。教育本质和规律的客观性和共同性为各国教育之间的相互借鉴和交流提供了客观的依据和可能性。从世界范围来看，各个国家的教育理论和教育实践都是在相互交流、相互融合的过程中达到取长补短和共同发展的。这也就决定了从事教育科学研究必须具有全球的眼光和国际的视野，必须与国际教育相接轨。在当今世界全球化和一体化的发

① 褚远辉．教育科学研究中的“媚外”与“移植”[J]．教育评论，2008 (1)：3－5.

② 褚远辉．教育科研别“替外国人拉洋车”[N]．中国教育报，2007－12－08.

③ 郑涌．哲学也许并不像我们所说 [J]．读书，1992 (3)．

展趋势和背景下，关起门来孤立、封闭地搞教育科学研究注定是没有发展前途的。“移植”本身并没有错，作为一种重要的科学研究方法和思维方式，它是指“在科学研究活动中，将一个学科领域中发现的新原理或新技术，应用或移植到其他领域里去，往往可以使研究者的基本思想豁然开朗，或者会成为所研究问题的关键性解决方法”①。通过移植，吸收和借鉴国外优秀的教育理论和先进的教育教学实践经验及成果，达到洋为中用的目的，这无疑是发展我国教育理论、改进教育实践和提高学校教育教学质量的一项必不可少的工作，这也应该是从事教育科研和撰写教育科研论文的一个重要基础和原则。但是当前少数人在这个问题上却走向了另一个极端，他们在从事教育科研和撰写教育科研论文时不是立足于中国国情的实际，他们对国内悠久的教育历史、厚重的教育遗产、丰富多彩和生动活泼的教育实践以及轰轰烈烈的教育改革毫无兴趣、熟视无睹，更不愿意沉下去搞一些扎扎实实的教育实验和研究来指导教育教学的实践和改革，并在这个基础上创建有中国气质和气派的社会主义教育理论，从而充分发挥教育理论和教育研究对教育实践的指导和先导作用，而是对国外，尤其是西方发达国家的教育学者及其教育思想、流派、观点和理论顶礼膜拜，热衷于鼓吹当前国外流行的各种所谓的教育新观点、新思潮、新理念和新做法等，并把这些简单移植过来，用以指导我国教育学科的理论建设和教育教学实践的改革。他们中的少数人甚至把直接翻译国外某些学者和学派的教育理论和观点作为他们教育科研的全部内容和最终的目的。此类研究照抄照搬的色彩极浓，研究和探讨的味道不足。严格地讲，他们的这种做法很难称得上是一种真正意义上的教育科学研究，最多是属于一种带注释性的翻译而已。由于他们的教育科研及撰写的教育科研论文不是建立在自身的教育教学实践，深入的调查研究和独立判断、思考的基础上，并且十分缺乏研究过程的“中国化”、“本土化”以及话语表达方式的转换，加之他们所介绍的教育理论和流派自身具有片面性和局限性等，决定了这种充满洋字和洋味的文章很难被人真正读懂和理解，把这种教育理论和流派照抄照搬到教育教学实践中去，更是容易造成对教育教学工作的误导。这种不良学风在极少数出过国、外语水平较高的教育理论工作者和高校教师身上表现得比较典型。

其实，教育科学研究中的“媚外”和“移植”现象也并不是什么新鲜事，在中外教育发展史上就早已有之。早在19世纪和20世纪就有很多教育家，尤其是比较教育学家对这种现象提出了尖锐的批评。如英国著名的比较教育学家萨德勒就认为，外国教育制度中的具体方法和要素“常常植根于其制度本身的土壤之中并与它们所依赖的条件紧密地联结在一起，而这些条件是不可能或不希望被引

① 顾明远，等．比较教育导论——教育与国家发展［M］．北京：人民教育出版社，1998，110.

进另一国的”[①]。他进一步指出：“任何出色的真实有效的教育都是民族生活与特点的写照。它根植于民族的历史之中，适合于它的需要。”[②] 他的另一段话更是对这个问题作了形象而深刻的表述：“在研究外国教育制度时，我们不应该忘记校外的事情比校内的事情更重要，并且制约和说明校内的事情。我们不能随便漫步于世界教育制度之林，犹如一个小孩逛花园一样，不时地从一堆灌木丛中摘下一朵花，从另一棵树上采一些树丫，并期望如果我们将这些采集的东西移植到本国的国土上，我们就能拥有一棵茂盛的大树。”[③] 著名比较教育学家康德尔和汉斯等人也把“民族性”和“民族主义”等作为教育和比较教育研究的基本原则和重要方法。他们指出，教育尤其是比较教育的研究要充分考虑本国的历史文化传统和“民族性”等因素，而不能完全照抄照搬和简单借鉴别国的教育制度、课程体系、组织形式和教育方法等。在我国，著名教育家陶行知先生早在20世纪也对这种现象进行了批评，并把它形象地比喻为“替外国人拉洋车”。

无疑，教育科学研究需要借鉴和交流，翻译、注释和介绍国外先进的教育研究成果是我们了解世界教育发展现状和动态、促进本国教育理论和实践发展的一条重要途径。在当前世界教育“国际化”和“一体化”的潮流面前，它的重要性和必要性更是日益凸现。翻译、注释和移植等都是科学研究的一些重要方式和手段。在这里，我们并不否认国外某些教育思想和理论的科学性和先进性，也并不否认引进国外科学的教育理论和思想往往具有思想启迪的作用。我们在这里反对的只是对国外教育理论、流派、经验和具体做法的照抄照搬和生吞活剥，反对的只是对我们自己的教育遗产、经验、理论和成果的妄自菲薄，反对的只是把国外的教育理论、流派、观点和做法简单移植到中国教育的实践中来，并对教育理论与实践产生误导。我们认为，任何没有植根于本国历史文化传统和缺乏独立思考、深思熟虑的教育研究都是肤浅的，用这种所谓的教育研究来指导教育实践是有害的。在这个问题上，我们的基本观点是搞教育研究需要端正学风和态度，避免学术“泡沫”和假学术、伪学术，真正还原教育科研的本来面貌；我们的基本主张是搞教育科学研究应该关注现实中的教育问题，对国外教育理论和流派应该持一种辩证的态度，在介绍和借鉴时要充分考虑它产生的背景、适用的边际界限以及这些教育理论和流派的实际效果等。当然，最为重要的是引进和借鉴国外的教育理论和流派还必须与中国教育的实际相结合，实现研究过程和话语表达方式的“本土化”以及提倡写通俗易懂的文章等。唯有如此，才能切实发挥国外教育研究和比较教育研究的作用，也才能真正体现学习和借鉴国外教育理论的价值。

---

① 王承绪．比较教育学史［M］．北京：人民教育出版社，1999，65.

② 王承绪．比较教育学史［M］，北京：人民教育出版社，1999，65.

③ ［英］萨德勒．我们从对外国教育制度的研究中究竟能学到多少有实际价值的东西？［A］．赵中建，顾建民．比较教育的理论与方法——国外比较教育文选［C］．北京：人民教育出版社，1994，115.

教育是一种十分复杂的社会现象，它总是与一个国家的政治、经济、文化、科学技术及历史传统等因素深层地交织在一起，教育既作用并促进这些因素的发展，又为这些因素所决定。教育的综合性、系统性和极端复杂性等决定了简单借鉴和“移植”国外的教育思想和理论是很难有用和有效的，也很难达到提高本国教育的目的。

总之，在当前，教育科研及论文撰写中的“媚外”和“移植”现象并不少见，这种现象把复杂、艰巨、富有创造性的教育科研过程简单化了，它偏离了教育科研的真谛和撰写教育科研论文的本意，不能发挥教育科研对教育教学实践的指导和先导作用。我们认为，这是一种不好的学风，值得注意和警惕。

四、当前教育科研论文撰写中存在的问题①

当前，中小学教育科研中存在的问题也表现在教育科研论文的撰写上。从事教育研究和撰写教育科研论文本是促进教师专业化发展和提高学校教育教学质量的重要途径，也是新课程改革对教师的一项基本要求。但在当前，一些人在从事研究和撰写论文的过程中存在着一些问题，既影响了教育科研及论文撰写的质量和水平，也偏离了教师开展研究的本意。

概括起来，当前在教育科研论文撰写中存在的问题大体上可分为三类：一是属于写作者由于自身学术和研究水平不足而导致的问题。如选题笼统、大而空泛，缺乏新意，词不达意，研究方法不科学，研究过程不完整，以偏概全，文字表达不流畅以及研究中的抽象概括和提炼的程度不够等。二是属于学术论文撰写中的技术性问题。如学术论文的格式和逻辑结构不完整、不符合要求以及注释和参考文献不规范等。第三类则属于在学风和学术道德上存在的问题。这也是下面着重要探讨的问题。我们可以把它概括为以下几种不良现象。

（一）“虚构”的现象

这里所谓的“虚构”，主要是指一些人在自己的头脑中随意杜撰教育科研的过程、方法、数据和结论等，并把教育科研论文的撰写完全建立在自己主观想象的基础上。具体地讲，它主要有两层含义：（1）一些人撰写的教育科研论文不是建立在自己实际的教育教学实践活动以及对教育理论深入学习和研究的基础上；（2）一些人撰写的论文，其主要观点、数据、证明材料以及对论点和论据之间逻辑关系的论证等都是在自己的头脑中凭空想象和推导出来的。一句话，他

① 褚远辉，等．当前教育科研论文撰写中的几种不良现象及对策［J］．教育探索，2009（8）：140－141.

们撰写的论文纯属虚构！

固然，虚构作为一种常见的写作方式，在文学创作等领域中大量存在。与虚构密切相关的是想象，而想象，尤其是创造性的想象无疑是科学研究的一种重要基础和手段。纵观人类科学发明的历史，有很多重要的发现、发明和创造都是人类大胆想象的产物。同样地，教育科研论文的撰写也离不开丰富的想象和科学、合理的推理。加之，教育科研论文本身就具有艺术性、主观性和个体性的特点，在教育科研论文的字里行间蕴涵着作者个体的思想、情感、体验、态度和价值判断等，这也就使教育科研论文本身具有浓厚的主观色彩和个性风格，而这也是教育科研论文内在魅力的一个集中体现和标志。但尽管如此，我们始终还是认为，教育科研论文的撰写更应该强调客观性和科学性，实际地从事教育实践和开展教育科研活动应该是撰写教育科研论文的前提和基础。它们两者之间的关系应该是：教育科研论文是一种记录教育科研过程和结果的重要载体，它是教育科研实践的外在形式与表达方式；而教育科研实践则是教育科研论文的实质和具体内容，它为教育科研论文的撰写提供了素材、基本过程、主要观点、证明材料和主要依据等。总之，脱离了教育与教育科研实践的论文写作就会完全成为无源之水、无本之木。

当前，一些人在撰写教育科研论文时完全没有以具体的教育实践和实际的教育调查、实验、观察、统计、比较和研究为依据，而是凭自己的主观想象，想当然地指出自认为在教育中存在的问题，分析形成这些问题的原因以及提出解决这些问题的途径、方法和措施等，并在这个基础上凭空构建完全是自己臆想出来的理想化的教育理论和实践的模式。他们提出的教育问题、构建的教育理论，甚至用来说明问题的数据等都是虚构出来的，很多问题都是伪问题和假问题，他们提供的数据也往往经不住严格科学地推敲，他们的教育科研论文可谓是关在书斋里拍拍脑袋想出来的。

（二）“低层次重复”的现象

当前在教育科研论文撰写中还大量存在着“低层次重复”的现象。这种现象有以下几个方面的表现：（1）当前的教育科研呈现出表面繁荣的景象。应该讲，时下发表的教育论文很多，使人眼花缭乱，应接不暇，但真正具有原创性质和意义的教育论文屈指可数。（2）不少教育论文在研究的问题、内容、方法、基本观点，甚至研究结论等方面都大同小异，总体上缺乏新意，难以给人耳目一新的感觉。（3）许多教育论文东拼西凑，把别人的东西加以组装和改造，读起来给人以似曾相识和“天下文章一大抄”的感觉。

科学研究是人类特有的一种认识和实践活动，开展科学研究的目的在于认识事物的本质及其发展规律，并以此来指导人类的社会实践活动。作为一种创造性的认识和实践活动，科学研究贵在创新，有所发现、发明和创造从来都是科学研究的本质和真谛。对教育科研而言，也同样如此。教育科研的生命力和存在的价值就在于通过对教育问题和教育现象的研究提出新的教育思想、观点，构建新的教育理论体系和寻找解决教育教学实践问题的新途径、方法和措施等。而教育科研论文撰写中的“低层次重复”的现象则与此完全相悖离。

（三）“玩文字游戏”的现象

教育科研论文作为一种常见的应用性文体，它的具体内容是记载教育科研的过程和结果，它的功能和价值在于交流教育科研成果、建构新的教育理论和解决教育教学实践中的实际问题。——这段话对“教育科研论文是什么，教育科研论文有什么用”等作了比较清楚和准确的阐释。但当前一些人在撰写教育科研论文的过程中却歪曲了教育科研论文本身，他们把教育科研论文的撰写异化为一种纯粹的文字游戏。其中的一个具体表现就是在他们撰写的教育论文里几乎全都是从文字到文字、从概念到概念，整篇文章充斥了生词、怪词、僻词、新造词和舶来词等，大有一副“话不惊人誓不休”的架势。这类文章的辞藻可谓丰富和华丽，但文章的思想和内容却十分空洞无物。读这种文章往往让人感到云里雾里，不知道作者要表达什么。他们撰写的教育论文完全是在无病呻吟，只是在说一些无关痛痒的大话、空话和套话，完全是在玩“文字游戏”。

（四）“虚张声势”的现象

与上一种现象相类似，由于一些人撰写的教育科研论文毫无新意和实质性内容，于是他们只得摆出一副居高临下的架势来填补文章内容和精神上的空虚。在他们的文章里全是大话和官话，充满了训诫味，似乎不把读者吓倒就誓不罢休。当前在学术理论界存在着一种搞“高深学问”和“玄学”的不良现象，就是其中的一个典型表现。一些人搞研究、写文章好像就是为了让别人读不懂，在他们看来，通俗易懂就是水平不高的代名词。如前不久有些所谓的专家就提出“治理西部地区生态环境和气候恶化的关键是要在喜马拉雅山脉的中间炸开一个缺口，以便让印度洋上的暖湿气流吹进来”等。这些玄而又玄、无法操作和验证的观点，只是在虚张声势而已。

（五）“话语霸权”的现象

教育科研论文是通过一定的话语方式表达出来的，话语表达方式作为科研论文的一种外在形式，它既关系到科研论文的质量和水平，又与写作者的素质、个性、风格及写作的目的等有着十分密切的联系。话语表达方式本身作为一种个性化的东西，存在着差异是十分正常的，这原本也不是本书所想要论述的。但是在这里不能不提的是当前一些人缺乏学术上的包容心，他们不注意学术民主和学术交流与探讨，而是一味强调论文写作中的个性张扬和独特性，过分强调自己观点的正确性和唯一性，同时对其他不同的观点持排斥和打击的态度。他们论文里的话语表达方式是粗暴的，话语中充满了霸权味。这种现象在极少数所谓的“官员学者”和“学霸”身上表现得比较突出。

（六）“剽窃”的现象

当前在教育科研论文撰写过程中，学术道德上存在的问题中最严重，也最恶劣的莫过于剽窃他人的成果了。这种不良现象不时见诸于各种媒体，甚至一些教授和名人也参与其中，影响极坏。在当前，剽窃的具体表现形式也是多种多样的，如大段抄袭别人的成果而不加以注释和说明；从网上下载别人的论文，直接署上自己的名字；多方“借鉴”别人的成果，拼凑成自己的东西；借用别人文章的核心观点，而用自己的话语来表达；本来是别人的观点，却说成是自己的原创。如此等等，不一而足。

第二编　关于“减负”的新视点

由于升学和就业压力大，加之传统思想观念等的影响，在实际教育教学过程中我国中小学“片面追求升学率”的性质和特点是比较突出的。从客观上讲，我国中小学生的确承受着过重的课业负担。过重的课业负担不仅影响了学生身心的健康成长，也阻碍了他们全面和谐的发展。当前学生课业负担过重及其危害已经引起了全社会的重视和关注，党和政府就多次出台有关“减负”的政策和措施。但毋庸讳言，我国中小学的“减负”并没有达到预期的效果，学生过重的课业负担依然如旧，甚至有愈来愈重之势。这也促使我们教育工作者对当前学生的课业负担有哪些性质和特点，怎样的“减负”才是科学和有效的，如何把“减负”与学校的其他工作结合起来，中小学生“减负”的出路到底在哪里等问题作进一步的深刻反思。笔者就这些问题作了新的思考和分析。

视点 1：对学生课业负担的理性思考①

2000 年的新年刚过，教育部召开了“减轻中小学生过重负担工作电视会议”。此前，教育部已下发了《关于在小学减轻学生过重负担的紧急通知》。电视会议后，又下发了《关于贯彻落实教育部〈关于在小学减轻学生过重负担的紧急通知〉开展专项督导检查的通知》。在这一会议精神指导下，各地纷纷对“减负”施以重拳，出台了大量有关“减负”的政策、法规和措施。时下，“减负”已成为一个非常热门的教育话题，引起了社会各界的广泛关注。我们认为，在当前我国中小学生教育实践中的确存在着学生课业负担过重的问题，它严重地影响了学生身心的健康发展和素质教育的实施。因此，减轻学生过重的课业负担势在必行、刻不容缓。同时，“减负”既有一个观念转变的问题，更有一个方法的问题。对于后者，现在人们提出了许多减轻学生课业负担的对策措施，如降低课程内容的难度，减少作业量，杜绝给学生提供额外的教参和习题集以及提高教

① 褚远辉．对学生课业负担的理性思考［J］．青年探索，2001（6）：17－20.

师的业务素质等。无疑，这些都是“减负”的重要措施和方法。但在这里，我们认为，笼统地谈“减负”，效果并不好，要使“减负”落到实处，很重要的一个方面就是科学地认识学生课业负担的状况。对此，我们从以下三个方面进行探讨。

一、学生的课业负担和过重的课业负担

研究学生的课业负担，首先应该搞清楚的就是学生的课业负担和过重的课业负担的问题。我们知道，学生以学习为主要任务，学习的过程主要就是把人类长期以来积累的知识经验转化为个体的思想、品德和能力。要实现这种转化，需要学习者付出巨大的心智和努力；同时学习本身又是一个长期、艰巨、复杂的过程，我国古代就有“书山有路勤为径，学海无涯苦作舟”的警句和倡导刻苦学习的优良传统。另外，回顾古今中外的历史，大凡在事业上有所作为的人都有一番刻苦学习的经历，在这一点上，就连非常强调“愉快学习”、“快乐学习”的情境教学改革者也难以回避和否认学习是一项负担很重的活动。如“愉快教育的实验者就反复说‘愉快’只是一种心理体验，它并不排斥‘刻苦’学习或者‘紧张’学习，它所追求的是‘苦中求乐’”。[①] 这样，学习的实质、性质和特点都决定了学生必须要承受一定的、有时甚至是很重的课业负担量，而且这些课业负担量是促进他们身心发展，实现其个体社会化的前提和物质载体。如此，一定的、合理的课业负担量对学生的成长和发展而言，不仅是应该的，而且是必须的。既然学生必须承受一定的课业负担量，那么，什么是学生过重的课业负担呢？学生课业负担和过重课业负担的边际和界限究竟在哪里？对这些问题的回答无疑就成为当前我们“减负”的关键。因为只有搞清楚这些问题，“减负”才有针对性，也才可能做到有的放矢，并收到良好的效果。我们认为，学生过重的课业负担是一个相对的概念，它是指那些违反教育教学规律和青少年身心发展规律，超过教学大纲的规定，超越学生的承受负荷，并对他们身心的健康发展起消极阻碍作用的课业负担量。因此，判断一种课业负担是否过重的主要标准就是看它是否超出教学大纲的要求，是否在学生可承受的范围内以及是否对他们身心的发展起促进作用。而只有分清学生的课业负担和过重的课业负担的界限和区别，“减负”才有依据。

二、学生的课业负担重在哪里

学生课业负担和过重课业负担的划分为“减负”提供了一个方向和总的依

---

① 熊明安．中国近现代教学改革史［M］．重庆：重庆出版社，1999，412.

据，但仅有这样的认识还不够，要使“减负”真正落到实处，对学生过重课业负担的认识还必须具体化。通过对学生课业负担的分析和研究，我们认为，在当前教育教学实践中，学生过重的课业负担主要表现为下面几种类型。

（一）超纲课业

教学大纲（课程标准）是教师组织教学的依据，也是教师给学生布置作业的依据。在每门学科的教学大纲（课程标准）中对学生完成作业的数量和难度都有明确的规定和要求。但在传统的应试教育中，为了应付考试，不少教师在教学中大搞题海战术，在教学大纲（课程标准）和教科书之外给学生布置大量的练习题，于是各种教参、教辅、配套练习和习题集等也应运而生，大大加重了学生的课业负担。这些过重的课业负担我们可称之为“超纲课业”，它主要有三种表现形式：一是在数量上超纲。如在教学大纲（课程标准）和教材之外额外给学生布置大量的练习题。二是在难度上超纲。如随意拔高要求，追求高难度，给学生布置难题、怪题和偏题等。三是在时间上超纲。如由于教师布置的作业数量多、难度大，学生做作业的时间较长，不少学生到深夜仍忙于完成作业等。针对这一问题，教育部在颁发的《关于在小学减轻学生过重负担的紧急通知》中就明确规定：“小学一、二年级不留书面家庭作业，其他年级书面家庭作业控制在一小时以内。”如果学生做作业的时间超过这个界限，就是违反了规定，即在时间上超纲。

（二）附加课业

如过去在片面追求升学率的情况下，不少学校和教师在教学计划（课程计划）和课程表之外任意增加周活动总量和考试课程的教学时数，甚至在节假日、双休日和寒暑假都组织学生补课，等等，这些就属于学生的附加课业。

（三）惩罚性课业

有些教师把增加作业量作为惩罚学生的一种方式和手段，而且这些惩罚性作业多为一些机械重复的练习。如学生写错一个字罚写一百遍等。这些惩罚性课业不仅加重了学生的负担，影响了学生的身心健康发展，而且还容易形成学生对学习活动的消极态度和体验，其危害颇大。

（四）沉重的心理负荷（这方面的负担往往也被人们称为“软课业负担”）

由于学生课业负担重，升学压力大，学业竞争激烈，加之家长和教师的高期望，造成学生精神压力太大，心理负担过重，甚至不堪重负。这也是当前学生心理障碍和问题行为急剧增加的一个重要原因，并且学生在这方面的负担往往由于其具有隐蔽性的特点而容易被人们忽视。

以上分析使我们认识到当前学生的课业负担之所在，这是使减负落到实处的一个关键。

三、学生课业负担的类型特点

在研究学生课业负担的过程中，我们发现它还具有另一个特点，这就是学生课业负担具有不均衡性。这种现象主要表现在以下两个方面：一是学生个体对课业负担承受的能力具有不均衡性和差异性。课业负担量是客观存在的，但学生对课业负担量的承受和体验又具有个体性的特点。如在一个班级中，学习能力较差的学生所能承受的课业负担往往较轻，而禀赋优异、学习能力突出的学生则能承受很重的课业负荷。二是课业负担类型的分布具有不均衡性。如现在学生记忆方面的负担较重，而在思维发展等方面的负担却不足；学生在考试课程上的负担很重，而在非考试课程上的负担则很轻等。也正是基于对当前学生课业负担不均衡这一事实的认识，我们提出了学生课业负担的类型特点这一概念，并把分析和了解学生课业负担的类型特点作为减负的一条新思路。

我们认为，当前学生课业负担的类型主要呈现出下面几个方面的特点。

（一）学习能力强的学生的课业负担轻，学习能力弱的学生的课业负担重

研究学生的课业负担，首先要求我们对学生的类型作具体的划分。因为相同的课业量，对发展水平各异的学生个体而言，其负担量是不相同的。在学校里，我们可以根据学习成绩、智力发展水平和学习能力把学生分为优等生、中等生和差等生三类。我们观察到，在一个班级中，智力因素和非智力因素的发展都较好、学习能力突出的优等生对教师讲授的内容能很好地理解、领会和接受，对教师布置的作业，也能在较短的时间内轻松愉快地完成；而中等生和差等生则不然，他们对教师讲授的内容难以完全理解和接受，完成作业不仅效果差，而且费时多。因此，学生课业负担过重这一问题实际上主要是针对中、差等生，尤其是差生而言的。对禀赋优异的学生，现在世界上主要的教育策略是加速学习、充实课程（水平充实和垂直充实）以及开设特殊班等。这些做法也从另一个侧面说明了优秀生在当前可能并不存在课业负担过重的问题。相反，只有进一步科学恰当地增加其课业负担，才能促使他们得到更充分的发展。

（二）记忆的负担重，思维的负担轻

在应试教育中，衡量学校教育教学质量主要的，乃至唯一的标准是学生考试成绩的高低和升入高一级学校学生的比例，而检验教育教学质量的基本途径是通

过考试。因此，考试和考试成绩在这种教育体制中就占有举足轻重的地位，它对学校的教育教学具有极强的导向作用。由于我们过去的中考和高考主要是一种知识性的考试，它着重考查的是学生掌握知识的量的多寡。学生的记忆力越好，头脑中储存的知识越多，就越容易通过这种考试，说不定还能取得高分。反之，如果学生记忆的知识点不够，即使他其他方面的能力发展得不错，也难以在这种考试竞争中取得优胜。这样，在课堂教学中，教师往往把学生看成是消极被动地接受知识的容器，采用满堂灌、注入式、填鸭式的方式向学生大量灌注知识，而学生对这些知识更多的是死记硬背，不求甚解。因此，在这种教育过程中，学生的课业负担主要表现为记忆的负担很重，而思维等其他能力的负担则很轻。

（三）课业数量上的负担较重，质量上的负担欠缺

在应试教育中，由于考试的内容偏重于知识的记忆，因此教师在教学中盛行猜题、押题，大搞题海战术。应试教育很重要的一条教学原则就是强调多讲多练，让学生见多识广。这种教育试图通过学生做练习题数量的积累来达到应付考试的目的。由于这些大量的练习题缺乏启发性、普遍性、精选性、典型性、概括性和可迁移性等，并且彼此在问题的性质和类型上相互重复，学生虽然做了大量的练习题，但对其智力发展和能力培养的价值并不大。这种做法使学生课业量上的负担很重，而在质量上却难尽如人意。

（四）考试课程的负担重，非考试课程的负担轻

在应试教育中，人们习惯于把中、高考要考的学科称为“主科”，而把中、高考不考的学科称为“副科”、“小儿科”和“科任课”等。对“主科”，学校在教师配备、课程安排、课时数等方面都给予优先的照顾，而“副科”则得不到起码的保证，甚至被取消。教师和学生对“主”、“副”科的态度和重视程度也是截然不同的。对要考的“主科”，教师是重点教、反复讲，学生则是认真学、反复记；对不考的“副科”，师生都在敷衍了事。这样，学生绝大多数时间和精力都花费在考试课程上，对非考试课程的投入则极少，从而使得他们在考试课程上的负担重，在非考试课程上的负担轻。

（五）智育的负担重，德育、体育、美育和劳动技术教育的负担轻

我国社会主义教育是由德育、智育、体育、美育和劳动技术教育等“五育”组成的。这“五育”相互联系、相互依存、缺一不可，从而构成了一个完整的教育结构和体系；同时，这“五育”又各有自己独特的地位和作用，不能厚此薄彼，或相互替代。但在应试教育中，中、高考要考的学科主要属于学校智育的范畴（即便中、高考都要考政治，但这些考试主要是考查学生政治课知识点掌握的情况，在政治课教学中实际上存在着“智育化”的倾向）。而体育、美育和劳动技术教育在中、高考中基本上没什么要求。这种情况必然导致在学校实际教育教学中，出现重视智育、轻视其他各育的倾向。这也就使得学生在智育上的负担过重，而在德育、体育、美育和劳动技术教育上的负担过轻。

（六）应试能力培养的负担重，其他基础能力培养的负担轻

在我们过去的教育中，应试的成分和特点比较突出。这种教育十分注重学生应试能力的培养和提高，并把其作为教育教学的主要任务和目标。但对学生的其他基础能力，如社会适应能力、人际交往能力、生存能力、学习能力、自学能力等则在很大程度上忽视了。这种状况造成了学生在应试能力培养上的负担重，在其他基础能力培养上的负担轻。

只有对学生课业负担的类型特点做具体的分析，才能使我们在实际教育教学实践中正确地把握哪些学生是应该“减负”的，哪些学生却是应该“增负”的；哪些方面的课业负担是应该减轻的，而哪些方面的课业负担不仅不能减，反而应增加的。这样，减轻学生的课业负担才能做到科学、具体和切中其弊。总之，只有分清学生的课业负担和过重的课业负担的界限，研究学生课业负担的类型特点，才能使我们真正认识到学生课业负担到底重在哪里。唯有如此，“减负”才有依据，才能落到实处，通过“减负”，才能达到开展和实施素质教育的目的。

视点2：对“减负”中几个具体问题的新思考

在这里，我们主要对“减负”与学校德育以及“减负”视野中的作业设计两个具体问题进行了新思考。

一、“减负”背景下的学校德育工作①

“减负”作为一种政府行为和国家的教育政策，必将对我国当前和今后一段时期内教育的各个方面产生较大的影响。在这里，我们就“减负”与学校德育工作的关系作一分析。从总体上看，“减负”对学校德育工作的影响具有双重性的特点，它在为加强和改进学校德育工作提供新的契机的同时，也使学校德育工作面临新的挑战。对于其间的具体关系，我们从两个方面作具体阐述。

① 褚远辉．减负背景下的学校德育工作［J］．教育探索，2001（7）：65－66.

（一）“减负”为进一步加强和改进学校德育工作提供了新的机遇和条件

我们首先应该对“减负”的内容有一个正确的认识。我们所说的“减负”，并不是指要减去学生所有的课业负担，也不是指笼统地减去学生应当担负的课业负担。实际上，“减负”是指减去附加在学生身上、不合理的、违反教育教学规律并阻碍学生身心健康发展的那部分课业负担。“减负”的目的是通过减去这部分沉重的课业负担而使学生得到全面、健康、和谐的发展。由此可见，“减负”与学校德育工作有着非常密切的联系，两者在出发点、根本目的和最终应达到的目标等方面都有许多一致的地方，并且“减负”的实质就是要求重视、加强和改进学校的德育工作。从这个意义上讲，“减负”本身就具有很高的德育价值和作用，而这种价值和作用又主要表现在下面几个方面。

1. “减负”为加强和改进学校德育工作提供了良好的社会舆论和氛围

新中国成立以后，党和政府就十分重视减轻青少年学生过重课业负担的问题，党的三代领导人都非常关心学生课业负担过重的问题，并就“减负”作了许多重要指示。如早在20世纪50年代，毛泽东同志就把减轻学生过重的课业负担作为创建新中国社会主义教育事业的重要内容，作为全面贯彻党的教育方针的重要方面；邓小平同志也把“减负”作为造就高质量社会主义“四有”新人的重要举措；江泽民同志则把“减负”工作作为深化教育改革、全面推进素质教育、培养迎接知识经济挑战的创新型人才的一项重要保证。① 进入21世纪后，教育部更是把“减负”工作作为当前和今后一段时间内我国教育的头等大事来抓。这不仅反映了国家教育方针政策的连续性，而且也突出了其深刻的现实针对性。尤其是由浙江金华一学生杀母等系列事件而引发的全社会对青少年健康成长问题的普遍关注和担忧，使得加强学校的德育工作、提高学校德育的实效成为广大人民群众的强烈要求和共同呼声。江泽民同志《关于教育问题的谈话》一文发表后，德育在学校工作中的地位更是被提到了前所未有的高度。现在全社会都非常重视加强对学生进行政治教育、思想教育、道德品质教育、法制教育、纪律教育和文明行为习惯教育，并且素质教育和德育首位的思想已逐渐被人们接受。这就为加强和改进学校德育工作营造了良好的社会氛围，也使学校德育工作的开展有了坚实的社会基础。

2. “减负”提升了学校德育的地位

“减负”是针对中小学生过重的课业负担提出来的。长期以来，在我国的基础教育中，的确存在着学生课业负担过重的问题，它严重地影响了学生身心的健康成长和素质教育的实施。但在我国，由于受应试教育和片面追求升学率以及考

---

① 张武升，张宝贵．全党全社会都要重视“减负”［N］．中国教育报，2000－05－20.

试误导等因素的影响，学生课业负担的类型分布具有极大的差异性和不平衡性。这主要表现为学生在智育方面的负担过重，但在德育、体育、美育、劳动技术教育等方面的负担并不重。即学生课业负担过重实际上是指以智育为中心的片面负担过重，而不是全面负担过重。学生在智育、德育、体育、美育、劳动技术教育上负担轻重差异的背后隐藏的是人们对这“五育”重视程度的不同，以及这“五育”在人们心目中、地位上的差异。如在传统应试教育中，教师和学生的主要时间和精力都用在智育上，尤其是用在知识点的教学和记忆上。学生在智育上的负担很重，这种状况的直接表现就是智育成为学校压倒一切的工作，在学校工作中的地位至高无上。学生在题海战术中被淹没，无暇顾及德育，也远离了德育。而学生在德育上负担过轻的事实也真实地折射出德育在学校工作中可有可无的地位。学校德育沦落到了“说起来重要，做起来次要，忙起来不要”的境地，更谈不上学校德育居于“首要地位”了。根据学生课业负担的这一状况，我们认为，减负不仅要做好“减法”，而且也要做好“加法”。即一方面要减轻学生在智育方面的过重负担；另一方面也要适当地增加学生在德育、体育、美育等方面的“负担”。针对当前社会大环境和学生思想品德的现状与特点，我们尤其应该大力加强学校德育工作，增加学生在政治理论学习、品德修养和良好行为习惯养成上的“负担”。这样做，必将大大提升学校德育的地位。有人认为，“减负”的一大要义就是加强学校德育工作，这不无道理。

3. “减负”拓展了学校德育工作的时空

学校所有活动都是在一定的时空条件下进行的。不论是在校内，还是在校外，德育活动都必须以一定的时间和空间作保证。但在传统的应试教育中，学生校内的时间几乎全被听课和学习活动所挤占，他们校外的时间和精力绝大部分也花费在预习功课和完成作业上，加之不少学校节假日和双休日还要加班加点地给学生补课。这样，学生在校内外的活动大多是围绕升学这根轴心运转，学生被牢牢地束缚在单纯的学习活动上，学生本来丰富多彩的精神生活空间被单一的智力活动所挤占，这也是学校德育活动的开展难以顺利进行并取得实效的一个重要原因。“减负”后，学生可以在一定程度上从繁重的课业负担的重压下解脱出来，学校完全被束缚在片面追求升学率上的状况也可望得到较大的改善。这就为学校开展丰富多彩的、有益于青少年学生身心健康发展的校内外活动提供了时空上的保证。这种情况也必将有助于拓展学校德育的时空，为学校德育工作提供更多的载体，从而达到获取学校德育最佳效果的目的。

（二）“减负”后学校德育工作面临的挑战

“减负”在为进一步加强和改进学校德育工作提供新的机遇和条件的同时，也给学校德育工作带来了新的问题，使其面临新的挑战。这种挑战大致包括以下几个方面。

1. 学校德育对学生影响的覆盖率降低，主导作用有所减弱

尽管学校德育的性质和特点决定了它应该在学生思想品德的形成和发展中起主导作用，但当前家庭，尤其是社会对青少年学生的影响越来越大，它们在青少年学生良好政治思想和道德品质的形成和发展中的作用有逐渐增强的趋势。学生良好思想品德的形成比以往任何一个时候都更有赖于学校教育、家庭教育和社会教育三者协调一致，并形成性质相同、功能互补、关系和谐的德育整体网络。在这种德育网络中，学校德育应该居主导的地位并发挥指导作用。“减负”后，学生校内的活动减少，时间缩短；相应的，他们的课外、校外活动增加，时间增多。随着学生在校内时间的减少，他们在学校里接受教育的时间也相应减少，这样，学校德育对学生影响的覆盖率下降，学校德育影响的空白点和盲区增多，这可能导致学校德育对学生个体的影响力有所减弱，学校德育的主导作用也难以充分发挥。

2. 给学校的管理工作带来一定的难度

学生的管理本身就是学校德育工作的一个重要组成部分，“减负”后学生上课的时数和作业量开始减少，在校内学习和活动的时间也逐渐缩短；相应的，学生在校外的时间和由自己自由支配的时间增多。而闲暇时间的增多，也使他们课外活动的时空大大拓展了。毫无疑问，“减负”在客观上的确给学校的管理工作带来了一定的难度。由于青少年学生受到身心发展特点和发展水平的局限，他们的自律、自控的能力较差，加之处于生长发育期的青少年学生心理躁动、好奇心强、是非标准模糊、缺乏选择和鉴别的能力，等等，所有这些都使他们易受不良社会现象的诱惑和影响。所以，“减负”后学生的管理问题随之凸现了出来。“减负”的后续措施是什么，“减负”后学生该干什么等问题开始成为大家普遍关心的另一话题。我们认为，“减负”不等于让学生放任自流，“减负”后留给学生较大的活动空间也需要进行恰当的控制和管理。因此，“减负”还要与加强对学生的管理结合起来。

3. 使学生在家庭和社会上受到的负面影响可能增大

在当前我国改革开放和经济体制转型的过程中，青少年学生成长的社会大环境发生了巨大而深刻的变化。这种变化的一个突出表现就是现在学校、家庭和社会之间相互矛盾和冲突的地方增多，学校教育、家庭教育和社会教育这三者之间的离散性增大，内耗加剧。在当前社会转型时期，社会上存在着许多不道德的现象，尤其是“黄、赌、毒”现象一段时间以来在某些地区还十分猖獗，社会风气难以完全净化。在这种大的社会背景下，如果不对青少年学生的校外活动加强管理，随着“减负”后学生自由度的增大和在社会上的时间的增多以及学校教育在学生成长和发展中的主导作用的减弱，学生在校外的行为可能处于一种失控

的状态。这样，他们在校外尤其是在社会上所接受的负面影响就可能增多，受影响力度也就可能加大。因此，“减负”并不仅仅是学校自身内部的事情，“减负”后学生的成长问题也是一个复杂的社会问题，其中的关键是要加强学校与家庭、社会的协调，以及发挥学校对家庭和社会的指导作用，净化社会风气，形成全社会共同关心青少年健康成长的氛围和机制等。

无疑，“减负”对学校德育工作的影响是多方面的。“减负”有利于学校德育工作的开展和深入，这是问题的主要方面，这一点也毋庸置疑；但另一方面，我们也应该科学地预测“减负”可能给学校德育工作带来的负面影响，把预防工作做在前面，趋利避害，最终通过“减负”以达到进一步加强和改善学校德育工作的目的。

二、“减负”视野中的作业设计①

在当前，“减负”主要是针对学生过重的课业负担和心理负担而言的，而学生课业负担和心理负担过重的一个重要原因或直接表现就是教师给学生布置的作业数量多、难度大，并且在作业本身的质量和要求上存在着许多违反教育教学规律和青少年学生身心发展规律的现象。因此，研究并科学地设计学生的作业就应该成为当前“减负”的一个关键。

我们认为，下面几种类型的作业设计有助于“减负”。

（一）分层作业

分层作业是相对于统一要求的作业而言的一种作业类型。过去教师给学生布置作业时往往“一刀切”，即对全班学生提出统一的作业要求，规定他们在相同的时间内完成同样数量和同等难度的作业。这种统一的作业要求与学生中客观存在的个别差异之间形成了尖锐的矛盾，造成了所谓的“差生吃不了，优生吃不饱”的状况，这实际上也阻碍了不同层次和类型学生的发展。针对这一问题，我们提出了分层作业的概念。其具体做法是：教师首先根据学生的学习能力、学习成绩和智力发展水平，把一个班上的学生划分为几个不同的层次，然后对不同层次的学生在作业数量、难度和完成时间等方面提出不同的要求。使作业的层次、要求与学生的实际发展水平相吻合，从而有效地使各个层次的学生能在原有基础上都获得发展。

---

① 褚远辉．“减负”视野中的作业设计［J］．中小学教学研究，2002（1）：21－22；中国人民大学报刊复印资料《中小学教育》（2002.5）全文收录．

（二）弹性作业

弹性作业是相对于刚性作业和统一要求的作业而言的一种作业类型。它是指教师在给学生布置作业时，先向全班学生提出一种共同的最低层次的作业要求。学生在完成这个基本作业要求的前提下，无论在作业的数量、难度，还是在完成时间等方面都允许他们有一定的弹性。弹性作业的最大特点是教师对不同学生完成作业的数量、难度和时间等方面的要求具有较大的伸缩性（即弹性）。弹性作业实质上是一种自主性和开放性相结合的作业体系。如对班上学习能力强、禀赋优异的学生，可以给他们进一步充实作业，包括水平充实（即在不增加难度的基础上让他们完成更多数量的作业）和垂直充实（即让他们完成难度更大的作业）；而对基础薄弱、学习能力较差的学生，让他们完成最基本的作业要求即可。弹性作业由于能适应和反映学生的个别差异，也能减轻学生，尤其是中、差等学生的作业负担，并达到促进全班各类学生发展的目的。

（三）范例性作业

德国著名教育家瓦根舍因和克拉夫斯基提出了在世界上影响较大的“范例教学”理论。这种教学理论的基本思想对我们当前的“减负”也颇有启发和借鉴意义。传统的应试教育的一个显著特点就是试图通过学生做练习题数量上的积累来达到应付考试的目的。由于这些大量的练习题在课题性质和类型上往往是相互重复的，它们对促进学生智力发展的价值并不大，反而大大加重了学生的课业负担，还使学生对学习活动本身产生消极的情感体验。因此，当前“减负”很重要的一个方面就是要求教师不施行“题海战术”，尽量减少甚至杜绝这些机械重复性的作业。通过给学生精心设计一些具有“范例性”特点的作业，着重突出作业的代表性、典型性、精要性和概括性，从而使之具有更大的可迁移性。这样，学生通过做这些作业，就可以达到举一反三、触类旁通的目的。

（四）实践性作业

根据作业的性质和学生完成作业的方式，我们还可以把作业划分为理论性（或知识性）作业和实践性（或操作性）作业。在传统应试教育中，教师给学生布置的作业基本上都是一些理论性（或知识性）的作业，并且这类作业数量多、难度大、质量低，由此造成学生课业负担过重。针对这一弊端，当前“减负”很重要的一个策略就是减少学生理论性（或知识性）作业的数量，优化其质量。现在，不少学校对一些学科的作业设计进行了改革实验探索，主张在政治、思想品德等德育课程中尽量减少理论性（或知识性）作业，更多地给学生设计一些实践性（或操作性）作业，让学生动手、动脑，通过亲自操作或参与社会实践活动的方式来完成这些作业，并从中受到教育，获得发展。实践性作业既能培养学生的动手、动脑和社会实践能力，又能有效地减轻学生过重的课业负担，它的出现可谓我们当前“减负”的一条新思路。

（五）愉悦体验性作业

作业负担对学生来讲既是一种身体和生理上的负荷，也是一种心理和精神上的负荷。从某种程度上讲，作业负担更主要的是一种个体心理的体验和感受。如果一名学生对学习有浓厚的兴趣，积极主动地参与到学习活动中，他就不会感受到有什么作业负担；相反，如果一个学生厌恶学习，消极被动地应付学习，即便是很轻的课业负担，他也会感到很重。机械重复性和惩罚性的作业等就容易使学生在心理上产生厌倦感等消极的情感体验。因此，设计出一种能满足学生的求知欲，并使其在完成作业的过程中产生愉快情绪、情感体验的作业类型，对“减负”就具有特殊的意义。从理论上讲，这种作业类型应该具有以下特点：（1）突出主体性，改变过去学生在作业问题上完全被动的状况；（2）形式要活泼，力戒单一；（3）方式要多变，力戒机械；（4）思路要拓宽，力戒守旧。因为只有新颖的、具有启发性和应用价值的作业才会使学生在完成后乐此不倦。

（六）口头作业

过去，学生书面作业的数量太多，这是造成学生课业负担过重的一个重要因素，因此，恰当地减少学生的书面作业而增加一些口头作业是当前“减负”的一个客观要求。具体地讲，教师在课堂上可以就一些重点的、典型的，或带普遍性的问题向全班学生提问，让学生通过口头回答的方式来完成这些作业。这样既可以实现学生做作业的目的，又能取得“减负”的效果。

（七）课堂作业

当前，学生家庭作业太多，每天在家里做作业的时间很长，不少学生深夜仍在忙于完成作业。从学生完成作业的时间和地点来看，学生作业负担过重实际上是指他们家庭作业的负担过重。因此，学校就应该在课程表上安排一定的自习课，让学生做作业。另外，教师在课堂教学中也应留出部分时间让学生完成作业，以减少学生家庭作业量的方式来达到“减负”的目的。而要达到这样的目的，就要求学校要调整传统的教学计划和课程安排。要求每位任课教师努力学习和钻研现代教育教学理论和学科专业知识，提高自己的教育教学能力和课堂教学效果。因为教师“增能”的结果必然使学生“减负”增效。

总之，作业是当前学生课业负担的一个主要组成部分，也是当前学生课业负担过重的一个重要原因和直接表现。减轻学生过重的课业负担，首先就要求减去他们过重的、不科学、不合理的作业负担。从这个意义上讲，科学地研究并设计学生的作业是当前“减负”的一个关键。基于此，我们从以上七个方面对这一问题进行了初步的分析和探讨，以期对“减负”有所启发或帮助。

视点3：“减负”的对策与措施

当前社会各界就“减负”提出了许多对策、措施和建议。在这里，我们从对学生课业负担的现状和特点的认识及其对“减负”的启示、学生非智力因素的培育与“减负”、“减负”的心理对策，以及当前“减负”应该处理好的几种关系等方面对“减负”的措施进行了新的思考。

一、从学生课业要素及负担的不均衡性看“减负”①

在我国，减轻学生过重的课业负担一直是一个十分尴尬的教育问题和社会问题。一方面，学生承担的课业要素过多和负担过重已经引起了全社会的重视和关注；但另一方面，学校“减负”的实际效果并不理想，学生课业要素和负担过重的状况始终没有得到根本性的改善。尽管造成这种状况的原因是多方面的，但我们认为，“减负”的效果不好与我们对学生课业要素和负担的现状与特点认识不清、研究不够有直接的关系。当前学生的课业要素及负担具有不均衡性的特点，而认识这一特点对当前的“减负”颇有启发意义。

（一）当前学生课业要素和负担不均衡性的几种具体表现

中小学生是正在成长中的人，中小学生也是以学习为主要任务的人。中小学生的社会角色和身心发展需要决定了他们必须要承受一定的、有时甚至是很重的成长和发展的负荷，而其中很重要的一个方面就是学校里的课业要素以及由此形成的课业负担等。这些成长和发展的负荷（包括课业要素和负担）是促进他们全面发展，实现其个体社会化和个性化的前提和物质载体。在这里实际上就存在着一个因袭已久的理论上的假设和预设：中小学生必须要承受一定的课业要素和负担，并且这些课业要素和负担是与学生的成长和发展密切相关的，是不可或缺的。

---

① 褚远辉，等. 从学生课业负担和要素的“不均衡性”看减负［J］. 现代教育管理，2009（9）：20－22.

当然，在这里暗含着的一个要求，就是这些课业要素和负担应该是均衡的、科学的和合理的。但当我们对现实学校教育教学实践进行回顾和反思时，我们发现其中存在着一个很大的问题和缺陷：由于受片面追求升学率等诸多因素的影响，当前学生承受的各种课业要素和负担处于一种严重失衡的状态。这种状态既加重了学生对课业要素和负担过重的体验和感受，又对学生的成长和发展产生了消极的影响。对于这种不均衡性，我们可从以下几个方面来认识：

1. 学生的课业要素和负担在学校“五育”上的分布是不均衡的

从理论上讲，在我国，学校对学生实施的是全面发展教育，它主要是由德育、智育、体育、美育和劳动技术教育等“五育”构成的。学校通过这“五育”对学生进行教育和影响，旨在促进学生的全面发展。同时，这“五育”也不是孤立的，它们之间是一种辩证统一的关系。一方面，它们之间是相互联系、相互依存、相互制约和互为基础与前提的，并由此构成了学校全面发展教育的整体结构；但另一方面，这“五育”的内涵不同、特点各异，在促进学生全面发展上都发挥着自己独特的作用。因此，对于这“五育”，我们既不能厚此薄彼，又不能使它们之间相互替代。这里的一个关键就是在学校实际工作中怎样使这“五育”处于一种相对协调和均衡的状态，并在这个前提下充分发挥各育的作用。

但从现实中的情况来看，由于受多种因素的影响，学校这“五育”的有机结构遭到了破坏，各育之间尤其是智育与其他各育之间处于一种严重失衡的状态。一个具体的表现就是在学校实际工作中重视智育，轻视德育、体育、美育和劳动技术教育的现象十分突出。反映在学校教育教学实践中，就是学生在智育上承担的课业要素过多，导致他们在这方面的课业负担过重（其实，智育上的课业负担过重实际上还是一种片面的负担过重）。相反，由于智育以外的其他各育不受重视，学生在其他各育上所承受的课业要素过少，使他们在这些方面的课业负担过轻。这种在各育之间失衡的课业要素和负担无疑是当前影响学生全面、和谐发展的一个重要因素。

2. 学生的课业要素和负担在学校各门具体课程上的分布是不均衡的

在学校里，全面发展教育的目标主要是通过开设各门具体课程来实现的。课程作为影响学生成长和发展的一切因素和中介的总和，它是全面发展教育目标的具体化，也是学校教育中最具实质性的内容。在我国，与全面发展教育相对应，在学校里也主要设置了德育类课程、智育类课程、体育类课程、美育类课程和劳动技术教育类课程等。这些课程群相互联系、相互依存、相互促进，形成了一个有机的课程结构和体系，并在客观上构成了学生在学校里所要承担的主要课业要素和负担。这样，如何根据各门具体课程的性质、功能、内容、分量、特点等，确定其在课程整体结构中的比例，并在这个基础上让学生承受相应的课业要素和负担就成为优化学生课程、减轻学生过重课业负担和促进学生全面发展的一个关键。但在当前学校的实际工作中，学生在各门具体课程上实际承受的课业要素和负担与理想中和理论上要求他们承担的课业要素和负担之间的吻合度不高，在这两者之间出现了很大的不一致性和矛盾性。这也导致学生在各门具体课程上承担的课业要素和负担处于一种失衡的状态。这样的结果必然是学生在某些课程上承担的课业要素过多、负担过重，而在另一些课程上承担的课业要素过少、负担过轻。比如，现在学生在智育类课程上承担的课业要素就过多，导致负担过重，而在德育类、体育类、美育类和劳动技术教育类课程上承担的课业要素过少，导致负担过轻；学生在认知类课程上承担的课业要素过多，负担过重，而在实践操作类课程上承担的课业要素过少，负担过轻；学生在中考和高考要考的课程（所谓的主科）上的负担很重，但在中考和高考不考的课程（所谓的副科）上的负担却很轻等。这种失衡的课程课业要素及负担破坏了学校课程整体结构的科学性、合理性和和谐性，影响了学生合理知识结构和认知结构的构建，并最终阻碍了学生全面、和谐地发展。

3. 学生个体对课业要素和负担承受的阈限和能力是不均衡的

学生课业要素和负担的不均衡性还表现在学生个体对课业要素和负担实际承受的阈限和能力也是不均衡的。课业要素和负担对学生来讲，既具有客观性，又具有主观体验和感受性。不同学生对课业要素和负担承受的阈限和能力实际上也是各不相同的，其间存在着很大的个体差异性。如在同一个班上，从横向来看，某一特定的课业要素和负担对某些学生来说，可能是适中的；但对另一些学生而言，却可能存在着课业要素和负担过重或过轻的问题。从纵向来看也同样如此。如同样数量、性质、难度的课业要素和负担即便是对同一名学生来讲，在不同的时间和条件下，他的实际体验和感受也是各不相同的。当这名学生身体健康、情绪高涨、心境乐观向上、学习动机和兴趣浓厚时，他是不会感到有什么学习之苦和课业负担之重的，即此时他对课业要素和负担承受的阈限和能力较大；相反，当这名学生生病，或心境不佳、情绪低落、学习动机和兴趣淡薄时，即便是很轻的课业要素和负担，他也会感到不堪重负，即在这个时候他对课业要素和负担承受的阈限和能力在下降。这实际上也反映了学生非智力因素的发展水平对课业要素和负担主观体验和感受的影响。

4. 学生课业要素和负担在地区和学校的分布上是不均衡的

在不同的地区和同一地区的不同学校里，由于受学校领导教育观念、管理水平、教师素质以及当地社会舆论和文化传统等因素的影响，学生实际承受的课业要素和负担也有较大的差异。在有的地区和学校，学生承受的课业要素较多，负担较重；而在另一些地区和学校，学生承受的课业要素相对较少，负担可能相对较轻。如一般来讲，在一些所谓的名校里学生的课业要素和负担就普遍较重，而在一些普通的学校里学生的课业要素和负担可能相对较轻；在很多城市的学校里学生的课业要素和负担较重，而在一些农村、偏远地区和少数民族地区的学校里却存在着学生课业要素和负担偏轻的问题。这种现象在一些边远省份的学校里表现得更突出和典型一些。

（二）认识学生课业要素和负担的不均衡性对“减负”的启示

1. “减负”要研究和关注当前学生课业要素和负担的现状与特点

尽管人们从各自不同的立场和角度提出了许多应对“减负”的对策和措施，对“减负”这一问题进行了颇有成效的研究，但综观各类研究，我们感到其中有一个不足之处，就是比较缺乏对当前学生课业要素和负担现状与特点本身的研究，这实际上就使“减负”失去了一个重要的客观依据，这也可谓当前在“减负”问题上的一大误区和局限。固然，由于造成学生课业要素和负担过重的原因是多方面的，在我国，“减负”已经成为一个非常复杂的系统工程，需要从各个方面系统考虑和综合治理，但我们认为，认识当前学生课业要素和负担的现状与特点，并针对这些特点制定相应的对策，应该是当前“减负”的一个切入点和“抓手”，因为它可以为“减负”提供客观的依据。这也是我们当前在“减负”中必须要考虑和做好的一项工作。

2. “减负”必须要高度重视学生片面负担过重的问题

既然当前学生实际承受的课业要素和负担具有不均衡性的特点，那么，我们在这里就可以提出这样一个理论上的假设：当前学生课业要素和负担过重可能并不是一个完全准确的命题。进一步讲，我们与其说当前学生课业要素和负担过重，倒不如说是一种片面的课业要素和负担过重。或者说，当前学生在某些方面的课业要素和负担过重，但在另一些方面的课业要素和负担并不过重；当前可能只是部分学生课业要素和负担过重，并不是所有学生的课业要素和负担都过重等。认识这一点，对当前的“减负”十分重要。因为与这些问题密切相关的就是：当前学生在哪些方面的课业要素和负担过重，在哪些方面的课业要素和负担不重；哪些学生的课业要素和负担过重，哪些学生的课业要素和负担不重；学生的课业要素到底多在哪里，课业负担到底重在哪里。对这些问题的深入研究可以使我们更加明确“减负”的目标、内容和重点，从而使“减负”更好地做到有的放矢，而这可以从一个侧面和在一定程度上保证“减负”本身的科学性和有效性。

3. 对“减负”必须做到具体问题具体分析

具体问题具体分析是马克思主义的一种思想方法。同样地，针对学生课业要素和负担具有不均衡性的特点以及当前学生主要是片面课业要素和负担过重的实际状况，“减负”就必须做到具体情况具体分析。具体地讲，在学校实际的“减负”过程中，我们首先应该分析班上每一名学生对课业要素和负担的实际承受阈限和能力，了解哪些学生课业要素和负担过重，哪些学生课业要素和负担适中或过轻。因为只有这样，我们才能够科学地确定“减负”的对象，即减去那些超过其自身承受能力的学生的课业要素和负担，而对班级中少数禀赋优异的学生，由于他们对课业要素和负担的实际承受能力较强，在他们身上或许并不存在课业要素和负担过重的问题；相反，只有进一步科学地增加他们的课业要素和负担（如加速学习、充实课程和开设特殊班级等），才能充分挖掘其潜力，促使他们得到更充分的发展。也就是说，“减负”应该做到因人而异。同时，因学生课业要素和负担在地区和学校的分布上具有较大的差异性和不平衡性的特点，在有些地区和学校“减负”的问题和矛盾就十分突出，而在有些地区和学校面临的却是应该如何“增负”和“配负”的问题。这样，“减负”就应该做到因校和因地区而异。另外，针对学生课业要素和负担在具体课程分布上的不均衡性，我们就应该减去学生在智育类课程上的过重负担，而适当增加他们在其他类课程上的课业负担；减去学生在考试课程上过重的课业负担，而适当增加他们在非考试课程上的课业负担；减去学生在认知类课程上的过重负担，而适当增加他们在实践操作类课程上的课业负担等。从而通过具体课程课业负担量之间的平衡，达到促进学生全面发展的目的。也就是说，“减负”有一个因具体课程而异的问题。最后，针对学生课业要素和负担在学校“五育”分布上的不均衡性，我们应该减去学生在智育上的过重负担，而适当增加学生在德育、体育、美育和劳动技术教育上的课业负担。也就是说，“减负”还有一个因各育而异的问题。一句话加以概括，就是“减负”应该具体情况具体分析，真正做到因地、因校、因人、因课程和因各育而异。笼统地谈“减负”，只是对这一问题肤浅的认识，难以使“减负”真正落到实处。

4. “减负”还要做好“加、减法”

根据对学生课业要素和负担具有不均衡性特点的认识，当前在“减负”上很重要的一个策略就是要在“减负”过程中做好“加法”和“减法”。在过去，一谈到“减负”，一些人总是把眼光和关注点放在“减”字上，认为“减负”就是一味地减，即要减少学生的学习时间、考试次数、学习科目、学习难度以及减轻学生的作业量和书包的重量，控制学生在学校的时间等。实际上，这些都是对学生课业负担过重和“减负”的表面认识。根据学生课业要素和负担具有不均衡性的特点，“减负”就不能只减不增，“减负”还应该与“增负”和“配负”有机地结合起来。有时科学地增加学生在某些方面的课业要素和负担，反而能达到从整体上减轻学生过重课业负担的目的。这种“不减之减”，才是一种高层次的“减负”，因为学生有的课业要素和负担是根本无法减轻的。这也可谓“减负”和“增负”之间的辩证法，这更是我们在“减负”中经常讲的一句话：“减负不仅要做好减法，而且还要做好加法”的理论根据。

当然，我们在这里所指的学生课业要素和负担具有不均衡性的特点是相对于学生承受课业要素和负担的理想结构而言的，这里的失衡并不是绝对的失衡，而只具有相对的意义。尽管如此，认识学生课业要素和负担的不均衡性特点的确可以为当前的“减负”提供一个新的思路和方法。

二、学生非智力因素的培育与“减负”

我们在“减负”时除了要考虑减少学生学习的时间和课业的数量、降低课业的难度、减轻书包的重量、减少补课和考试的次数以及扩大高校招生的数量等显性因素外，还得转变传统的思维定式，在挖掘“减负”的内部和隐性因素上下功夫。在这里，我们想着重指出的是学生非智力因素的培育与减轻他们过重课业负担两者之间的关系。

非智力因素是一个非常笼统的概念，它主要是指除智力因素以外的所有心理因素，它是学生学习必不可少的一个心理系统和条件，在学生的学习中发挥着维持、强化、动力和定向等重要的作用。非智力因素主要包括兴趣、动机、性格、意志、情感、世界观和价值观等。非智力因素本身的性质、特点和作用决定了它在学生学习和减轻学生过重的课业负担中具有独特的价值。由于非智力因素涉及的范围十分广泛，我们不可能一一对其加以说明和分析，在这里，我们特以学生学习兴趣和学习动机的激发、良好性格特征和坚强意志品质的培养为例来说明其在“减负”中的意义和价值。

（一）激发、培养学生的学习兴趣和动机与“减负”

学习兴趣是学生力求认识和趋向某种事物或爱好某种活动的心理倾向，它与某种积极的情感体验相联系，并通过一定的活动表现出来；学习动机则是直接推动学生进行学习的一种内部心理状态。学习兴趣和学习动机在学生的学习过程中具有定向、动力和支持等作用。学习兴趣和学习动机的激发和培养从来就是学生进行学习，并取得良好学习效果的重要条件。我国古代的学习论思想中就一直把兴趣和学习动机作为学生学习的一个重要条件，著名大教育家孔子早就提出了“知之者不如好之者，好之者不如乐之者”的科学命题。学习兴趣和学习动机在“减负”中的作用主要表现在它可以改变学生对课业负担过重的内心心理体验和感受，即把对课业负担过重的消极情感体验转变为一种积极的情感体验。因为，课业负担对学生来讲既是一种身体和生理上的负荷，也是一种心理和精神上的负荷。从某种意义上讲，课业负担还是一种个体心理的体验和感受。在一个班级里，我们常发现，同样的课业负担，对不同的学生来讲，各人的主观体验和感受是各不相同的，有的学生感到很重，有的学生感到很轻，而有的学生则感到比较适中。这里面，除了学生智力发展水平、学习方法和学习能力等的差异外，更多的反映出他们对学习这一活动的情感体验。如当一名学生身体健康、情绪高涨、心境乐观向上、学习兴趣和动机浓厚，并且积极主动地参与到学习活动中去的时候，他就不会感到任何学习之苦和课业负担之累，因为人们对他自己感兴趣、所喜欢的事情是不会感到有什么负担和包袱的。相反，他会充分挖掘自身的潜力，全身心地投入到学习过程中去，更加刻苦努力地学习，并在充分享受学习所带给他的成就感和喜悦感的过程中促进身心的健康全面发展。与此不同的是，如果一名学生厌恶学习、只是在消极被动地应付学习、对学习充满了消极的情感体验的话，那么，即便是很轻的课业负担，他也会感到不堪重负。因此，课业负担本身既具有客观性，又具有主观体验性，我们一方面要看到它在数量上的大小与轻重，另一方面还要承认它也是一种个体心理的体验和感受。认识到这一点，对当前的“减负”就很有意义。也正是由于学生对课业负担具有个体心理体验和感受性的特点，而在其中起作用的主要就是学生的情感意识等非认知因素，因此我们在“减负”时就必须关注学生在学习过程中的情感等非认知因素，这也就意味着“减负”很重要的一条策略就是要在教学过程中使学生成为学习的主人，充分激发他们在学习活动中的主动性、积极性、能动性和创造性，培养和提高他们的学习动机、兴趣和内驱力，真正确立他们在学习过程中的主体地位。也就是说，在学习过程中培养学生想学、愿学、乐学和好学的情感和态度，对帮助学生克服学习过程中的困难、减轻他们过重课业负担的内心主观体验具有特殊的意义和作用。

（二）良好性格特征和坚强意志品质的培养与“减负”

性格是一个人个性特征中的核心成分，它主要是指人对现实比较稳定的态度和习惯化了的行为方式，而意志则是指自觉地确定目的并克服各种困难、调节内外活动以实现目的的心理过程。学生良好的性格特征和坚强意志品质的培育在“减负”中具有十分重要的意义。如前所述，虽然对每个学生而言，课业负担及课业负担过重的存在是客观的，但由于他们个体对课业负担及课业负担过重的感知又具有主观性的特点，不同的人对同一负担的实际感受和体验是不相同的，这就直接导致不同的学生对同一数量、性质和难度的课业负担在实际承受的能力上也表现出明显的差异，即他们能够承受的课业负担的阈限是各不相同的。除去其他智力因素、家庭因素和社会因素外，我们认为造成其间差异的重要原因还包括学生个体意志、性格、情绪等非智力因素的发展水平。在现实生活和教育教学实践活动中我们常发现，大凡性格坚强、意志品质优良、情绪稳定、社会适应性较好、身心健康的学生，他们对负担（包括课业负担）的承受能力都较强；相反，凡是那些性格懦弱、意志品质薄弱、情绪不稳定、社会适应不良的学生，他们对负担（包括课业负担）承受的阈限都较小。根据这一认识，当前“减负”的另一条策略就是要培养学生良好的性格特征（如勤奋、勇敢、自信、谦虚、细致、进取心、乐观和朝气蓬勃等），锻炼学生坚强的意志品质（如决心、信心和恒心等），以此来增强学生抗衡紧张情绪的能力，并增大学生对课业负担实际承受的阈限。我们认为，增强学生承受课业负担能力的过程实际上也就是帮助学生减轻过重负担的过程。

由此可见，从加强学生情感意识等非智力因素的培育入手来达到“减负”的目的，是我们当前减轻学生过重课业负担的一条新思路。激发学生的学习兴趣、培养他们良好的性格特征和坚强的意志品质可以有效地达到“减负”的目的。这种不减之减，是一种高层次的“减负”，堪称“减负”的最高境界，也可谓“减负”的根本性策略。之所以这样讲，是基于学生的有些课业负担是根本无法减轻的。

三、减轻学生过重课业负担的心理学思考①

由于造成学生课业负担过重的原因具有复杂多样性，这实际上也就决定了“减负”是一个复杂的系统过程。在当前，“减负”无疑有很多“抓手”和切入点，在这里我们主要从心理学的角度分析和探讨“减负”的对策。

（一）加强和改善学校的心理健康教育

学生的负担是一个多维的结构性概念，它主要包括学生的课业负担、心理负担和经济负担等，这些负担要素相互联系、相互依存、相互影响，并互为因果，由此构成了学生负担的整体。基于这种认识，我们在减轻学生过重课业负担这一问题上，就应该坚持综合和整体联系的观点。当前“减负”的一条新思路就是要跳出学生课业负担本身，从减轻学生其他方面的负担入手来达到减轻过重课业负担的目的。过去，我们在“减负”上存在着一个认识上的误区，认为“减负”就是减去学生过重的课业负担，把课业负担等同于学生负担的全部，在具体涉及“减负”时，又认为就是要减少学生课业的数量和降低课业的难度等。这种单一的思维方式也是造成当前“减负”效果欠佳的一个重要原因。其实，除了课业负担过重外，当前学生心理负担和心理压力过重这一问题也不容我们忽视。由于承受的社会压力增大、学习和考试竞争的白热化以及受自身身心急剧变化和发展等内外因素的困扰，当前青少年学生在成长和发展过程中出现了许多心理矛盾和困惑。如生理发育中的困惑、青春期的躁动和迷茫、人际交往和适应中的困惑、

① 褚远辉，等．谈“减负”的心理对策［J］．云南教育，2002（1）：13－15.

学习竞争中的困惑和升学就业中的困惑等，并由此在他们身上引发了诸多的矛盾：如独立自主性发展和依附性的矛盾，活动能量增大和认识发展滞后的矛盾，性成熟和道德、法制观念薄弱的矛盾，理想与现实的矛盾，等等。这些矛盾和困惑使青少年学生承受着过重的心理压力和负担，在部分学生身上甚至出现一些心理障碍和问题行为。也正是由于学生课业负担和心理负担两者之间具有联系和互为因果，当前的"减负"就可以以学生心理负担的减轻为切入点，并由此达到从整体上减轻学生过重课业负担的目的。这样，"减负"就应该与重视和改善学校心理健康教育工作密切地结合起来。

（二）开展考前心理咨询活动，释放学生的考试焦虑

一方面，学生的负担，尤其是心理负担和困扰具有一贯性的特点。如一名心理压力过大、存在着心理障碍和问题行为的学生，他过重的心理负担具有一定的弥散性，这种过重心理负担的内心体验会始终笼罩在这名学生的心理和生活的各个方面，并且短时间内难以完全消除。但另一方面，学生的心理负担、压力和困扰在时间的分布上也具有明显的情境性和突发性。在某些情境和事件下，学生的心理负担和压力可能加剧，而在另一些情境和事件下，学生的心理负担和压力则可能减缓。对中小学生而言，我们观察到，在考试，尤其是在升学考试期间，他们体验和感受到的心理压力明显增大，并且考试的等级越高，对学生的意义越重大，则学生的心理压力和负担就越明显和突出，这也就是心理学上通常讲的学生考试焦虑的问题。在这里特别值得我们注意的是，部分学生的考试焦虑通过不断地反馈和强化，形成了恶性循环，成为一种不可逆转、长久不变、不可跨越的心理障碍。极少数学生甚至把这种感受和体验扩散到学习和生活的其他方面，形成特质性焦虑，严重的还可能演变成为焦虑症。考试焦虑既是学生的一种过重的课业负担，又是学生的一种过重的心理负担，或者说考试焦虑本身就构成了学生过重课业负担和心理负担的重要来源和组成部分。针对这一情况和特点，减轻过重的课业负担就不能不关注学生的考试压力和焦虑问题。

（三）激发和培养学生的学习兴趣和学习动机

如前所述，课业负担对学生来讲既是一种身体和生理上的负荷，也是一种心理和精神上的负荷。从某种意义上讲，课业负担还是一种个体心理的体验和感受。当一名学生身体健康、情绪高涨、心境乐观向上、学习兴趣浓厚，并且积极主动地参与到学习活动中去的时候，他是不会感到学习之苦和课业负担之累的。认识这一特点，对当前的"减负"就很有启发。由于学生课业负担具有个体心理体验和感受性的特点，当前"减负"很重要的一条心理策略就是要在教学过程中使学生成为学习的主人，真正确立他们在学习过程中的主体地位。如此，教师和家长就应努力改善学生学习过程中的非认知系统，充分激发他们在学习活动中的主动性、积极性、能动性和创造性，提高他们的学习动机、兴趣和内驱力。通过培养和激发学生对学习活动的直接兴趣和学习动机的方式来达到“减负”的目的。

（四）锻炼学生的性格和意志，增大学生对课业负担承受的阈限

虽然对每个学生而言，负担（课业负担、心理负担和经济负担等）的存在是客观的，但他们对负担的感知又具有主观性的特点，不同的人对同一负担的实际感受和体验是不同的。除去其他智力因素、家庭因素和社会因素外，我们认为，造成其间差异的一个重要原因在于学生个体意志、性格、情绪等非智力因素发展水平上的差异。根据这一特点，当前“减负”的另一条心理策略就是要培养学生良好的性格，锻炼学生坚强的意志品质，以此来增强学生抗衡紧张情绪的能力，从而增大学生对负担承受的阈限。因为学生的有些负担是无法减轻的，并且是必要的，有时甚至很重的负担却是促进学生身心发展的物质载体，是学生成长过程中必不可少的。增强学生承受负担能力的过程实际上就是帮助学生减轻过重负担的过程。这种“不减之减”，是一种深层次的“减负”，堪称“减负”的最高境界。从加强学生情意等非智力因素的培养入手来“减负”，是我们减轻学生过重负担的一条新思路。

（五）开展学习心理辅导，减轻学生过重的课业负担

学生是以学习为主要任务的人，并且学习是学生承担的主要社会职责。学生的社会角色和当前学生学习的特点决定了课业负担是学生整个负担的主体部分，并且过重的课业负担也是造成学生心理压力过大的一个重要原因。尽管我们不能把“减负”完全等同于减去学生过重的课业负担，但减去学生过重的课业负担无疑应该是“减负”的主要内容。在这里，我们把学生的课业负担划分为两个部分：一是正常的课业负担，这部分课业负担是促进学生身心发展和实现学生个体社会化所必需的。因此，这部分课业负担是学生应该而且必须承受的，也是无法减轻的。二是超过学生承受负荷的课业负担，即学生过重的课业负担。正是这部分课业负担加重了学生的精神压力，阻碍了学生身心的健康发展。我们的“减负”实际上就是要减去学生的这部分课业负担。分析当前学生过重课业负担形成的原因，我们认为除了学习时间过长，作业量太大，考试及教参、教辅、习题集太多等显性因素外，很重要的一个方面就是学生的学习方法不科学、学习的内部心理机制不健全，以及学习的心理品质不优化等，这些因素导致了他们的学习效率不高，并由此使他们感到学习和课业负担过重。因此，加强学生的学法指导，尤其是开展针对学生学习心理的诊断、辅导和矫正等活动就成为促进学生科学、高效、快捷学习，从而减轻其课业负担的一条有效途径。

第三编　关于“学校德育”的新思维

对学校德育，我们似乎总是有很多话要说。作为培养青少年学生良好思想、高尚道德和健康心理素质主渠道的学校德育，其重要性、必要性和紧迫性是非常明确的。“德育首位”的思想就充分反映了学校教育的基本规律和青少年学生身心发展的重要特点。但现在的问题在于我们对学校德育规律和方法的认识还很肤浅，学校德育的有效性不高，学校德育在青少年品德形成和发展中的主导作用尚未充分发挥出来。一句话，当前学校德育的效果还很难令人满意。当然，造成这一状况的原因无疑是多方面的，它既与社会大环境的变化和社会价值取向的多元化有关，也与我们现在对学校德育规律、特点和方法等的认识不到位有关。基于此，笔者着重从学校德育的困难性、寓它性和学校德育途径的构建等几个方面对学校德育的新规律和新特点等作尝试性的分析和思考。

视点 1：对学校德育性质和特点的新认识

当前，随着社会的变迁和德育理论与实践研究的深入，学校德育出现了一些反映时代性的新性质和新特点，从理论上认识这些性质和特点，是我们加强学校德育工作、提高学校德育有效性必须要做的事情。在这里，我们主要分析学校德育的困难性、寓它性和学校德育途径的构建等问题。

一、对学校德育“困难性”的认识

（一）当前经济转轨时期学校德育的困难性①

党的十四大报告中提出：“我国经济体制改革的目标是建立社会主义市场经济，以利于进一步解放和发展生产力。”改革开放和社会主义市场经济的建立使

① 褚远辉．试论当前经济转轨时期学校德育的困难性［J］．高等师范教育研究，1995（6）：8－12.

我国社会生活发生了巨大而深刻的变化，这种变化涉及政治、经济、思想、文化、教育等各个领域，并影响着人们的思想观念、行为准则、思维方式和生活方式等方面。在这里，我们仅就计划经济体制向市场经济体制转轨对学校德育的影响作一个粗浅的分析。我们认为，改革开放和社会主义市场经济的建立对学校德育的冲击是多方面、全方位的；另外，市场经济对学校德育的影响还具有双重性的特点，它在给学校德育工作的改进和发展带来机遇和提供条件的同时，也使学校德育工作产生了新的困惑和冲突，使学校德育工作又面临着严峻的挑战。其中的一个最突出、最令人关注的问题是在当前经济转轨过程中，学校德育工作的有效性变小，困难性增大。分析和研究当前在学校德育工作中出现的新情况、新问题，探讨造成当前学校德育工作困难性的原因具有重要的意义，它是我们进一步加强和改进学校德育工作的前提和基础。我们认为，造成当前学校德育工作困难性的原因是多方面的，概括地讲，当前学校德育工作的困难性与下面一些因素有着直接的关系。

1. 青少年学生价值观的多元化与学校德育社会主义一元化导向之间的矛盾性

随着改革开放的深入进行和社会主义市场经济的建立，我国社会生活的各个方面都产生了很大的变化，其中不容我们忽视的一点就是社会传统的价值观念在很大程度上动摇了，社会的价值观体系出现了多元化的倾向，人们的价值取向也由单一变为综合，由一元走向多元。各种价值观交错并存，其中既有与社会主义要求相一致的积极、进步的价值观念，又有与社会主义要求不一致甚至是相矛盾的消极、落后的价值观念。社会上各种价值观念相互混杂、相互冲突的多元化现状必将对青少年学生产生巨大的影响，促使其价值取向多元化。据有关调查，当前青少年学生的价值观出现了一些新的特点，如多元复合、偏重自我、注重务实、变化不定等。这样，一方面，我们学校德育进行的是社会主义的一元化价值导向教育，即坚持社会主义意识形态的主导地位，用马列主义、毛泽东思想和邓小平建设有中国特色的社会主义理论教育和影响青少年一代，从而使他们形成坚定正确的政治方向和共产主义的道德品质；另一方面，由于改革开放和市场经济的建立，青少年学生精神生活的空间拓宽了，接受影响的媒体增多了，在他们身上表现出来的价值取向也多元化了。这种状况势必导致社会主义学校德育一元化的导向性和青少年学生价值取向多元化的倾向性两者之间出现冲突，产生矛盾。我们认为，这两者之间的矛盾性是导致当前学校德育有效性较差、困难性增大的一个根本原因。我们之所以提出这个论点，是基于价值观体系在学校德育及学生思想品德形成和发展中的作用来谈这个问题的。我们知道，学校德育过程就其实质而言是教育者根据一定社会的要求和受教育者思想品德形成和发展的规律，把一定的社会意识和道德准则内化为学生个体思想品德的过程。因此，学校德育效果的好坏在很大程度上取决于学生对道德进步本身的渴求及其对社会意识和道德准则的内化程度。而这种内化的过程与学生个体所确立的价值观体系存在着直接的因果关系。所谓价值观，是指一个社会的成员共同抱有的期望性观念。如期望怎样的举止、怎样的人际关系、怎样的生活方式，等等。价值观又是一种标准观，它是人们对某种思想和行为取舍的内在依据。有什么样的价值观，就会接受什么样的思想和选择什么样的行为方式。从这里我们可以看出价值观制约着学生对社会意识、道德准则及行为方式的内化过程和选择模式，它在由社会意识、道德准则内化为学生个体思想品德的过程中起着一种中介的作用。从这个意义上讲，学校德育的过程可用下图来表示：

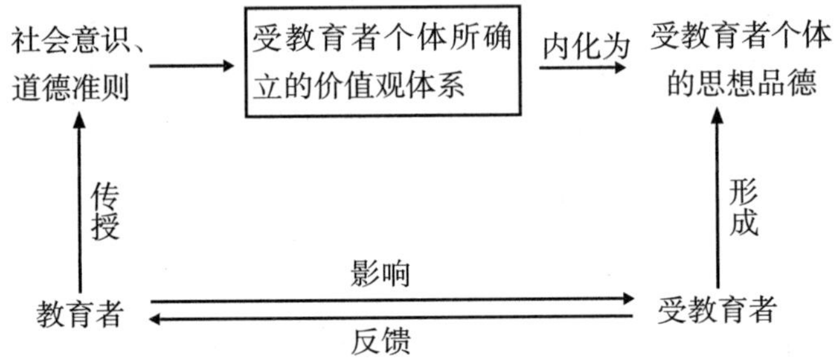

在这里，学生个体所确立的价值观体系对教师的教育影响起着分析、选择（接受或抵制）、自我加工的作用。

当教育者所传授的教育影响从性质上讲符合学生个体所确立的价值观体系，即两者同构时，教育影响就会顺利地被受教育者接受，教育影响被受教育者内化的程度就高，则学校德育的效果就好；反之，则学校德育的效果减弱。当前在社会经济转轨时期，青少年学生价值观相互冲突和多元化的倾向势必与社会主义德育一元化导向之间产生矛盾，这种矛盾破坏了学生个体内部的德育接受机制，从而造成了当前学校德育的困难性。正如犹太哲学家、教育家马丁·布贝尔在《品格教育》一文中所说的："否认那些具有绝对效力的普遍价值和标准的存在，却是我们这个时代的显著倾向……以致不再可能重新确定一个人类共有的价值领域，在这种情况下怎样能完成培养品格的任务呢？"①

2. 学校传统德育模式的滞后性

时代在发展，学生的思想实际在变化，但学校传统德育模式却相对不变或变化不大，学校德育模式与时代的发展和学生思想实际的变化出现了"滞后性"的倾向。这种倾向在我国经济体制转轨、各个领域发生急剧变化的社会现实面前

① 华东师范大学教育系，杭州大学教育系．现代西方资产阶级教育思想流派论著选［M］．北京：人民教育出版社，1980. 299－314.

表现得相当明显。这种滞后性从大的方面来讲，主要反映在下面两个方面：(1) 学校传统德育模式滞后于时代的发展，没能及时反映出社会发展变革中出现的新情况、新问题，当然更谈不上帮助学生去分析和解决这些新情况、新问题。(2) 学校传统德育模式落后于学生思想发展的实际，没能及时地反映学生思想发展的时代特点。

由于学校德育模式的内涵主要包括德育内容、德育方法及其对这两个方面的组织和运用。因此，我们在讨论学校传统德育模式滞后性的特点时就应该分别探讨学校传统德育内容及方法中存在的问题。就学校德育内容而言，其滞后性主要体现在过去的德育学科及其内容是计划经济体制下的产物，而且它没能及时地随着经济体制的转轨而发生相应的变化，从而建立起与社会主义市场经济相适应的德育学科和内容体系；就学校德育方法而言，有人把它的滞后性作了如下描述："当代中小学生是跨世纪的新一代，他们面临的是一个改革开放、价值取向多元化的复杂的社会环境，而我们的德育方法往往重传递、轻思考，忽视道德选择和澄清能力的培养；当代中小学生自我意识、民主意识增加，而我们的德育方法往往重灌输、轻交流，习惯于'我说你听'，缺乏平等对话和情感沟通；青少年儿童道德观的建立，行为规范的养成，既需要静态的晓之以理，更需要动态的品德践行，而我们的德育方法往往重说教、轻训练，忽视德育过程由知到行的转化过程；青少年儿童良好人格和道德习惯的形成，既有赖于严格的要求和纪律的约束，更有赖于学生自身对道德理想的追求和坚持不懈地自律慎独，而我们的德育方法是重外律、轻内省，忽视学生自我教育力的培养；青少年儿童的道德成长与身体成长一样要从多渠道吸取营养，而我们的德育方法往往满足于开设了多少德育课程，开展了多少主题活动，重显性、轻隐性，忽视发挥教师示范、自然陶冶、校园文化、学科渗透等多渠道的德育功能。"① 如此等等，不一而足。分析造成学校传统德育模式"滞后性"的原因，主要有两个方面：(1) 外部原因。这个问题要从教育与社会政治经济制度的关系来分析。一定社会的教育总是为一定社会的政治经济制度所制约。当一个社会的政治经济制度变化了，教育也应该发生相应的变化，从而与社会的政治经济制度相适应。当前，随着社会主义市场经济的建立，我国社会的政治经济制度变化了，社会的文化意识形态改变了，但学校德育的改革没有与政治经济制度的改革配套进行，没能及时地反映变革时期的社会现实，这样的学校德育势必滞后于社会政治经济制度的发展。(2) 内部原因。这涉及教育的相对独立性，即教育并不随社会的政治、经济、文化意识形态的变化而立即发生变化，它总有一个时间上的后变性，作为学校教育重要组成部分的学校德育出现一定的滞后性也就不难理解了。另外，就学校德育内容而

① 李意如．德育方法改革的回顾与展望［J］．福建教育，1994（10）．

言，教材本身的特点也是造成这种滞后性的重要原因。尽管学校对学生进行德育的途径是多方面的，但政治课和思想品德课在学生思想品德的培养上起着重要的作用，由于教科书的内容都有一定的稳定性，都有一个内容更新的问题，这也在客观上造成了两者的不相适应。

学校传统德育模式的滞后性降低了学校德育的针对性，削弱了学校德育的有效性，它是造成当前学校德育工作困难性的一个重要因素。要改变这种状况，就要对学校传统德育模式进行改革，改革的关键就是要使学校德育跟上时代发展的步伐，满足青少年学生的教育需求。要改革学校传统德育模式，应做好下面两个方面的工作：（1）要改革过去训诫式的德育为自律德育，变封闭德育为开放德育，变单维德育为多维德育，变被动受教为主动求教，形成学生主动积极参与、自主选择的德育方法体系。（2）一方面，要精简教材内容，删去对学生思想品德的培育没多大实际价值的内容，特别要删去那些与以往计划经济相适应，而与当今市场经济相矛盾的内容；另一方面，也要增加一些新内容，特别要增加有关市场经济和商品观念的内容，如价值规律、竞争意识、利润原则、风险意识、开拓精神、独立意识、开放意识、时效观念、创新意识等。

3. 学校德育过程中的离散因素增多，内耗加剧

当我们认真反省当前学校德育工作的困难性时，我们发现其中的又一个重要原因在于当前学校德育工作中的阻碍因素增多了。在这里，我们主要从下面两个方面对这个问题进行粗浅的探讨。

第一，从学校德育的外部联系来看学校德育工作中的离散性。这种离散性主要表现在下面两个方面：

一是学校、家庭、社会教育三者的离散性。我们知道，影响学生思想品德形成和发展的因素大致可分为三类：学校、家庭和社会。因此，对学生进行思想品德教育取得实效的关键就是要使这三个方面的影响协调一致，形成教育的合力。大家都知道，20 世纪 50 年代，我们学校德育工作的有效性很高，其中的一个重要原因就是在那个时代，学校、家庭、社会教育三方面一致性的程度高。而在当前，随着社会的急剧变革和人们价值取向的多元化，学校、家庭、社会三方面教育的差别较大，其间不一致甚至是相互矛盾的地方增多了，造成了学校、家庭、社会教育相互离散的程度加大，内耗加剧。有人在谈到这个问题时曾形象地列举了一个公式：5 + 2 = 0。其含义是学生一个星期在学校里接受五天正面教育的效果被星期六和星期日两天在社会和家庭中所受到的负面影响所抵消。在这里，我们无须考证这个表达式的准确性，但学校、家庭、社会的德育影响在相互离散、相互抵消却是事实。

二是学校德育与智育、体育、美育和劳动技术教育的相互离散。德育、智育、体育、美育和劳动技术教育是社会主义全面发展教育的重要组成部分，它们

在促进人的全面发展和在教育的整体结构中都占有重要的不可相互替代的作用；同时，这几个方面又是相互制约、相互促进、相互依存的。但是，我们在看到它们之间的统一性时，也不能忽视在德、智、体、美、劳之间也存在着相互的矛盾性。学校德育与其他各育之间也具有离散性。在这里，我们要着重指出的是学校德育与智育的相互离散。由于当前我们的中小学教育主要还是一种“应试教育”的模式。虽然在中小学都开设了政治课和思想品德课，并以此作为学校德育的主渠道，但检验学生对这两门课程学习情况的标准并不是看它在学生思想品德形成和发展中所起的作用，而是看学生对这两门课程知识点掌握的多少和考试成绩的高低，在政治课和思想品德课教学中存在“智育化”的倾向。这种在实际教学中重智轻德，甚至以智代德，否认学校德育独立实体地位的做法，实际上降低了学校德育的效果。

第二，从学校德育过程本身来看学校德育工作中的离散性。上面我们从学校德育的外部联系考察了学校德育工作中的离散性。现在，我们从学校德育过程本身来探讨这个问题。由于学校德育过程主要是由教育者、受教育者、德育内容和德育方法等要素构成。因此，我们也分别从这几个要素入手对其进行分析。

一是教育者中存在的德育离散因素。教育者是德育过程中的组织者和领导者，在学校德育过程中起着主导的作用。特别是在当前经济转轨时期，随着全社会对学校德育意义认识的提高，随着青少年一代品德问题的急剧增加，在客观上要求强化教育者（尤其是广大教师）的德育功能。然而，由于一些主客观的原因及受市场经济的负面影响，部分教师德育意识、德育能力不强及师德修养不足。这样，在教育者身上就表现为强化教师的德育意识、提高其能力与教师德育素质不高、德育素质下降之间的矛盾和离散。

二是受教育者中存在的德育离散因素。（1）受教育者个体思想品德构成要素的相互离散。一方面，受教育者个体思想品德就其构成要素来讲，包括道德认识、道德情感、道德意志和道德行为等。因此，对学生进行的德育就要从这几个方面入手，或提高认识，或陶冶情感，或锻炼意志，或养成一定的行为。只不过由于德育过程具有多开端性，无论先从哪方面进行，都可以达到学生思想品德的整体优化。然而，另一方面，我们也应该看到学生思想品德的内部构成要素也并非完全一致，它们相互之间也存在矛盾和离散的地方。其中突出的一点是当前在中小学生中道德认识和道德行为之间的离散程度在加剧，在学生中知行脱节和知行不一致的现象有所增加。（2）受教育者内部德育接受机制的离散。受教育者作为学校德育过程的客体，他们要接受学校的德育影响，并形成一定社会所期望的思想品德，这是由他们自身的地位和社会角色所决定的。但是，由于过去我们学校德育工作中存在着“假”、“大”、“空”、“套”等弊端，学生对这种形式主义严重的德育方式产生了抵触情绪和逆反心理。这样，受教育者要接受学校德育影响与他们对学校德育灌输产生逆反心理两者之间构成了一对矛盾，这实际上就是受教育者内部德育接受机制的离散。

三是学校德育内容中存在的离散性。学校德育内容中的离散性主要表现在：(1) 从学校德育内容的性质上看，存在着社会主义性质的德育内容与非社会主义性质的德育内容之间的矛盾和离散；存在着真、善、美与假、恶、丑之间的离散。(2) 从学校德育内容与时代发展和学生思想实际的变化来看，存在着学校德育内容滞后于时代和学生思想实际的变化和发展的矛盾，两者之间也构成了相互矛盾和离散。

四是学校德育方式中存在的离散。在学校德育方式中存在的矛盾主要有重传递，轻思考；重灌输，轻交流；重说教，轻训练；重外律，轻内省；重显性，轻隐性，等等。

应该说，学校德育工作中的上述矛盾和冲突过去就存在，只不过在社会经济转轨的过程中，其中的某些矛盾加剧了，学校德育过程中与社会主义德育目标相离散的因素增多了，这在客观上造成了当前学校德育较之以往具有更大的困难性。所以，减少甚至消除学校德育工作中的离散性，无疑是当前学校德育工作中亟待解决的一个问题。

4. 教师的德育素质有所下降

固然，上述三个方面都是造成当前学校德育具有困难性的重要原因。但我们认为，当前部分教师德育意识有所弱化、德育素质有所下降，也是造成现在学校德育工作有效性降低、困难性增大的另一个重要原因。教师作为学生生活的引路人和灵魂的塑造者，在学生思想品德的形成和发展上起着巨大的潜移默化的影响作用。教师的劳动与社会上其他劳动形式相比较，其最显著的特点就是教师劳动手段具有主体性。即在教育过程中，教师对劳动对象的影响，主要不是通过使用劳动工具去实现，而主要是通过自身的知识、才能、情感、意志、个性、思想修养和道德作风等方面去影响学生的，即影响受教育者的是教师本身的言行。因此，教师本身具有对学生进行德育影响的性质和功能，教学具有教育性，这永远是一条客观的规律。然而，值得注意的是当前部分教师的德育素质下降了，教师在学生品德形成和发展中的示范作用减弱了。造成这种状况的原因也是多方面的。其中既有认识上的原因，如部分教师认为教师的职责就是给学生传授好本学科的知识，而学生的思想品德教育则是学校领导、班主任和政治课老师的事，与己无关。这种对教师职责理解的狭窄化和片面性弱化了这部分教师的德育意识。上述情况的形成也有一些客观的原因。众所周知，困扰我国基础教育的一个大顽症是“片面追求升学率”。“片追”的一个突出表现是重智轻德，衡量教师劳动成绩的主要标准是学生的考试成绩和升入高一级学校的学生的比例。显然，“片追”的负面诱导强化了教师的教学意识和能力，弱化了教师的德育意识和能力。

另外，还值得我们注意的是，在当前经济转轨时期，在商品经济大潮的冲击下，在市场经济逐利性原则的诱惑下，一些教师忍受不了教师职业的清苦、劳累和寂寞，难以继续安贫乐道，于是下海弄潮者有之，“跳槽”者有之，从事第二职业者有之，出国“淘金”者亦有之，而那些“身在曹营心在汉”的教师更是大有人在。在教师队伍中拜金主义、享乐主义和极端个人主义的思想有所抬头，极少数教师教书育人、为人师表的意识淡漠了，他们的所作所为与教师身份极不相符。总之，由于受市场经济的负面影响，一部分教师的德育意识弱化了，德育素质下降了。无疑这也是造成当前学校德育困难性的一个重要原因。

学校德育具有困难性，这是一个世界性的难题。无论是社会主义国家，还是资本主义国家；无论是在我国，还是在国外；无论是过去，还是现在，这个问题都是客观存在的。教育理论工作者认为，学校德育的困难性在于学生思想品德内部构成要素的复杂性及其外部制约因素的多样性。广大教师也发出这样的呼声：现在的学生太复杂了！对他们进行德育太困难了！显然，解决这个问题，无论在理论上和实践上都具有重大的意义。我们立足于此，从上面四个方面探讨了在当前我国经济转轨时期学校德育工作困难性的原因，试图对这个问题的解决有所帮助。

（二）布贝尔的品格教育思想与启示①

马丁·布贝尔，犹太神学家、哲学家、存在主义教育理论的代表人物。生于奥地利维也纳，先后在维也纳、莱比锡、柏林和苏黎世等地的大学学习，专攻犹太教神秘派的教义。他曾从事犹太复国主义运动，当过德国法兰克福大学、耶路撒冷希伯来大学哲学系教授。其主要著作有《品格教育》、《我和你》、《人与人之间》等。其中《品格教育》一书从存在主义哲学的基本原则出发论述了教育如何促使人性自我完善的问题，它是存在主义教育理论中较有代表性，并有一定影响的著作。在《品格教育》中，布贝尔比较系统地论述了他关于品格教育的思想，其中的一些观点，如德育首位和品格教育具有困难性等在今天仍具有一定的启发和借鉴意义。笔者本着介绍和借鉴的目的，从下面两个方面简单地谈一谈布贝尔品格教育思想的基本内容及其对我们当前学校德育工作的启示。

1. 布贝尔品格教育思想的主要内容

第一，品格教育的目的。

布贝尔认为品格教育的目的是使全人类和好相处。他说：“真正的品格教育就是真正的共同相处的教育。”而要达到这个目的，其关键就是要培养出具有统

---

① 褚远辉，等．布贝尔品格教育思想及其对学校德育工作的启示［J］．青海师范大学学报，2002（1）：115－118.

一品格的人，因为“人类的统一根源于个人的统一”，而“人与人之间的崇高完美的关系，只能存在于具有统一性和可以信任的人之间”。由于当时布贝尔正处于一个社会急剧变革的时代，传统的价值观念和行为方式被抛弃，整个社会呈现出多元化的价值尺度、道德标准和行为方式，人们的思想混乱、关系紧张，经常处于一种敌对的状态。在这种情况下，布贝尔主张通过品格教育重塑社会共同的价值观、行为观和标准观，并以此来规范人们的思想和行为，这无疑具有很强的针对性。另外，布贝尔认为，品格教育的另一重要目标是要培养学生的道德习惯和信念，并逐渐由他律向自律转化。如他认为，学生对某种道德观点的接受总是最初先形成“自我克制”的习惯；然后，逐渐地“这种外表的遵从一定会转变成内心的遵从”，最后这种规则将铭记在学生的心里，并成为他们的一种自觉行为。

第二，品格教育的重要性和可能性。

一是品格教育的重要性。布贝尔作为存在主义教育思想的一个代表人物，由于受当时社会背景的影响，他对品格教育持悲观的论调，认为通过教育来培养学生完满的品德具有极大的困难性。但他并没有以此来否定品格教育；相反，他十分强调品格教育的重要性，德育首位的观点是布贝尔品格教育思想的一个显著特点。他认为“名副其实的教育本质上就是品格教育”。在这里，布贝尔是在把品格教育与其他学科的教学相比较的过程中提出了品格教育的重要性的。他认为，通过其他各门学科的教学虽然也能够教学生认识某些确定的事物或会做某些确定的事情，但它们仅仅只能发展学生的个别功能和属性；这就是说，其他各门具体学科在促进学生的身心发展上是有其局限性的。而品格教育则不同，它关注的是整个人，即通过品格教育将促进人的各方面功能和属性得到全面的发展。鉴于此，他认为品格教育比其他各学科的教学更重要。

二是品格教育的可能性。布贝尔是在把品格和个性这两个概念加以区分的基础上论证品格教育的可能性的。他认为，个性是指“把一个人看做一个现实的并有潜在可能性的整体”，而品格则是指“介于这个人的为人与他的一连串行动和态度之间的纽带”。在布贝尔看来，个性和品格这两个概念最显著的区别在于个性是稳定不变的，即他认为“个性在其成长方面实质上是不受教育者影响的东西，是一种成品”，所以个性也就不具有可塑性和受教性。而品格尚未定型，具有可塑性，即“只有品格才是需要加工的东西”。这样，他就论证了品格教育的可能性和可行性。由此出发，他认为，教育的目标就是培养学生的品格，并把品格教育作为教育的主体。在这里，布贝尔由品格的可塑性论证了品格教育的可行性，这是符合逻辑的，但他把个性看成是由先天遗传素质所决定的，这显然与我们现在对个性这个概念的理解是不相同的。

三是品格教育的过程。为了对品格教育有一个更深入的说明，布贝尔探讨了品格教育的过程。他认为，教师对学生进行的品格教育要经历以下几个阶段：

（1）学生对教师的信任——品格教育的前提。布贝尔认为，学生往往会对教师进行的品格教育（即便仅仅是品格教育的意图）产生一种天然的反感。因此，品格教育经常会引起学生的逆反心理和抵触情绪。显然，在这种氛围下，教师对学生进行的品格教育难以顺利进行并取得好的成效。当然，这并不意味着品格教育就无法进行。布贝尔认为，解决这一问题的关键是教师要取得学生的信任。在他看来，信任既为教师对学生的品格教育开辟了道路；并且，信任本身也是一种品格教育的力量。正如布贝尔所说：“在品格以及整个人的教育领域内只有一条途径可接近学生，这就是对他的信任。当教育者赢得学生的信任时，学生对接受教育的反感就会被克服而让位于一种奇特情况：他把教育者看做是一个可以亲近的人。……于是他学习提问了。”在这里，布贝尔把学生对教师的信任看成是品格教育的前提和基础。既然信任是品格教育的必要条件，那么，作为教师怎样才能赢得学生的信任呢？布贝尔认为，教师只有参与到学生的生活中去，并担负起应负的责任，学生才可能信任教师。

（2）学生的提问——品格教育的开始。学生对教师产生信任感后，他就开始把自己的疑惑和问题提出来并向教师求教，试图从教师那里寻求答案。布贝尔认为，当“教师遇到这种情况时应该认识到这时正是实施品格教育第一个有意识步骤的时机”。而品格教育正是在这种提问（学生）回答（教师）的过程中，通过师生之间的伦理性谈话来进行的。布贝尔指出，教师对学生的提问必须作出回答，而且这种回答必须是具体、有针对性的，而非抽象、笼统的。即：“教师的职责并不是对什么是善和恶作一般的指示。他的职责是要解答一个具体的问题，即回答在某种情况下怎样才是正确或错误的。”

（3）师生之间的接触和交往——实施品格教育的基本形式。布贝尔认为，教师与学生的接触和交往不仅是教师赢得学生信任的必要条件；同时，教师也正是在与学生进行接触和交往的过程中对学生进行品格教育的，即品格教育寓于师生之间的活动和交往的过程之中。正如他所说的：“如果教师对学生持有这样的观点，参与他的生活，并意识到应负的责任，那么师生间所经历的一切事情……如果没有任何故意策划或诡秘的目的，就都足以为品格教育开辟道路了。”在这个问题上，布贝尔还十分强调师生之间冲突的教育价值。他认为，在师生接触和交往过程中，教师虽然能取得学生的信任，但这种信任不是绝对的，师生之间的冲突仍会随时发生。布贝尔认为，这种不时出现的冲突是对教师的最大考验，学生信任教师，品格教育也才可能顺利进行。如果教师能恰当地处理好这些冲突的话，则品格教育会事半功倍。

四是品格教育的困难性。品格教育有难度，具有一定的困难性，这是布贝尔品格教育思想的一个主要观点，也是布贝尔教育理论的另一个显著特点。布贝尔从下面几个方面论述了品格教育的困难性。

（1）价值观的变迁和多元化破坏了传统品格教育基础。在这里，布贝尔引用了德国教育家凯兴斯泰纳的观点，对品格一词的含义作了界定。他认为，道德品格是“一种特殊的态度，这种态度从行动上显示出把绝对价值看做高于一切其他价值”。而这里所谓的绝对价值则是指人们普遍承认和认可的价值和标准。这样，教育者的任务就是使学生在观念上接受绝对价值，并以此作为自己行动的指南。然而，问题就在于当时的社会正处于一个动荡和变革的时期，传统社会所确立的价值观体系从根本上动摇了，人们的价值取向也发生了巨大的变化，并出现了多元化的倾向。这就破坏了品格教育的内部接受机制，使传统品格教育的基础趋于崩溃，也从根本上影响了学校品格教育的权威性和有效性，增加了学校品格教育的困难性。正如布贝尔所说的：“否认那些具有绝对效力的普遍价值和标准的存在，却是我们这个时代的显著特点。……以致不再可能重新确定一个人类共有的价值领域，从而也不再遵从上帝授予人类的圣诫。随着上述这种倾向的逐渐增强，树立凯兴斯泰纳所谓的道德品格的基础也就逐渐消失。在这种情况下怎样能完成培养品格的任务呢?”在这里，布贝尔认为价值观的混乱和多元化是造成品格教育困难性的深层原因。

（2）在学校活动中培养学生品格的困难性。布贝尔认为，不论是在课堂教学抑或在课间休息时，培养学生的品格都具有一定的困难性。

①在课堂教学中培养学生品格的困难性。在这个问题上，布贝尔同样把品格教育与其他学科的教学作了一个比较。他指出，在课堂教学中，教师培养学生的品格较之其他学科的教学具有更大的困难性。因为在他看来，在其他各门学科的教学中，由于学生都能获得相应的知识和技能，因此，学生都有一种主动求教的愿望，这就容易在师生之间形成某种默契。而这种默契为这些学科教学的顺利进行开辟了道路。相反，在品格教育中，学生普遍存在着一种被动甚至是厌恶和逃避接受教育的状况。正如布贝尔所说的：“一旦我的学生觉察到我想要培养他们的品格时，我恰恰就会受到那些明显表现出真正独立品格的学生们的对抗：他们不愿听任自己被人教育，更确切地说，他们不喜欢别人想要教育他们的意图。”学生对教师品格教育的反感和抵制增加了品格教育的困难性。

②在课间休息时培养学生品格的困难性。既然品格教育难以纳入课堂教学中，那么能否改变品格教育进行的方式，把它放在课间休息时间里，并以一种隐蔽的方式来进行呢？即“把品格教育隐藏在巧妙安排的课间休息时间内”。布贝尔认为这也是很困难的。他认为，取得学生的信任既是一种重要的品格教育的方法，也是品格教育取得成效的前提。而只有当教师坦率而真诚地与学生在一起，以自己的品行给学生树立一个榜样时，学生才可能信任教师，品格教育也才可能顺利进行。在这里，布贝尔十分强调教师自身的品格对学生品格的影响，即品格

只能通过品格来培养。布贝尔认为，如果教师采用诡秘和圆滑的行动把品格教育渗透在课间休息中，无论学生是否觉察到，这种做法都会使教师失去坦诚直率的力量，也会对教师自身的形象起消极的影响。而这是有悖于品格教育的要求的。

（3）影响品格教育有效性的其他因素。布贝尔认为，培养学生品格的有效性受到多种因素制约。

①制约品格形成因素的多样性和矛盾性。学生的思想品德是在外部因素的影响下并通过自身内部的矛盾运动而逐渐形成的。这种外部因素从来源上讲主要包括家庭、社会和学校三个方面。当这三个方面的影响协调一致，形成教育合力时，对学生进行的思想品德教育就能顺利进行。反之，当这三个方面不一致甚至是相互矛盾时，学生个体良好思想品德的形成就有困难。在布贝尔的品格教育思想中，他对这一点也有所认识。布贝尔说：“品格是在它这个实体还具有可塑性的时候烙印在他身上的。这种烙印是由谁施加的呢？是由一切事物施加的。……在这些因素中有许多激起了共鸣、模仿、愿望、努力；另一些则引起疑问、怀疑、嫌恶、反感而起着影响，品格就是由所有这些各种各样的因素交织在一起所形成的。”这样，由于制约品格形成因素的多样性和矛盾性，造成了品格教育的困难性。

②教师影响的有限性。学校在学生思想品格的形成中起主导作用，教师在其中发挥着巨大的示范作用。然而，基于对制约品格形成因素多样性和矛盾性的认识，布贝尔认为教师在学生思想品德形成和发展中的作用是有限的。他说：“教师不过是另一些不胜枚举的因素之一。”教师既不能代表各种影响的全部，也不能控制和主导这些相互矛盾的影响。这样，教师影响的有限性和非主导性也造成了教师对学生进行品格教育的困难性。在这里，布贝尔虽然对教师的作用持悲观的态度，但同时，他也充分肯定了教师在培养学生品格中的作用。他说：“教师是一切事物中想要影响整个人的唯一实体。”教师对学生的品格塑造具有自觉的能动性，这种能动性主要表现在下面三个方面：教师有塑造学生品格的决心；教师有塑造学生品格的自觉意识；教师有塑造学生品格的责任感。

③学生的个别差异。布贝尔认为，学生由于家庭生活条件及其所处的社会地位不同而表现出一定的个别差异性。这种差异性影响了学生对道德概念的认识，决定了学生对这些道德观念的接受与否。布贝尔说：“我试图向学生解释妒忌是可鄙的，我立即会感到那些比他们的同伴较穷的人内心的反感。我试图解释恃强凌弱是邪恶的，我立即会看到强者嘴角上所挂着的抑制的微笑……”学生的这种个别差异也给品格教育带来了困难。

2. 布贝尔品格教育思想对当前学校德育工作的几点启示

布贝尔作为一名有神论的存在主义者，在他的教育思想中，不仅充满了消极的思想情绪，而且带有宗教唯心主义的神秘色彩。他的思想集中反映了垄断资产阶级面对资本主义矛盾和危机时所产生的不安、忧虑和沮丧的没落心理。显然，在这种唯心主义世界观和方法论的指导下，从总体上讲，他的教育思想（包括品格教育思想）是不可能科学化的。另外，从他的品格教育理论的具体内容来看，也存在着不少相互矛盾和错误的地方。如他一方面肯定品格教育的重要性和可行性，另一方面又对培养和塑造学生的品格持悲观的态度；他一方面充分肯定教师在学生品格形成上的独特作用，另一方面又认为教师的影响是有限的；同时，他把品格教育和学科教学相割裂，否认在学科教学中渗透德育的可能性。又如在他关于品格教育目的的看法中，认为当时的社会之所以矛盾重重并且充满危机，其根本原因就在于人们缺乏统一的品格。因此，品格教育的目的就是要培养具有统一品格的人，从而使人类能和好相处。这种观点显然是一种唯心主义的认识，它颠倒了社会存在和社会意识的关系，所有这些无疑都是错误的。但同时，我们也应该看到布贝尔的品格教育理论在某些方面和在一定程度上也反映了品格教育的规律和特点。如他强调情感因素在品格教育中的意义和作用，认为信任是品格教育的基础和方法，提倡以情动人、以情育人。还有，他对品格教育的过程以及学生的品格接受心理和机制等方面进行了比较深入的探讨和说明。另外，他也看到了教师的榜样示范作用对学生品格的影响，认识到品格只能通过品格来培养以及制约品格形成因素的多样性和矛盾性等。这些方面都有一定的科学性和合理性，都值得我们吸收和借鉴。最后，结合当前实际，我们认为布贝尔的品格教育思想在下面两个方面对我们学校德育工作有较大的启发和借鉴作用。

一是树立“德育首位”的教育观。布贝尔品格教育理论的一个显著特点是他非常强调德育在人的发展中的作用，并把德育放在学校其他各育的首位，确立了德育在整个教育体系和结构中的核心和导向地位。这对我们今天进一步加强和改进学校德育工作具有一定的现实意义。众所周知，长期以来，我国基础教育主要是采用一种以应付考试为主要内容、以片面追求升学率为基本目标的应试教育模式。重智育，轻德育、体育、美育和劳动技术教育是应试教育的一个显著特点。在这种教育中，学校德育沦落到“说起来重要，做起来次要，忙起来不要”的尴尬境地，更遑论德育在学校工作中的首要地位了。一方面，由于学校德育工作在思想观念上不被重视，加之在实施过程中存在着目标笼统、方法简单、途径单一、内容庞杂、形式主义严重以及德育工作者自身素质不高等问题，导致学校德育工作的战斗力不强、有效性较低，德育在青少年学生思想品德形成和发展过程中的主导作用没有充分发挥出来。但另一方面，随着经济体制的转轨和改革开放的深入进行，市场经济和改革开放的双重性也给社会带来了一些消极的影响，人们的思想观念和价值标准发生了较大的变化，青少年学生中的品德问题日益增多，引发了全社会对德育和青少年健康成长问题的普遍担忧和关注。加强学生的德育工作，提高学校德育工作的实效已成为广大人民群众的强烈要求和共同呼声。显然，在这种大的社会背景下，我们学校德育工作的现状难以适应时代和社会的客观要求，两者之间存在着较大的差距。因此，进一步加强和改进学校德育工作势在必行、刻不容缓。加强和改进学校德育工作，尽管其切入点是多方面的，但我们认为，首先要解决的还是一个德育在整个学校工作中的定位问题。具体地讲，就是要求我们在指导思想上把德育放在学校全部工作的首位，并把它贯穿于学校各项工作的始终。德育的首要地位不落实，加强和改进学校德育工作就只能是一句空话。现在，人们对德育重要性的认识逐渐深入，德育首位的思想也逐渐被人们所接受并形成共识。综观古今中外，重视德育既是我国教育的一个优良传统，同时也是世界各国教育发展的普遍趋势。现在世界各国普遍呼吁增加学校德育的投入，加强学生的德育。由此可见，“德育首位”的教育观既有其理论依据，又有其现实意义，它具有客观性。虽然布贝尔品格教育的性质、任务、目标和内容等与我们的不同，但他提出的“德育首位”的观点无疑对当前我们学校德育工作是有启迪作用的。

二是关于品格教育的困难性。布贝尔认为，品格教育具有一定的困难性，这是他品格教育理论的主要特点和最大特色。虽然布贝尔对品格教育困难性的论述有相互矛盾的地方，从总体上也难讲是科学的。但他认为品格教育具有困难性，这也的确反映了学校德育工作的一些特点和规律。尤其是他指出，在社会变革时期，社会价值观的变迁及多元化破坏了传统品格教育的基础，这是造成学校德育工作困难性的根本原因，这一点对我们当前的学校德育工作也颇有启示。我们认为，学校德育就其实质而言，无非是把一个社会的社会意识和道德规范内化为学生个体的思想品德。在这个内化过程中，学生个体所确立的价值观体系起着重要的选择作用。它作为一种标准观，是人们对某种思想和行为取舍的内在依据。有什么样的价值观，就会接受什么样的思想和选择什么样的行为方式。从这里我们可以看出价值观制约着学生对社会意识、道德规范及行为方式的内化过程和选择模式，它在由社会意识、道德规范内化为学生个体思想品德的过程中起着一种中介的作用。也就是说，当教育者传授的教育影响从性质上讲符合学生个体所确立的价值观体系，即两者同构时，教育影响就会顺利地被受教育者接受，教育影响被受教育者内化的程度就高，则学校德育的效果就好；反之，则学校德育效果减弱。大家知道，我国当前经济体制改革的目标就是要建立社会主义市场经济，在由计划经济向社会主义市场经济转轨的过程中，人们的思想观念、价值取向和行为方式也发生了很大的变化并呈多元化的倾向，其中拜金主义、享乐主义和极端个人主义的思想有所抬头。在这种情况下，学校德育工作中的离散因素增多，有些矛盾更加突出，学生中出现的品德问题也大量增加。从客观上讲，学校德育的困难性较之过去是增大了。那么，这是否就意味着我们在学生思想品德的培养和塑造上无能为力了？答案显然是否定的。学校德育工作的严峻形势固然需要我们正视，但我们也应该看到，我们有比较先进的社会制度，有比较良好的社会秩序和环境，有一批素质过硬、信仰坚定的德育工作队伍，有在长期实践中总结和积累起来的行之有效的丰富的德育工作经验，并且党和政府历来就十分重视学校德育工作和青少年的健康成长，所有这一切都为学校德育工作的顺利开展和青少年一代品德的形成提供了良好的条件。现在，人们越来越重视德育的研究，提出了许多颇有见地的主张。如重塑社会的价值观体系，把德育渗透到各学科教学中去等，这些探索都是有益的，都有助于学校德育任务的完成和学生良好思想品德的形成。

总之，在当前，对布贝尔的品格教育思想存在着一个扬长避短的问题。吸收和借鉴其中合理的因素，对构建学校德育理论体系和发挥德育理论对德育实践的指导作用无疑是有益的。

二、对学校德育“寓它性”的认识①

近年来，随着学校德育重要性的日益显露及对学校德育研究的逐步深入，人们开始认识到学校德育的另一些特点，其中的一个重要方面就是学校德育的“寓它性”。在这里我们尝试性地对学校德育“寓它性”的几个基本问题作探讨。

（一）学校德育“寓它性”的含义及表现

“寓”，从词义上讲，在现代汉语中有三种不同的解释：①居住；②住的地方；③寄托。显然，“寓”在本书中应该是第三种解释，即寄托、隐含、隐喻和渗透的意思。因此，对学校德育的“寓它性”，我们尝试性地作如下定义：学校德育的“寓它性”，是指学校德育的实施除了通过其独自完整的体系（如政治课、思想品德课的教学和学校里专门组织的德育活动等）外，还广泛地包含和渗透在学校的其他活动中，并通过这些活动表现出来。学校德育“寓它性”的形式、类型和表现是多种多样的，对此可作以下简单分析。

1. 学校德育队伍的“寓它性”

过去，我们常常把学校德育的队伍局限在政治课、思想品德课教师和专职政工干部的范围内。这种看法实际上具有相当大的片面性。其实，在学校里，学校领导、各学科的教师及学校里的其他人员都应该是德育工作者。就教师而言，他不仅要教书，而且要育人，这就是说，对学生进行思想品德教育是每个教师义不容辞的职责。现在不少学校在构建学校德育活动体系时提出了“全员育人”的目标，即“教书育人”、“管理育人”和“服务育人”，并提出了“学校里所有的

① 褚远辉，等. 学校德育的寓它性［J］. 教育评论，1999（2）：35－37.

工作人员都应该是德育教师”的口号。这既转变了传统学校德育队伍的观念，加强了学校德育的力量，又表明了学校德育队伍具有“寓它性”的特点。学校德育队伍具有“寓它性”的特点，这是由学校自身的性质和特点所决定的，也是由学校教职员工工作的性质和特点所决定的。

2. 学校德育结果的“寓它性”

所谓学校德育结果的“寓它性”，是指学校德育的成果也蕴藏在学校、家庭和社会的其他活动中，而在学校、家庭和社会的其他活动中取得的成果实际上也包含和体现了学校德育的成果。如在学校里，大家都有这样的体会：在一个学习风气浓厚、学习成绩优异的班级中，学生表现出来的思想品德方面存在的问题往往较少；反之，在一个学习风气淡薄、差生成堆的班级中，其成员在思想品德方面存在的问题也往往不少。这个例子说明了学校智育和德育的相关性，即学生在智育上的发展也可表现为学生在德育上的进步。如果说这句话不太准确的话，我们是否可以这样讲：学校的智育工作搞好了，可以为学校德育工作的顺利进行创造有利的条件。智育如此，学校其他各育（如体育、美育和劳动技术教育等）也同样如此。这几育的工作搞好了，有助于学校德育工作的开展。反过来说，学校德育工作搞好了，也可对这几育的工作起推动和促进作用。这可谓学校德育结果的“寓它性”。

3. 学校德育内容的“寓它性”

学校德育内容除了体现在政治课、思想品德课教材及其他专门组织的德育活动中外，在学校、家庭和社会中也广泛包含和渗透德育的因素和内容。如在学校其他学科教材的内容中蕴藏着丰富的思想品德教育因素，也具有对学生进行德育的功能。在我国的学校里，教材内容的科学性和思想性是高度结合的，科学性是思想性的基础，思想性是科学性的内在属性。因此，在我国学校里开设的每一门学科的内容都具有德育的价值。当前，我们强调要加强和改进学校德育工作，其中的一个重要措施就是要在各学科教学中渗透德育，而德育的学科教学渗透的主要理论和实践依据就是学校德育内容具有“寓它性”的特点，在各学科教学内容中包含或隐含着德育的因素。另外，学校德育内容作为影响学生思想品德形成和发展的一切中介的总和，它还广泛地包含或渗透在其他载体中。如学校德育的一个有效方法是教师的榜样示范法，这就说明教师自身的言行、思想、品格、修养和人格等都可作为学校德育的内容影响学生思想品德的形成和发展，这也是学校德育内容“寓它性”的一个表现。

4. 学校德育过程的“寓它性”

学校德育过程的“寓它性”指学校德育的过程渗透在学校、家庭和社会等其他活动的过程之中。如在学校的智育过程、美育过程、体育过程、劳动技术教育过程中也隐含着学校的德育过程。它们在各自实施的过程中，也伴随着学校德育任务的完成或部分完成。

5. 学校德育活动的“寓它性”

学校德育活动的“寓它性”，即学校德育活动除了政治课、思想品德课的教学和专门组织的德育活动以外，它还广泛地渗透在社会、家庭和学校的其他活动中。如学校的教学活动中就包含着德育活动。正如德国著名教育家赫尔巴特所说的：“我想不到有任何‘无教学的教育’，正如在相反的方面，我不承认有任何‘无教育的教学’。”

6. 学校德育途径的“寓它性”

学校德育实施的渠道是多方面的。对学校德育的途径我们可作如下归纳和描述：（1）加强领导，寓学校德育于学校管理工作的全过程之中；（2）充分利用教学阵地，寓学校德育于各学科教学活动之中；（3）加强实践环节，寓学校德育于各项活动之中；（4）做好班级工作，寓学校德育于班主任工作之中等。这些都充分说明学校德育途径具有“寓它性”的特点。

总之，学校德育“寓它性”的表现是多种多样的。学校德育的“寓它性”一方面反映了学校德育与其他各育是相互联系、相互依存的，并由此构成了社会主义全面发展教育的完整结构和体系；另一方面，这也是学校德育本身的性质和特点使然。总之，“寓它性”作为学校德育的一个显著特点，它的存在是客观的，并且具有极大的广泛性。

（二）如何认识学校德育的“寓它性”

上面我们简单介绍了学校德育“寓它性”的含义和学校德育“寓它性”的几种表现，现在我们就有一个如何认识它的问题。

1. 学校德育“寓它性”的几个认识上的误区

一是否认学校德育具有“寓它性”的特点。学校德育有自己专门的课程、时空形式、评价程式、活动体系和教育者等，因此，学校德育具有完整性、独立性和实体性。这种认识无疑是正确的。但有人却以此把学校德育的独立实体性和“寓它性”对立起来，并以独立实体性否定学校德育具有“寓它性”的特点。在这种德育观指导下的德育实践的一个最大特点，就是从学校德育本身出发来构建学校德育的活动体系。这种做法不仅把学校德育孤立于学校其他各育之外，而且把学校德育与社会和家庭的其他活动相分离，从而使学校德育处于一种自我封闭的状态。这种封闭式德育的做法在当今学校教育、家庭教育和社会教育三者联系日益密切、一体化趋势不断加强，影响学生思想品德形成因素日渐多样化、复杂化的社会现实面前，显得十分苍白和无力，它是造成当前学校德育工作有效性较低的一个重要原因。

二是以“寓它性”否认学校德育的独立性、实体性。如果说上面的观点走向极端的话，那么，这种观点在对上述观点加以否定的过程中却显得矫枉过正，走向了另一个极端。这种观点片面地认为学校德育的“寓它性”是一种“完全寓它”，似乎学校德育自身没有独立性，它只能寄生于学校、社会和家庭的其他活动中，通过学校、社会和家庭的其他活动就能够完全实现学校德育的任务和目标。学校德育只不过是这些活动的一种附带产品。这种观点实际上否认了学校德育本身的意义、作用和活动体系，否定了学校德育独立存在的价值。我们认为这种观点及由此产生的后果都是十分错误和有害的，学校德育的意义、作用和独立性任何时候都不容否定。

三是以“寓它性”降低对学校德育重要性的认识。实际上这种观点与第二种观点如出一辙，只不过它是第二种观点的延伸和发展。既然学校德育没有独立性，既然学校德育的任务可以通过其他活动来完成，那么照此推论，学校德育本身就无存在的必要，强调学校德育的重要性，则更是一种奢谈。这种观点与第二种观点在实质上是一样的。

2. 正确认识学校德育的“寓它性”

上面我们列举了对学校德育“寓它性”的几个认识上的误区，那么，究竟应该怎样认识学校德育的“寓它性”呢？我们认为，对这个问题应有如下认识。

（1）学校德育“寓它性”具有客观性。我们首先应该看到学校德育的“寓它性”并不是人们臆想出来的，它的存在是客观的。当我们考察学校、社会和家庭的许多活动时，就会发现这些活动都可谓德育活动，其中都隐含着德育的因素；并且，通过这些活动都可以达到或部分达到学校德育的目标。正如我国著名德育专家王逢贤教授所说的：“学校德育的目标、内容、方法、途径和队伍的特点，确实需要在实施时充分利用其他教育的活动，具有‘寓它性’的特点。这一点不仅不能否定，而且还要继续强化。”这句话给了学校德育“寓它性”的客观性一个最好的注脚。承认学校德育的“寓它性”，这是我们研究这个问题的基本前提。

（2）“寓它性”是当代学校德育的一个显著的特点。过去，我们在研究学校德育的特点时，往往只注意到它的社会性、阶级性、历史性、多开端性、情感性和实践性等，而忽视了它的“寓它性”。其实，当代学校德育发展的一个显著特点是其结构综合系统化和整体结构化的趋势日益加强。从学校德育的外部联系来看，学校德育、家庭德育、社会德育一体化、综合化的模式在逐渐形成；从学校德育的内部组成要素来看，也是如此，表现在学校德育的目标、内容、方法、途径及德育工作者也是在逐渐综合系统化和整体结构化。现在，学校德育的各种因素都广泛渗透到学校、家庭和社会生活的各个方面。学校德育的实施不仅通过其独立完整的体系，而且还往往借助于家庭和社会等各种组织的活动。尽管“寓它性”在学校智育、体育、劳动技术教育中也有表现，但我们认为“寓它性”在学校德育和美育中表现得尤其显著和典型。因此，我们认为“寓它性”是学校德育的一个显著特点。这是我们对学校德育“寓它性”的基本看法。

(3) 学校德育的“寓它性”与学校德育的独立实体性是一致的。当前存在的一个问题是以学校德育的“寓它性”来否认学校德育的独立性。也有一些人虽然没有以此来完全否定学校德育的独立性，但他们认为学校德育的独立性较之学校其他各育要弱得多。我们认为，这些看法都是不准确的。我们在这里强调学校德育的“寓它性”不仅不意味着我们贬低学校德育的独立性；相反，我们认为重视学校德育的“寓它性”强化了学校德育的独立实体性。因为如果我们能充分利用学校德育的“寓它性”，把德育渗透到各种活动中去，并利用一切手段来实现学校德育的任务和目标，则学校德育的作用和功能就会愈益发挥出来，学校德育的独立性、实体性也就会越来越突出。从这个意义上讲，学校德育的“寓它性”与独立性并非相悖不容，两者在根本上是一致的。

（三）学校德育“寓它性”对德育工作的启示

认识了学校德育“寓它性”的特点，至少给我们学校的德育工作以下面几个方面的启示。

1. 更新传统德育观，树立大德育观

过去，在传统德育观的影响下，人们往往把学校德育的时空局限在学生在校受教育期间；把学校德育的实施者局限在政治课、思想品德课教师和专职德育工作者的范围；把学校德育的组织形式局限在政治课、思想品德课的教学活动及学校专门组织的德育活动中；把学校德育的内容局限在政治课、思想品德课等教科书中。实践证明，这种德育观是一种封闭、狭隘的德育观。在这种德育观的指导下，本应丰富多彩的学校德育却成了途径单一、呆板，内容贫乏，效果苍白无力的一种活动形式。固然，造成这种状况的原因是多方面的，但从认识和理论的角度来看，其中的一个重要方面在于它忽视了学校德育具有“寓它性”的特点，而试图从学校德育本身出发来构建学校德育的整个体系。认识了学校德育的“寓它性”特点，首先就要求我们转变这种传统的德育观，树立新的德育观，这种新的德育观的一个显著特点就是大德育观，即树立学校的所有教师都是德育教师，学校的所有课程都是德育课程，学校组织的所有活动都应该是德育的活动，整个学校就是一所德育学校的观念。换言之，就是要树立教书育人、管理育人、服务育人的观念。同时要拓宽学校传统的德育领域，加强学校德育与家庭和社会的联系，并把学校德育渗透到家庭和社会的其他活动中，从而构筑学校、家庭、社会一体化的现代德育模式。

2. 搞好德育的渗透工作

学校德育的“寓它性”要求我们搞好德育的渗透工作。这种德育渗透包括学校活动中的德育渗透、社会活动中的德育渗透和家庭活动中的德育渗透三种基本形式。在学校活动中渗透德育我们已经做了不少探索，取得了一些经验。如把德育渗透到各学科教学中去，把德育渗透到学校教育过程的始终和学校活动的各个方面，强化全体教师的德育意识和能力等。又譬如，对于在其他学科教学中渗透德育，人们也进行了一些更微观、更具体的研究。如探讨在其他学科教学中渗透德育的意义、不同具体学科渗透德育的特点、不同学科教学中渗透德育的具体做法，以及探讨学科教学和思想品德教育的结合点等。无疑，这些探索都是富有成效的。同时学校德育的“寓它性”还要求把德育渗透到社会和家庭的活动中去。对于这方面，我们过去做了些工作，但还不够。要搞好学校德育工作，还要求学校加强对家庭和社会的活动进行指导和控制，以强化和完善家庭和社会的德育功能。这也就是讲，学校德育工作的开展既要求组织专门的德育活动来培养教育青少年一代，又要求把德育影响渗透到社会和家庭生活的各个方面，使学校德育与校外德育相结合，使有形的德育影响和无形的、隐蔽的德育影响相结合，使德育有目的、有意识的控制性和潜移默化的渗透性相结合，使政治课、思想品德课中的德育灌输和其他学科教学中的德育渗透相结合，使教师的德育影响与青少年学生的自我教育、自我修养相结合。如果这样，我们学校的德育工作一定能提升上一个新的台阶。

3. 学校德育工作的开展和实施需要寻求载体

我们过去学校德育工作的一大弊端是途径单一、内容贫乏、形式呆板，学校德育工作往往局限于政治课、思想品德课的教学和教师的道德说教上。这样的德育是难以有效地培养学生良好的思想品德的。撇开其他因素，仅从认识水平的角度来看，造成这种状况的原因在很大程度上讲在于忽视了学校德育具有“寓它性”的特点。就学校德育工作的实施来看主要有两大体系：其一是学校活动体系；其二是学校外的活动体系。无论是学校活动体系，还是学校外活动体系，学校德育的“寓它性”都有广泛的表现。学校德育的“寓它性”实际上与学校德育的载体是有密切联系的。“寓它性”中的“它”实质上就是指载体。既然学校德育的“寓它性”有极其广泛的表现，这也说明学校德育工作应该有异常丰富的载体，而且要提高学校德育工作的有效性，就应该为学校德育工作寻找更多、更恰当的载体。现在全国各地不少学校都认识到载体对学校德育工作的重要意义，都试图为学校德育工作寻找和挖掘更多的载体，以丰富学校德育工作的内容、手段和途径。实践证明，这是提高学校德育工作效果的一条有效途径。

4. 强化全社会的德育意识

学校德育的“寓它性”特点说明了要从根本上搞好学校德育工作，完成青少年一代政治、思想和品德教育的任务，还必须把学校德育建立在一个最广泛的社会背景中。虽然我们坚持认为学校德育在学生思想品德形成和发展中起主导的作用，但是在现代社会中，如果忽视家庭和社会的影响，学校德育同样不可能取得好的效果。现在，人们越来越在这个问题上形成了共识，即德育工作应该是一种公共事业，它需要全社会的关心和行动。因此，让全社会自觉认识到德育工作的重要性，让全社会的成员自觉地参与到德育工作中去，努力促进全社会创设良好的德育环境，形成良好的德育氛围，就应该成为我们德育工作的共同纲领。时代呼唤强化全社会的德育意识。

总之，“寓它性”是学校德育的一个显著特点，认识学校德育的“寓它性”对于完善德育理论、指导学校德育实践、构建学校德育的完整体系都具有重要的意义。

三、对学校德育途径的认识①

近年来，随着学生思想品德问题的逐渐增多及学校德育重要性的日益显露，学校德育尤其是中小学德育工作引起了全社会的极大重视和关注。同时，这几年，中小学德育工作在全面贯彻教育方针、变应试教育为素质教育、提高学生的综合素质等方面发挥了积极的作用，并取得了一定的成绩，这是问题的主要方面；但是，我们也应该看到，有效性较差一直是困扰当前中小学德育工作的一大难题，各个学校虽然在德育工作中投入了相当多的人力、物力和时间，但效果总是难尽如人意。当前，面对德育理论研究的肤浅、苍白，德育实践的寡效以及不断出现的使人眼花缭乱的学校德育问题，一些从事德育工作的同志甚至发出了“德育之累”的感慨。因此，采取各种有效的措施，提高有效性就成为当前中小学德育工作亟待解决的一个问题。而提高学校德育的有效性所涉及的问题是多方面的。在这里，我们仅就当前中小学德育途径作一探讨。笔者认为，要构建当前中小学德育途径，应做好下面四个方面的“结合”。

（一）学校德育途径与学校外德育途径相结合

马克思说过，人的本质在其现实性上是一切社会关系的总和。同样地，学生个体的思想品德也是在客观环境的影响下形成和发展起来的。这种环境影响是复杂多样的，有政治的、经济的、思想的、文化的和道德的影响，并且这些因素是相互交织在一起的。若以这种环境影响的来源作为考察对象的话，我们又可以把这种环境影响分为三个方面，即学校、家庭、社会的影响。在这里，如果我们把通过学校对学生进行的德育影响称为学校德育途径的话，我们就可以把通过家庭和社会对学生施加的德育影响称为学校外德育途径。在当前，改善学校德育途

① 李鹰，褚远辉．试论当前中小学德育途径的构建［J］．教育导刊，1998（4）：14－16.

径，提高学校德育实效很重要的一点就是要把学校德育途径和学校外德育途径结合起来，形成一种校内外全方位结合的德育影响网络。我们之所以提出上述观点，是基于以下认识：

首先，既然学生的思想品德是在学校、家庭、社会三者的共同影响下形成的，并且这三个方面在学生思想品德的形成和发展上都具有不可相互替代的地位和作用，因此就有必要把学校德育途径和学校外德育途径结合起来。事实证明，学生思想品德教育取得实效的一个关键是使这三个方面、两种途径结合起来，并形成一种教育合力。

其次，学校德育途径和学校外德育途径相结合在当前还具有极强的现实针对性。现在，我国正处在深化改革、扩大开放、加快社会主义现代化建设的新的历史时期，这既为广大青少年学生的成才和发展提供了有利的环境，展现了广阔的前景，也为加强和改进学校的德育工作提供了良好机遇和条件。同时，随着社会主义市场经济体制的逐步建立，人们的思想、道德和价值观念已经和正在发生着深刻的变化，这也使学校德育工作面临着严峻的挑战。其中的一个重要方面就是受市场经济的负面影响，学校、家庭和社会的德育影响中不一致的地方增多了，校内外德育途径的协调统一性减弱了，德育过程中的内耗加剧了。就目前的情况来看，学校德育途径是比较完善的，而学校外德育途径却存在着不少问题。如有些学生家长综合素质比较低，整天只想着抓钱或沉湎于“搓麻”之中，不关心孩子的成长，有的甚至向孩子灌输拜金主义和享乐主义等错误观念。在社会上，一些影视、音像、书刊格调低下，“黄毒”泛滥，这些都给青少年学生思想品德的培养带来了诸多消极的影响。一些教师在谈到这个问题时，形象地列举了这样一个公式：$5+2=0$。其含义是学生一个星期在学校受到五天正面教育的效果，却被两个双休日在家庭和社会上所受到的负面影响所抵消。虽然这个公式所表达的数量关系不够确切，它夸大了家庭和社会上的负面因素，但它又确实在某种程度上反映了当前学校德育与家庭、社会影响的不一致性和矛盾性。现在实行新的工时制，学生在家里和社会上的时间增多，这种不一致性和矛盾性对学生思想品德形成和发展产生的消极影响也就更加突出。因此，校内外德育途径相结合是提高学校德育有效性的现实需要。

要使校内德育途径和校外德育途径有机地结合起来，一方面，校内途径要进一步加强和完善，只有当学校德育力量足够大时，它才能在学生思想品德形成和发展中起主导作用；另一方面，要通过建立家长委员会、社区委员会及学校教师家访制度等方式，加强学校与家庭、社会的沟通和联系，充分发挥学校德育途径的主导作用。学校要利用和发挥家庭及社会的积极因素，克服和控制其消极因素，从而最终形成一种教育的合力。

（二）学校德育的外显途径和隐蔽途径相结合

在这里，我们提出学校德育的隐蔽途径这一概念，而学校德育的隐蔽途径是与潜在课程的研究密切联系在一起的。20世纪60年代以来，学校课程的研究取得了长足的进步，其中的一个重要方面就是潜在课程概念的提出及其研究。传统课程理论的一大缺陷就在于它所确立的课程领域太狭窄，把学校课程仅仅局限在课程表上规定的正式学科上。而学校课程从广义上讲，是指在学校情景中获得的全部经验。在当代，随着教育实践以及课程理论研究的深入和发展，人们发现，在学校里对学生发生作用的影响远非是学校课程表上规定开设的正式学科所能全部涵盖的。这样，传统课程观的局限性日益显露，而拓宽传统的课程领域也就成为必然。在这种情况下，一些专家学者在学校正式课程的基础上，提出了潜在课程的概念。所谓潜在课程，是指形成学生的非正式学习的各种要素，如师生关系、能力分组、课程规则与程序、隐喻的教科书内容、学生的性别差异以及课堂奖励方式等。这些要素在学校课程表中没有得到明确的规定，它们被看成是一部分隐藏的、无意的、隐喻的，甚至是完全没有得到承认的学校生活经验，但这部分经验又经常而有效地对学生发生着影响。既然我们当前在中小学加强德育工作的一个具体措施是把德育渗透到各学科教学中去，那么我们不仅要把德育渗透到学校的正式课程中去，如通过语文、数学、历史、外语等学科对学生进行德育；同时也要充分利用学校里的潜在课程，挖掘潜在课程中的德育因素（也有人称之为隐性德育课程），加强学校的德育工作。因此，潜在课程概念的提出对我们探讨中小学德育途径的启示是，我们不仅要通过教学活动，校外、课外活动及社会实践活动对学生进行德育，还要利用校风、学风、师生关系、学生之间的人际关系及校园环境等方面中的德育因素，并以此作为学校德育工作的另一途径。由于前者是外在的、显性的，我们称之为学校德育的外显途径；而后者则是内在的、隐喻的，我们称之为学校德育的隐蔽途径。在当前，把学校德育的外显途径和隐蔽途径结合起来具有重要的意义。

1. 德育影响的全程性和全方位性的统一

在过去学校的德育工作中，我们更多看到的是通过教学、校外、课外活动及社会实践活动等（德育的外显途径）对学生进行德育，而对于校风、班风、人际关系、校园文化（德育的隐蔽途径）对学生的影响却相对忽视了。诚然，通过德育的外显途径影响学生是学校德育的一个重要方面，它是学校德育工作的主渠道。但学校德育的外显途径的一个缺陷是它要受一定时间空间的局限。与此同时，我们也应该看到，在学校中还存在着大量的无形的德育因素，不管你认识与否、承认与否，它们都是客观存在的，并对学生起着潜移默化的影响。在学校实际德育工作中，如果我们能把德育的这两条途径统一起来，做到有形影响和无形影响相结合、潜在的影响和外显的影响相结合、有意识的系统的影响和无意识的分散的影响相结合的话，就能超越时空，在学校中形成一个全方位的德育影响网络，使德育影响渗透到学校工作的各个方面，并贯穿于学校各项工作的始终，从而使德育影响无时不有，无处不在。

2. 德育影响有目的、有意识的控制性与潜移默化的渗透性相结合

在学校中，通过德育的外显途径对学生进行德育工作，它的基本过程是教育者根据一定社会的要求，通过创设特定的教育情景，采用各种行之有效的德育方法，用系统的、科学的德育内容作用于受教育者。这个过程的特点是教育者对学生进行的德育影响是有目的、有意识的，并且具有很强的控制性，即通过这个过程要使学生发生预期的变化，培养学生一定社会所要求的政治思想和道德品质，并且消除学生身上存在的与一定社会要求相矛盾的品质。由于这些特点，这个途径对学生的德育起着主导的作用。而通过潜在课程对学生进行的德育工作，就是要广泛利用周围环境中的各个方面的教育影响，在不知不觉的过程中对学生进行教育，开发学生的心理潜力和生理潜力。它具有潜在的规范性、非预期性、非强制性等特点。这个途径的作用在于它一方面对外显途径的德育影响加以补充；另一方面，它本身也具有德育的价值，它通过校风、班风的同化和约束作用，通过学校校园文化的熏陶作用等，为学生的人格教育和道德教育奠定一个良好的基础。所谓成功的教育，是指学生在不知不觉的过程中就受到教育，而这种教育具有滴水穿石的作用。把这两个途径结合起来，使有意识、有目的的控制性与潜移默化的渗透性相结合，就能使学校德育影响形成合力，优化学校的德育环境，增强学校德育的效果。

要把学校德育的外显途径和隐蔽途径结合起来，关键是要提高对学校德育隐蔽途径的认识。对如何通过学校德育的外显途径来进行德育工作，我们已有比较明确的思路，并已形成一套比较系统的经验。但对学校德育的隐蔽途径，我们的认识就很不够。而要充分利用学校德育的隐蔽途径，核心问题是要搞好德育渗透，即要把德育渗透到学校工作的各个方面，通过教书育人、通过管理育人、通过服务育人、通过环境育人。

（三）政治课和思想品德课中的德育灌输与其他学科教学中渗透德育相结合

在中小学开设政治课和思想品德课是为了对学生进行系统的马克思主义基本理论、共产主义世界观及各种行为规范的教育，引导和帮助他们形成良好的品德，这是中小学政治课和思想品德课的性质及设置的主要目的所在。政治课和思想品德课中的德育灌输具有更直接、更系统、更有目的性和计划性等特点，它是学校德育的一个主要途径，在中小学全部的思想政治工作中，它具有其他途径所不能替代的独特作用。但在这里，我们也很容易陷入一个误区，不少人只把政治

课和思想品德课作为学校德育的内容和途径，忽视了其他学科教学中的德育渗透，认为德育工作只是学校领导，班主任和政治课、思想品德课教师的事，而与其他学科的教师无关。这个误区产生的根源就在于它没有认识到教学的教育性规律，忽视了全体教师都应该成为德育工作者这一社会主义社会对人民教师的基本要求。在当前，我们除了要着力提高政治课、思想品德课教学的有效性外，还应特别注意在其他学科教学中渗透德育，这方面我们在过去忽视了，或者说做得很不够。在学科教学中渗透德育具有以下重要的意义：

首先，它是提高学校德育实效的一种尝试。过去我们德育工作存在的一个弊端是形式主义严重，学生对“大”、“空”、“套”的德育方式产生反感，甚至出现逆反心理，这样的德育不仅没有效果，反而会出现负效应。而在学科教学中渗透德育，把知识传授和思想品德教育结合起来，并注意到结合的自然性、有机性和渗透性，这对改善学生德育接受的机制、提高学校德育的实效大有好处。

其次，它是教师教书育人的必然要求。教书育人是每个教师的基本职责和任务，教书和育人两者相结合是必然的，只教书不育人是不可能的，这里的问题只在于把教书和育人二者结合起来的自觉程度的差异。而在学科教学中渗透德育则是教书育人的直接体现和最有效的形式之一。

再次，它是对教学教育性规律的自觉运用。德国著名教育家赫尔巴特早在18世纪时就说过这样一句话：“我想不到有任何‘无教学的教育’，正如在相反的方面，我不承认有任何‘无教育的教学’。”这句话生动地说明了教学和思想品德教育两者之间的关系。在其他各学科教学中，在教学内容、教学方法、教学组织形式、教师和教学过程中都蕴藏着丰富的德育的因素，都具有德育的功能和价值。因此，教学的教育性规律是学科教学中渗透德育的内在依据，而在学科教学中渗透德育实质上是对教学教育性规律的一种自觉运用。

最后，它也是由学校教学工作的特点所决定的。在学校教学工作中，除了政治课和思想品德课的教学外，更大量的是其他学科的教学，它们在学校全部工作中所占的比例最大，投入的人力、物力和时间最多，并且各科教学又都具有教育性。因此，各科教学就应该成为对学生进行思想政治教育最经常、最基本的形式。

鉴于以上认识，在教学工作中，我们就应该把政治课和思想品德课中的德育灌输与其他各门学科教学中的德育渗透紧密地结合起来。要把这两条途径结合起来，一方面要着重提高政治课和思想品德课的实效，充分发挥这两门课在学校德育工作中的主渠道作用；另一方面，更关键的是要增强广大教师的德育意识，提高他们对学生进行德育的能力，尤其是提高他们在各学科教学中渗透德育的能力。

（四）学校里专门组织的德育活动与校园文化建设相结合

学校里的德育活动是通过多种途径多种形式来进行的，其中的一个重要方面就是通过组织各种活动来进行，使学生在这些活动中受到教育。学校里专门组织的德育活动就其类型而言是多种多样的，如召开校会、班会，举行时事政治报告会，组织学生参加社会实践活动及由共青团、少先队、学生会等组织的有关活动等。这些活动就其特点而言，它们都有明确的目的性和计划性，通过这些活动，都要在学生思想品德的培养上达到一定的效果：或认识的提高，或情感的陶冶，或意志的培养，或一定行为的养成等。实践证明，开展丰富多彩的、适合学生身心发展特点的、富有教育意义的各种活动是对学生进行德育行之有效的一种方法。但这种专门组织的德育活动也具有局限性。由于这些专门组织的德育活动都具有明确的教育人的意图，因此它们容易招致来自学生的反抗。正如布贝尔在其《品格教育》一文中所写的：“一旦我的学生觉察到我想要培养他们的品格时，我恰恰就会受到那些最明显表现出真正独立品格学生们的反抗：他们不愿听任自己被人教育，更确切地说，他们不喜欢别人想要教育他们的意图。”① 苏联著名教育家苏霍姆林斯基也认为：“处于这个年龄期的人，是不愿感到有人在教育他的。”因此，学校的德育工作还应拓展时空，把它建立在更广阔的背景上，这个背景就是学校的校园文化建设。所谓校园文化，是指学校范围内全体师生员工教学、学习、工作和生活所需要的物质环境和设备，各种规章制度，全体成员的行为方式、道德情操、思维模式及文化思潮等要素的总称。它包括实体文化、制度文化、精神文化和行为文化等四个层面，而其中精神文化是核心，是校园文化最本质的东西。由于校园文化具有价值导向、精神陶冶、启迪促进、规范约束、心理构建、群体凝聚及社会辐射等功能，在其中既包含有异常丰富的德育的因素，又体现社会和学校对学生品德培养和发展的要求。因此校园文化建设就应该成为整个学校德育建设的重要组成部分。

校园文化建设与学校专门组织的德育活动相结合，两条途径扬长避短，相得益彰，就会使学校德育途径更完善、德育效果更显著。

以上笔者从四个方面的结合入手，对当前中小学德育途径的构建作了一个探讨。当然，中小学德育是一个非常重要而又十分复杂的问题，而德育途径仅是其中的一个局部，并且中小学德育途径的完善也并非上述四个结合就能全部涵盖的。笔者之所以作上述论述，旨在抛砖引玉，以使我们的中小学德育工作能做得更好些。

---

① 华东师范大学教育系，杭州大学教育系．现代西方资产阶级教育思想流派论著选［M］．北京：人民教育出版社，1980，301.

视点2：对基础教育中几个德育问题的新思考

处于基础教育阶段的青少年学生身心发展迅猛、可塑性和受教性强，是良好政治、思想和道德品质形成的关键期，也是学校德育的最佳时期。在这里，我们主要从边远民族地区学生的思想品德教育和小学生自律能力培养的途径两个方面对基础教育阶段的学校德育问题进行新的思考。

一、边远少数民族地区学生思想品德教育的对策研究①

尽管造成当前边远地区社会经济发展滞后的原因是多方面的，其中有地理环境的因素，也有历史文化的因素，但最根本的原因还是边远地区由于教育发展水平较低而导致的人的素质不高。因此，在知识经济初露端倪、教育的重要性日益被人们所认识的今天，要促进边远地区经济文化的腾飞，实现各民族共同繁荣，就必须落实教育的战略地位，使其得到优先的发展。而作为教育重要组成部分的学校德育引起人们的高度重视，就成为一件很自然的事了。我们甚至可以这样讲，加强边远地区学生的思想品德教育是当前边远地区深化教育改革、促进教育发展的需要，是推动边远地区经济、文化发展及社会主义精神文明建设的需要。这是由当前边远地区学生思想品德的现状和特点所决定的。同时，加强边远地区学生的思想品德教育还关系到民族的团结和发展，是实现各民族共同繁荣的大事。但在边远地区，由于经济发展滞后、社会发展速度缓慢，当地政府往往只重视经济的发展，而对教育，尤其是学生思想品德教育在一定程度有所忽视，这种倾向削弱了学校德育工作的作用。因此，转变观念，提高对学生思想品德教育重要性的认识是边远地区加强学生思想品德教育首先要解决的一个问题，而且这也是边远地区开展学校德育工作的前提和基础。在边远地区，加强青少年学生思想品德教育可从以下几个方面入手。

（一）充分挖掘当地德育资源，丰富学校德育的内容和途径

近年来，随着学校德育重要性的日益显露及对学校德育研究的逐步深入，人们开始认识到学校德育的另一些特点，其中的一个重要方面就是学校德育工作所

① 褚远辉．边疆少数民族地区学生思想品德教育的对策研究［J］．中国民族教育，1999（3）：42－43.

具有的“寓它性”。所谓学校德育工作的“寓它性”，是指学校德育的实施除了通过其独自完整的体系（如政治课、思想品德课的教学和学校里专门组织的德育活动）外，它还广泛地包含和渗透在学校、家庭和社会的其他活动中，并通过这些活动表现出来（如前所述）。要提高学校德育的效果，就应该寻找更多的载体来丰富学校德育的途径、方法和内容。而在这一点上，边远地区有自己的特点，也有自己的优势。如在云南省，无论在自然环境、风景名胜、人文景观上，还是在民风、民俗、文化历史传统和生活习惯中都蕴藏着异常丰富的思想品德教育的因素，它渗透在云南各民族生活的各个方面。另外，云南也是一个富有光荣革命传统的地方，在省内有许多对学生进行思想品德教育的德育基地。如“一二·一”纪念馆、昆明陆军讲武堂、西山聂耳墓、寻甸红军长征驻地，等等。所有这些思想品德教育的因素和德育基地就构成了云南省独有的宝贵的德育资源。由于这些德育资源具有地方性、民族性、渗透性和亲和性等特点，贴近学生的思想实际，符合学生的思想感情，有意识地注意并充分挖掘当地的这些德育资源，赋予其新意，以此丰富和完善学校德育工作不失为在边远地区加强学生思想品德教育的一条有效途径。

（二）充分利用民族和宗教中的积极因素，增强学校德育工作的“亲和性”

在云南省，许多少数民族都有自己的宗教信仰，因此，民族和宗教问题是我们对少数民族学生进行思想品德教育时难以回避的两大因素。过去在我们的思想观念中存在着这样一个误区，认为民族的就是落后的、宗教的就是封建迷信的，应该统统摒除，全盘否定。事实证明，这是一种愚昧的偏见。任何一个民族的生生不息，都必定有一整套道德标准和道德力量来维系。而在其中，我们可以借鉴和学习的地方是很多的。另外，就是对于宗教信仰本身，我们也应该辩证地看待。一些宗教教规作为一定的道德规范对人的行为约束时具有一定的进步意义，如伊斯兰教的禁烟酒等。从这个意义上讲，各民族优良的道德传统和宗教信仰为我们提供了丰富的思想教育的资源。如一些民族十分团结，凝聚力强；一些民族民风淳朴，嫉恶如仇；一些民族尊老爱幼，乐善好施；一些民族有互帮互助的传统；一些民族性格耿直憨厚，礼貌热情；一些民族有爱洁净的卫生习惯等，加之还有众多的富有道德教育意义的民风、民俗活动。如果我们在学校德育工作中能充分利用这些积极因素，就能缩小学校德育要求与学生思想品德之间的距离，增强学校德育工作的“亲和性”，从而起到提高德育有效性的作用。利用民族和宗教中的积极因素，加强学校德育工作，是边远地区对学生进行思想品德教育的又一条有效途径。

（三）加强学校与家庭和社会的联系，构建一体化的学校德育网络

马克思说过，人的本质在其现实性上是一切社会关系的总和。同样地，学生个体的思想品德也是在客观环境的影响下形成和发展起来的，这种环境影响是复杂多样的，有政治的、经济的、思想的、文化的和道德的影响，并且这些因素是相互交织在一起的。若以这种环境影响的来源作为考察对象的话，我们又可以把它分为三个方面，即学校、家庭和社会的影响。因此，对学生进行思想品德教育并取得实效的关键是使这三个方面的影响性质相同、方向一致，构建学校德育、家庭德育和社会德育“三位一体”的德育体系。在当前，随着社会的急剧变化和人们价值取向的多元化，学校德育、家庭德育和社会德育三方面不一致甚至是相互矛盾的地方增多了，造成了德育工作的困难。因此，在边远地区加强对学生的思想品德教育同样需要在充分发挥学校德育主导作用的基础上对家庭和社会的影响加以控制和改造，使之最终形成教育的合力。在云南省，学校的教育工作者也都意识到了这个问题，许多学校为了加强学校与家庭的联系和学校对家庭的指导，开设了“家长学校”和组织“家长委员会”等；为了沟通学校与社会的联系，开设了“社区学校”和组织“社区委员会”等，这些做法都是对克服学校、家庭和社会的相互离散状况，形成德育合力进行的有益的探索和尝试。

二、在边远地区对学生进行思想品德教育应特别注意的几个问题

针对云南的特点，根据云南的实际，我们认为，在边远地区对学生进行思想品德教育尤其应注意下面几个方面的问题。

（一）加强对学生进行毒品预防教育

云南省地处祖国西南边疆，毗邻缅甸、泰国和越南等国，紧靠世界毒品最大产地之一的“金三角”。近年来，由于受国际上毒品价格上扬利润巨大的刺激，毒品走私活动日益猖獗，吸毒人数也大幅度上升。而云南省作为毒品过境的一个必然通道，深受毒品的危害，尽管党和政府十分重视禁毒工作，并对贩卖和吸食毒品的行为实施极其严厉的打击和处罚，但毋庸讳言，云南省毒品走私现象远未达到根本控制和肃清的地步，禁毒工作面临的形势还相当严峻。经过相关调查统计发现，吸毒的高危群体是青少年，受害最深的也是青少年。吸毒不仅严重摧残了他们的身心健康，而且还会诱发他们产生不良行为，甚至致使其走上违法犯罪的道路。因此，吸、贩毒品，不仅只是一个毒品问题，还是一个严重的政治问题和社会问题，它正在威胁局部地区的社会治安、经济建设和青少年的健康成长，给社会、家庭和学校带来极大的危害。因此，在边远地区，尤其是在云南省，教育学生认识到毒品的危害，从而自觉地抵制毒品，就成为学校刻不容缓的一项工作，加强对学生进行毒品预防教育是学校德育工作的一项重要内容和任务。

（二）加强对学生进行心理健康教育

学校的教学主要是通过设置一定的课程来作用和影响学生的，而学校的教育目标也主要是通过各门学科的教学活动来实现的。在这里，如果从学生素质的构成要素出发，我们就可以发现，我国中小学现行的课程体系有缺陷，这个缺陷就是没有开设学生心理健康教育课，这也就使得中小学校的心理健康教育具有极大的随意性，它往往因学校领导的更替和个人的好恶而兴废，难以落到实处。另外，学生心理问题的特点也容易使人们在很大程度上忽视了这个问题。一般来讲，学生在思想品德和知识、能力中表现出来的问题具有外显性，容易引起人们的注意；并且，在学校教育中，人们对德育、智育一直是十分重视的，在长期的教育实践中也积累了丰富的经验。而学生的心理问题往往具有很强的隐蔽性。在过去的教育实践中，由于受认识的局限，教师往往把学生的心理问题作为思想品德问题来对待，其结果必然是心理健康教育在观念上被忽视，在具体实施过程中，由于缺乏针对性，效果也欠佳。而缺乏心理辅导的教育是难以称得上素质教育的。同时，加强学生心理健康教育对实施素质教育还具有现实性。随着社会的迅猛发展，人们的生活节奏明显加快。在当前，我国正处于改革开放、经济转型、社会变革的转折时期，社会矛盾冲突和人们的心理矛盾冲突大量增加并尖锐化。这种社会背景对身心正在发育和社会适应能力尚未成熟，处于课业负担重压之下的青少年学生产生了巨大的冲击。青少年学生中出现的心理疾患和行为偏常较之过去也大量增多了，青少年学生中出现的诸如学习焦虑、挫折感、自卑、多疑、交往障碍、社会适应能力差等问题日趋严重，这已被诸多调查统计所证实。另外，在边远地区加强学生，尤其是少数民族学生的心理健康教育还有其极强的针对性。由于历史的原因，少数民族一般都住在边远地区的山区、农村、贫困地区和高寒山区，至今，许多民族的经济、文化发展仍处于相当滞后的状态，生产方式是刀耕火种，交换方式是物物交换，商品经济、市场观念、竞争意识等较为淡薄，因此，改革开放和经济转轨对其心理冲击更迅猛，反映出来的心理问题更突出。对少数民族学生进行的心理素质调查的结果也充分证实了这一点。在一些少数民族学生中存在盲目的民族自尊心与深刻自卑感的心理矛盾；自主独立意识与依赖性强、自立能力差的矛盾；自我控制欲望与自我控制能力差的矛盾以及传统价值观与现代意识的冲突的矛盾。因此，在边远地区对学生进行思想品德教育就应该特别关注学生的心理健康状况，通过加强学生的心理健康教育，培养他们健康的心理品质，以此为学校德育工作的顺利进行提供良好的基础。在云南省，学生的心理健康教育引起了广大教育工作者的关注，许多中学进行了这方面的尝试。如师大附中、玉溪一中、昆明八中等都开设了学生心理健康教育课程，并把学生的心理健康教育作为学校的一项常规工作来抓。其中师大附中就专门成立了学校心理健康教育领导小组，与有关高校合作，对学生心理健康状况进行了测试，为学生提供了心理咨询，为一些学生提供相应的心理治疗，并合作编写了《初中生心理健康教育》教材一套共三本，由云南教育出版社于1998年7月正式出版，这套教材现已在全省十多所学校试用。这些探索都有效地促进了学校德育工作。

（三）加强对学生进行行为的养成教育

在对中学生进行思想品德问卷调查和与学校领导、班主任座谈交流的过程中，他们普遍反映，现在学校德育工作的一个弊端是，学校德育的内容和要求与学生思想品德的现状尚有不小的差距，在边远地区更是如此。因此，在边远地区对学生进行思想品德教育就应该克服不切实际的高、大、空的教育，将教育的起点降低，从最细微处做起，从学生行为规范的养成入手。在边远地区尤其是少数民族地区强调养成教育具有重要的意义。因为在民族聚居地区，长期以来，各民族都形成了自己独特的生活和风俗习惯，其中有一些是落后、消极的。如受以善饮为荣的风俗习惯影响，个别民族学生从小就抽烟喝酒，日久成瘾；又如边远地区农村卫生条件差，一些人就养成了不讲卫生的生活习惯，受其影响，一些民族学生经常喝生水，不注意个人卫生。有些民族有早婚早恋习俗，这也导致个别学生早婚早恋，不仅影响了学生身心的正常发育，也带来了诸多思想品德的问题。随着改革开放的进一步深入，边远地区（特别是边境地区）的形势更趋复杂，“黄、赌、毒”有泛滥成灾之势。在这种情况下，加强对学生进行热爱生活、热爱生命的教育，使他们洁身自好，远离毒品，自觉地抵制各种不良的生活习惯，培养健康文明的生活方式和行为习惯已刻不容缓，这就需要加强学生的养成教育，对学生的内务、卫生、礼仪和饮食起居等方面进行文明、健康的规范和管理，从而逐渐达到养成的目的。

（四）加强对学生进行无神论和唯物主义的教育

在云南省，许多少数民族都有自己的宗教信仰。一些民族学生由于全民信教，也有自己的宗教信仰。在边远地区，宗教对学生的影响是客观存在的。由于宗教宣扬神灵的存在、因果报应等唯心主义的思想，它本身从整体上讲是唯心的、不科学的，它对学生思想品德的形成和发展起消极的阻碍作用，并影响学生科学人生观和世界观的确立。因此，在边远地区（尤其在边远少数民族地区）的学校德育工作中，要着重加强对学生进行无神论和唯物主义思想的教育。通过辩证唯物主义、历史唯物主义的教育和科学文化知识的传授，使学生正确认识世界上的各种事物和现象，树立科学的人生观和世界观，并以此来抵制和削弱宗教中的消极因素对学生思想的影响。多年的教育工作实践表明，由于大部分学生信仰宗教是受本民族全民信教的影响，他们对宗教并没有多少深刻的理解，他们同样也乐意接受科学和新观点。因此在尊重其宗教信仰的同时，加强唯物论、无神论的科学理论与知识的教育，削弱宗教对他们思想的影响，帮助他们树立科学的世界观和人生观，是完全可以做到的。

三、对培养小学生自律能力途径的认识①

无论是在学习、生活、社会交往，还是在思想品德修养方面都要求小学生要具备一定的自律能力。自律能力是在小学生接受教育的过程中逐渐形成的，它既是一种教育的结果，又是进一步学习、发展和接受教育的重要条件。小学正是个体自律能力开始萌芽、逐渐形成的阶段，因此，采取各种措施，有效地培养小学生的自律能力应成为德育工作的一个重要任务和目标。小学生自律能力的培养涉及许多方面，它一方面受儿童身心发展水平的制约；另一方面，它又是在后天生活环境中、在父母和教师的教育和影响下形成的。其中，学校德育起主导作用。那么，教师究竟应该怎样培养小学生的自律能力呢？我们认为，采取以下措施是必要的。

（一）利用课堂常规和课堂纪律培养自律能力

儿童入学是他们身心发展的一个转折点。入学使他们面临全新的世界：新的生活环境、新的学习科目和要求、新的师生关系和同学关系等。与幼儿园相比较，小学对他们提出了更多的约束，要求他们遵守《小学生守则》、《小学生行为规范》及学校和班级的校规、班规等。如要求他们必须按时到校、专心听讲、认真做作业、发言要举手、上课时不讲小话、不搞小动作，这些外在的要求是小学生自律能力形成的基础和前提。只有当这些外部的影响和要求被他们接受，转化为自己的道德需要，形成某种道德信念且表现在一定的行为中时，他们才开始形成自律的能力。这就是说，培养小学生的自律能力首先必须通过和利用“他律”来进行。

（二）根据心理发展的特点和水平培养自律能力

学龄初期的儿童，由于受其身心发展水平的局限，缺乏约束自己行为的能力，其道德思维和道德评价能力也较低。因此，无论是道德认识的提高、道德情感的陶冶、道德意志的锻炼，还是道德行为的养成等，都主要是靠教师、家长和社会等外部因素的影响，需要教师和家长的约束和指导。随着年龄的增长和身心

---

① 褚远辉．浅析小学生自律能力培养［J］．普教研究，1997（4）：35－36.

发展水平的不断提高，尤其是随着意志、情感、思维和第二信号系统抑制水平的提高，他们的自我意识逐渐形成，主体意识日益觉醒，在他们身上求新、求变的意识强烈，独立性和自主性增强，有一种逐渐摆脱教师和家长的约束而趋于自主自为的倾向；并且此时他们的道德思维和道德评价能力开始形成和发展，为其自律能力的发展奠定了客观的基础。这样，我们就可以根据小学生身心发展的特点和水平提出适当的教育策略，培养他们的自律能力。

（三）利用教师的榜样示范培养自律能力

教师这一社会角色的心理特征是复杂多样的。教师是知识的传授者、集体的组织者，又是学生的朋友和知己。加之小学生身心发展的未成熟性和依赖性及其强烈的向师性等，决定了教师在小学生思想品德形成和发展中有巨大的示范作用。教师总是作为一个榜样在潜移默化地影响着学生。如果一名教师具有以身作则、严于律己等优秀品质，就有助于学生相应品质的培养。因此，要培养小学生的自律能力，首先就要求教师严于律己，通过自律的榜样影响学生，培养他们的自律能力。

（四）通过锻炼儿童的意志培养自律能力

儿童意志品质的发展与自律能力的形成有直接的关系。这两种心理品质有诸多相同的成分：它们都有明确的目的性，都是在一定的行动中表现出来的，都与克服一定的困难相联系。通过锻炼小学生的意志品质，可以使他们养成善于控制和支配自己行动的自制力。也只有在这个基础上，他们才能逐渐形成和发展自律能力。在学校教育中，教师可以通过以下几个方面锻炼和培养学生的意志品质：（1）教育小学生树立远大的理想；（2）培养小学生自觉遵守纪律和生活制度的习惯；（3）从平时学习、生活中的一点一滴着手，培养其意志；（4）有意识地使小学生在困难的环境中得到锻炼等。

（五）通过启发小学生的内部能动性培养自律能力

学生的自律能力从本质上讲，是个体出于内心意愿的一种行为。从学生自律能力形成过程的心理机制来看，它的形成要经历四个发展阶段：（1）外部的影响和要求（他律）作用于学生；（2）学生有选择性地接受外部的影响，把外部影响转化为自身内部的道德需要；（3）在道德需要的基础上，形成一定的道德信念；（4）根据道德信念对自己的行为加以调节和控制，在行动中表现出一定的道德自律能力。这四个阶段都贯穿着学生内部的主观能动性。因此，要培养小学生的自律能力，最关键的就是要激发学生的内部积极性，发展学生的自我意识，让学生意识到自己应该怎样做以及知道怎样做才最有价值等，并以此来调节、控制和支配自己的行为。也唯有如此，他们才能将他律转化为自律，他们的自律能力也才能形成和发展起来。

视点3：对高等教育中几个德育问题的新思考

高校德育是大学生全面发展和成人、成才的重要保证。在当前，高校德育中存在的问题也是多方面的。在这里，我们主要谈大学生考试作弊的心理及其防治以及民族地区贫困大学生的心理健康教育两个问题。

一、对大学生考试作弊心理的认识①

尽管教育部多次发出紧急通知要求高等学校制止学生的考试作弊行为，尽管各高校根据自己的实际情况制定了各种考试纪律和监考守则，但我们无法否认这样一个事实：大学生考试作弊现象始终未能从根本上得以解决，在一定时期和范围内甚至有愈演愈烈的趋势。考试作弊作为学校中常见的一种问题行为，它既影响了对教与学质量评估的可靠性，又助长了学生的不良品德，因此杜绝学生考试作弊历来就是学校教育工作的一个重要方面。根治学生考试作弊是一个系统工程，需要各个方面齐抓共管，综合治理。在这里，我们拟从心理学的角度分析大学生考试作弊这一问题行为，试图通过探明大学生考试作弊的心理原因，并提出解决这一问题的心理对策，以期对这个问题的解决有所帮助。

（一）大学生考试作弊的心理

1. 对大学生考试作弊心理过程的探讨

从大学生考试作弊的整个心理过程来看，它一般经历了以下几个阶段：

具体阐述如下：

① 褚远辉，等．大学生考试作弊的心理学分析［J］．青年探索，2000（1）：24－27.

（1）矛盾的产生。这里所指的矛盾是指现状与要求两者之间的矛盾。所谓现状，是指学生考试时的知识积累和能力发展的状况，而要求，则是指教师通过考试题目对学生提出的客观要求。两者之间的矛盾就表现为考试时学生知识和能力的现状低于教师在考试题目中对学生的要求而在这两者之间产生不相适应的状况。简单地说，这种矛盾就是学生不能正确地解答试题而造成的结果。这种要求与现状的矛盾是学生考试作弊行为产生的第一步。

（2）作弊动机的产生。学生不会解答试题（在考试中），或感到自己可能不会解答试题（在考试前）时，为了使自己能顺利通过考试，就开始产生作弊的念头。这样，由现状与要求的矛盾诱发了作弊动机的产生。

（3）作弊行为的实施。学生有作弊动机，但不一定即产生作弊的行为。只有当学生把作弊动机付诸行动时，才构成作弊行为，主要表现为翻书、夹带、抄袭、代考等。

2. 对大学生考试作弊具体心理的探讨

上面我们分析了大学生考试作弊的心理过程，通过这个过程，我们发现大学生考试作弊的直接原因是不会解答试题。而在其间，他们作弊的直接和具体的心理大致有以下几种：

（1）过关心理。这主要是针对一个班级中的差生而言的。这部分学生中有些人认为进了大学就端上了铁饭碗，不努力学习，在学校里混日子；另一些人则由于学习基础差，或身体欠佳等原因，学习起来很吃力。到了考试的时候，他们害怕成绩不及格后会受到家长和教师的责备、同学们的白眼以及影响自己今后找工作等，便想以作弊的方法达到及格的目的，即所谓的“分不在高，及格就行”。

（2）虚荣心理。对考试作弊学生的类型做一个分析，我们就会发现这样一个现象，即考试作弊不是差生的专利，成绩好的学生也可能作弊。有些成绩好的学生作弊的目的是想取得更高的分数，这样，一方面就能巩固自己在班级学习竞争中的优势地位；另一方面就能更加赢得教师和家长对自己的宠爱，同时也为自己入党、评优和分配等创造条件，从而表现为一种虚荣心理。

（3）从众心理。所谓“从众”，是指个人由于受到团体的压力，而在知觉、判断和动作等方面做出与众人趋于一致的行为。简单地说，当一个人活动的动机来自“别人都这样做”的时候，他的行为就是从众行为。在当前，由于受厌学风气等的影响，学生考试作弊的人数有时候较多，一些学生看到其他同学都作弊，并由此取得好成绩，感到自己不作弊的话就太吃亏了，反正是“法不责众”，大家都作弊，你老师也奈何我不得。这就表现为一种考试作弊中的从众心理。

（4）侥幸心理。学生考试作弊最大的心理障碍是害怕作弊时被监考教师发现，这样会受处分，面子上也不好过。但作弊学生往往都有这样的念头，认为只要自己作弊隐蔽些、方法高明些，就不会被发现，对考试作弊抱有一种侥幸的心理，他们幻想既作弊，又不被发现。

（5）逆反心理。大学生处于青少年向成人过渡的阶段，在他们身心发展过程中具有过渡阶段的特点，其中的一个重要方面就是“要求摆脱老师、父母、一般年长者的控制和管理以及摆脱他们所确立的规章制度的束缚”（苏联著名心理学家维果斯基语）。这实际上就是一种逆反心理。学校规定考试不得作弊，一部分学生就偏要作弊，并以此为荣。当学生在学习和生活中看到和遇到一些不公平现象时，这种逆反心理有可能加剧。

（6）归因心理。一些大学生平时热衷于做生意、搞家教等社会活动，无暇顾及学习。到了考试的时候，凭作弊的方式取得了好成绩；而另一些学生即使平时学习努力，但考试成绩却不如前者，于是他们就做出这样的推理：作弊是考试成绩好的原因，要想取得好成绩就得作弊。这样，他们也就参加到作弊者的行列中去了。

3. 对大学生考试作弊深层心理的探讨

（1）价值观的变迁和多元化是大学生考试作弊人数增多的根本原因。考试作弊本来是一种受到人们唾弃的可耻行为，为什么有相当多的大学生对此不以为然呢？这与当前大学生价值观念的变化有直接的关系。所谓价值观，是指一个社会的成员共同抱有的“期望性观念”，如期望怎样的举止、怎样的人际关系、怎样的生活方式，等等。价值观是一种标准观，它是人们对某种行为取舍的内在根据。有什么样的价值观，就会选择什么样的行为方式。一方面，当前随着经济的转轨和社会主义市场经济的建立，我国社会生活的各个方面都发生了巨大而深刻的变化，人们的思想观念、道德意识和价值取向较之以往也有很大的变化。就价值观而言，整个社会的价值取向呈多元、重利和务实的倾向。另一方面，随着我国改革开放的深入进行，在引进国外先进科学技术的同时，西方资产阶级的一些腐朽没落的思想和生活方式也随之而来，西方各种错误思潮一段时期内更是在大学校园里泛滥成灾；加之我们高校的思想政治工作有所放松，有效性也不高。所有这些不可能不对人们的思想和行为产生消极的影响。大学生作为社会的一个特殊群体，由于他们的知识层次较高，容易接受新生事物，对外界的变化更敏感，在他们身上求新、求变的意识更强，因而这种影响在青年大学生身上反映得更充分、更突出。一些大学生身上利己的东西多了，服务的意识淡薄了，为了个人利益可以不择手段的思想有所抬头，更有一些人崇尚“人不为己，天诛地灭”的极端个人主义的思想。还有一部分大学生把一些无视纪律、不遵守道德准则的行为错误地当做新思想、新意识来追求，出现了对考试作弊不以为耻、反以为荣。所以考试作弊这种违反社会道德的投机行为在这种背景下有一定的市场就不难理解了。我们认为，这种价值观念的变化和错误思想的影响是导致大学生考试作弊人数增多的根本原因。关于这一点，布贝尔在其《品格教育》一书中曾有这样一段论述："否认那些具有绝对效力的普遍价值和标准的存在，却是我们这个时代的显著倾向……以致不再可能重新确立一个人类共有的价值领域。"① 由于社会价值观的变迁和多元化，使传统道德品质教育的基础趋于崩溃，这就从根本上影响了学校道德品质教育的权威性和有效性，增大了学校德育工作的困难性。高校学生考试作弊行为屡禁不止，不能说与此无关。

（2）大学生考试作弊群体化的倾向淡化了学生对考试作弊的耻辱感。由于受市场经济负面效应和社会上各种不正之风的影响，当前大学生中考试作弊的人数较多，有时在某些学校和某些班级中甚至出现了作弊人数群体化的倾向。笔者曾就"你对考试作弊的态度"在本校做了一次问卷调查，结果在被调查的学生中，有30.1%的学生反对作弊，16.5%的学生赞成，而对作弊持无所谓态度的学生竟达43.4%，这部分学生认为，考试作弊虽不太光彩，但偶尔为之也不是什么大不了的问题。从这个调查中我们发现，考试作弊这种有悖于社会道德、使人感到可耻的投机行为得到了不少大学生的认同。既然大家都可作弊，作弊者自然无耻辱感可言，这也就从反面促使和强化了作弊行为的实施。大学考试作弊人数的群体化倾向及其对考试作弊的认同大大淡化了学生对考试作弊的耻辱感，从根本上削弱了对考试作弊这一行为的内部制约力量，这也是大学生考试作弊人数增多的一个重要原因。

（3）大学生考试作弊动机的多样性和复杂化是造成大学生作弊人数增多且难防治的另一个重要原因。如果对学生学习阶段与其考试作弊的相关性做一个分析的话，我们就会发现，小学阶段考试作弊的人数很少，到了初、高中阶段，考试作弊人数及其比例有较大增长，而到了大学阶段，考试作弊人数更是迅猛增加，达到十分严重的程度。这说明考试作弊的人数随学生年龄增长而增加，两者呈正相关。如果我们再进一步对不同学习阶段学生考试作弊的动机进行分析的话，我们也会发现这样一个事实：小学生和中学生作弊动机比较单纯。据有关调查表明，小学生和中学生考试作弊的动机主要是为了满足自尊的需要，他们注重自己在群体中的地位和作用，怕考得差被同学看不起而去作弊者的比例分别是小学63%、初中56%、高中74%；另外，教师和家长对学生学业成绩评价有误区，片面地以学生考试成绩作为对学生学习评价的唯一指标，这也是造成小学生和中学生考试作弊的重要原因。但当我们分析大学生考试作弊的动机时，给我们的第一个感觉就是他们作弊的动机较之中小学生要复杂得多，其中过关心理、虚荣心理、从众心理、逆反心理、侥幸心理、归因心理等都是造成大学生考试作弊的重

① 华东师范大学教育系，杭州大学教育系．现代西方资产阶级教育思想流派论著选［M］．北京：人民教育出版社，1980，299－314.

要原因，并且这些动机是相互交织在一起的，哪些是主导性动机、哪些是辅助性动机很难区分，并且依情况的不同，考试作弊的主导性动机和辅助性动机也在不断发生变化。大学生考试作弊动机的多样性和复杂化，一方面造成大学生考试作弊人数增多，另一方面也使得对大学生考试作弊采取单一的防治措施难以奏效，而必须实施综合性的治理工程。这是杜绝大学生考试作弊具有一定难度的内在原因。

（二）防止大学生考试作弊的心理对策

我们从以上三个方面探讨了大学生考试作弊的心理。针对这些作弊的心理，怎样才能消除考试作弊心理，达到消灭考试作弊的目的呢？防止学生考试作弊的方法是多方面的，我们认为，采取下面三个方面的对策是很必要的。

1. 加强监考工作

由于学生在考试作弊过程中最大的心理障碍是害怕被监考人员发现，因此学生在考试作弊中伴随着恐惧的体验。当他们产生作弊动机时，会有一种局促不安的感受；而当他们把作弊动机付诸行动时，其最大的心理体验是胆战心惊，表现为脉搏加快、心跳过速、面红耳赤等症状。针对学生作弊时的这一心理特点，加强监考工作，就基本上能杜绝学生的作弊行为。事实上也是如此：当监考人员要求严格时，则考场秩序好，作弊人数少或没有；反之，则考场秩序混乱，作弊人数就会增多。另外，严肃考风考纪也是加强监考工作的一个重要方面。对考试作弊的学生应决不姑息迁就，坚决严肃处理，彻底打消学生对作弊的侥幸心理。现在各高校对作弊学生一律给予纪律处分，且作弊科目以零分计算、不得参加正常补考的措施，这对学生作弊心理起着一种威慑作用，从外部强行制约着作弊行为的发生。

2. 形成“作弊知耻”的氛围

如果说加强监考工作对消灭考试作弊只是“治标”的话，那么解决大学生深层次的思想问题则是杜绝考试作弊的根本所在。虽然考试作弊人数的增多淡化了大学生对作弊的耻辱感，但大多数学生作弊后，无论被发现与否，都会感到懊悔，产生一种自责的心理，认为自己毕竟做了一件不道德的事，有一种耻辱感。这种心理在部分自尊心比较强的学生身上表现得更典型。针对这个特点，我们在学校教育中要减少甚至消灭作弊这种现象的关键就是要唤醒学生的自尊心，在全体学生中形成“作弊知耻”的氛围，使之与一个学校的校风、一个班级的班风融为一体，并成为其中的组成部分。作弊者不仅要受到来自周围的压力，而且还要受到自己良心的谴责。这种作弊后的压力将可能使学生自觉地放弃作弊的动机和行为。

3. 借鉴“荣誉考试制度”①

关于防治学生考试作弊，在美国和我国台湾的一些高校中实行的“荣誉考试制度”对我们颇有借鉴意义。其具体做法是这样的：由一个班的学生自愿签名申请参加荣誉班的考试，保证在考试的时候不作弊。学校则对荣誉班不派人监考，并对参加荣誉班考试的学生进行适当鼓励，如增加操行分等。相反，若荣誉班的学生考试时有作弊行为，则取消该班荣誉班的称号，并对作弊者加重处理。我国内地一些高校也对这种做法进行了尝试，考试时无人监考。

尽管人们对“荣誉考试制度”褒贬不一，但我们认为，它至少给我们下面两个方面的启示：一是从唤醒学生的自尊心入手，培养学生诚实的品德。这是“荣誉考试制度”的实质及其所要达到的主要目的。二是让学生自己管理自己，培养学生的主体意识。传统教育思想的一个重要特点是“教师中心论”，认为教师在教育过程中占支配的地位，而学生是一个客体，是接受教师加工改造的消极对象。学生考试、教师监考是这种教育思想在考试方法上的反映。现代教育发展的一个趋势是重视学生自身的主体作用，强调发挥学生的主观能动性。而“荣誉考试制度”让学生在考试过程中相互监督，相互促进，使学生学会自己管理自己，充分发挥了学生的“主人翁”精神。这样，“荣誉考试制度”就改变了教师的职能，改善了师生的关系，避免了他们之间的对立，启发了学生的主动性、积极性和自我意识，这就有助于从深层次上杜绝大学生考试作弊这种现象的发生。

二、民族地区高校贫困大学生心理健康状况的调查与对策②

随着我国高等教育改革的深入，尤其是高等教育成本分担制度的实施和高等教育由精英教育向大众教育的转变，在高校开始引发了对贫困大学生问题的关注。在边疆少数民族地区，由于受经济和社会发展水平的影响和制约，这一问题和矛盾更加突出。现在贫困大学生已成为大家普遍关注的一个社会群体。重视和解决这一群体的问题，既关系到党和国家教育方针的贯彻执行和贫困大学生自身的健康成长，又关乎社会公平和社会主义建设者和接班人的培养等。无疑，这是一个重大的原则性问题。

所谓贫困大学生，主要是指由于家庭经济困难而难以进入大学或在校大学生中难以进一步维持学业和生活费用的学生。贫困大学生这一群体的形成原因是多方面的，他们有的来自边远少数民族贫穷地区，有的来自城镇下岗职工家庭，有的则是因为家庭突发灾难和变故等而成为贫困生。根据相关的统计数据，我国在

---

① 褚远辉．荣誉考试制度的启示［J］．中小学管理，1993（6）：60.

② 褚远辉，杨红梅．民族地区贫困大学生心理健康状况：调查与对策［J］．大理学院学报，2006（11）：76－80.

校大学生中，贫困生数量达到60多万，其中特困生约25万。近年来，贫困生作为高校的一种特殊的现象，受到了全社会和学校的极大关注。从理念上看，“不让一名大学生因经济困难而辍学”这一口号已逐渐形成了共识；从实践来看，帮助贫困生顺利完成学业的各种助困体系开始建立起来。但我们发现，在当前贫困生工作中存在的一个突出问题是，对贫困大学生，我们更多关注的是经济资助方面，而对他们的政治、思想、道德与心理状况的了解和关注很少。其实，所有这些方面都是联系和交织在一起的。不久前，我们在国家社会科学基金项目的支持下，主要以云南大理学院为例，以贫困大学生的心理状况为研究切入点，以提出有针对性的教育对策为直接目的，以促进贫困大学生的健康发展为最终目的，开展了一次调查和研究，以期对贫困大学生问题的解决有所帮助。

（一）贫困大学生心理状况的调查

大学生的年龄跨度一般在17、18岁～22、23岁之间，处于青年期的中、晚期。这一时期，也是人生充满矛盾和冲突的时期。在贫困大学生身上既表现出一般大学生的心理特点，又表现出贫困大学生的一些特点，他们要承受来自经济、生活和学业等方面的巨大压力，加之他们大多来自老、少、边、穷地区，所以还要承受由于地域文化背景、生活习惯、思维方式等的不同而产生的心理压力等，因此，贫困大学生的心理问题又表现得更为集中和突出。基于这样的认识，贫困大学生的心理问题已经引起了教育主管部门和各高校的重视，教育部就多次发文要求重视和加强大学生的心理健康教育，一些高校专门成立相关的机构，并开展了一些学术性的研究。但总的来讲，这些研究大多涉及贫困大学生与非贫困大学生之间的心理状况的差异，而专门针对贫困大学生群体内部的具体心理状况的研究较少。针对这一问题，我们在国家社会科学基金项目“边疆少数民族地区贫困大学生政治、思想与道德教育研究”的支持下，从自我肯定、抑郁、焦虑、人际关系、学习、恋爱等六个方面对大理学院贫困大学生的心理健康状况进行了调查，并在此基础上提出了相应的教育对策。

1. 调查对象及调查方法

（1）调查对象。本调查采用随机抽样调查法，选取大理学院古城、南路和荷花三个校区的贫困大学生426名。其中，男生171名，女生255名；一年级学生173名，二年级学生157名，三年级学生71名，四年级学生25名。调查的学生涉及汉族、白族、彝族、纳西族、傣族、怒族、傈僳族和景颇族等民族。

（2）调查方法。本研究主要采用问卷方式进行调查。本问卷共设置70个项目，包括自我肯定、抑郁、焦虑、人际关系、学习和恋爱等6个方面的内容。其中，自我肯定、抑郁、焦虑引自SCL—90问卷，人际关系、学习、恋爱则为自编问卷。问卷采用5级评分制。1代表完全不符合，2代表比较不符合，3代表不确定，4 代表比较符合，5 代表完全符合。

研究结果采用 SPSS11.0 进行处理。

2. 调查的结果

（1）贫困大学生心理健康状况的性别差异比较

在抑郁和焦虑方面，贫困女大学生相对贫困男大学生有较多的抑郁（$P = 0.011 < 0.05$）和较多的焦虑（$P = 0.048 < 0.05$）；

在人际状态方面，贫困男大学生比贫困女大学生自觉人际状态更好（$P = 0.000 < 0.001$）；

在恋爱观方面，贫困女大学生相对贫困男大学生在恋爱观上更忠贞（$P = 0.000 < 0.001$）；

在浪漫与现实的取向上，贫困男大学生显得更浪漫，而贫困女大学生则显得更现实（$P = 0.009 < 0.05$）；

在恋爱的主动性方面，贫困男大学生认为恋爱不一定必须是男追女（$P = 0.000 < 0.001$），主张在恋爱的主动性方面应该是平等的；

在就业的压力上，贫困女大学生感觉到就业压力更大（$P = 0.044 < 0.05$），她们对将来的职业选择感到有更多的困难（$P = 0.027 < 0.05$）。

（2）贫困大学生心理健康状况的年级差异比较

在自我肯定性方面，一年级贫困大学生的自我肯定性最高，二年级贫困大学生的自我肯定性最低（$P = 0.020 < 0.05$）；

在抑郁程度方面，一年级贫困大学较少感到抑郁，二年级贫困大学生较多感到抑郁（$P = 0.012 < 0.05$）；

在人际状态方面，一年级贫困大学生自觉人际状态最好，二年级贫困大学生自觉人际状态最差（$P = 0.000 < 0.001$）；

在学习兴趣方面，二年级贫困大学生的学习兴趣最低，三年级贫困大学生的学习兴趣最高（$P = 0.012 < 0.05$）；

在学习压力方面，二年级贫困大学生感到压力最大，三年级贫困大学生感到压力最小（$P = 0.043 < 0.05$）；二年级贫困大学生认为就业给自己带来的学习压力最大，一年级贫困大学生认为就业给自己带来的学习压力最小（$P = 0.003 < 0.05$）；

在就业压力方面，二年级贫困大学生感到就业压力最大，三年级贫困大学生感到就业压力最小（$P = 0.014 < 0.05$）；

在上网方面，二年级贫困大学生最爱上网，四年级贫困大学生最不爱上网（$P = 0.044 < 0.05$）；

在恋爱方面，一年级贫困大学生相对三年级贫困大学生更同意恋爱不一定必须是男追女（$P = 0.020 < 0.05$），二年级贫困大学生最想在大学期间谈恋爱，相

对来讲，一年级贫困大学生不太想在大学期间谈恋爱（$P=0.007<0.05$）。

3. 调查结果的讨论

（1）贫困女大学生更需要关注。由于受传统观念和身体发育等因素的影响，女大学生在成才和发展的道路上较之男大学生将面临更多的困难与障碍，女大学生要成就事业必须要付出更多的艰辛和努力。从历史发展来看，我国有着几千年的封建传统，其中的一个显著特点是以男权主义为中心，在这样的社会氛围里女大学生比男大学生面临着更多和更大的社会压力；从现实来看，现代社会要求知识女性挑起事业与家庭两副重担，兼顾家庭和事业，这就决定了女大学生比男大学生的付出要更多。

对于男、女贫困大学生而言，与上述总体情况是一致的。当然，由于贫困等因素，贫困大学生与非贫困大学生的心理状况是有一定区别的。在贫困大学生群体的内部，相对于贫困男大学生，贫困女大学生面临着更多和更大的压力。从上述调查的结果来看，贫困女大学生心理健康状况的各项指标大都低于男大学生。其中值得注意的是，从抑郁和焦虑程度来看，贫困女大学生都要高于贫困男大学生。根据中国扶贫基金会2004年对高校贫困女大学生生存状况的调查，高校贫困女大学生中有74.7%的来自农村家庭，其中家庭中有两个或两个以上子女的比例更是高达84.3%。一般来讲，她们的家庭无固定收入、家庭经济十分困难，加上家庭子女多，困难程度加大，决定了她们要承受更多的社会、心理、经济、思想、生活和学习等方面的压力。这可能是贫困女大学生有较多抑郁和焦虑的一个重要原因。另外，从对人际关系的自我体验来看，贫困女大学生的感觉也没有贫困男大学生好，这主要是由于在学校里贫困女大学生的生活是紧张的，她们除了上课、吃饭和睡觉外，还要不断地寻找外出打工赚钱的机会，整天思想高度紧张，完全没有什么空闲的时间。由于她们的社交活动很少，导致她们对自己的人际状态的评价不太高。还有，从就业压力来看，贫困女大学生感觉就业压力更大，认为将来的职业选择有更多的困难。实际上这种担忧也不是杞人忧天，在现实社会中，女大学生求职难早已不是什么新鲜事。女大学生尤其是贫困女大学生的这种心理状况，应该引起我们教育工作者的高度重视。

（2）“二年级”现象值得关注。通过这次调查的结果，我们发现一个十分独特的现象：二年级贫困大学生的心理健康状态处于整个大学期间的最低谷。从自我肯定来看，二年级贫困大学生的自我肯定最低，他们有较多的抑郁感，这可能是由于二年级的贫困大学生已过了刚进大学时的新鲜感时期，而生活的窘迫、前途的渺茫和大学生活的漫长使他们对自我的肯定性不高。从人际状态来看，二年级的贫困大学生自觉人际状态最差，这可能是因为他们缺乏交际的时间、空间和费用，加之还由于经济困难所带来的自卑等心理使然。从学习情况来看，二年级的贫困大学生学习兴趣最低、学习压力最大。这可能是由于从二年级开始，专业课的门类大量增加、难度加大，并且课时量也有所增多所致。从就业压力来看，二年级贫困大学生的就业压力最大，这可能是由于他们从社会上和从毕业班学生中获取了较多有关就业的负面信息的结果。从上网情况来看，二年级大学生最喜欢上网，也最想谈恋爱，这主要可能也是由于二年级大学生的心理问题最多、最突出，他们试图从网络和谈恋爱中得到安慰和寄托。总之，二年级贫困大学生是高校贫困大学生中的一个特殊群体，他们的心理健康状况处于最低谷，他们最需要得到关注和帮助，也最需要得到正确、及时的引导和教育。

（二）贫困大学生心理健康教育的对策

以上从性别和年级两个维度对贫困大学生的心理状况进行了调查和比较，根据调查和统计的结果，我们认为，针对高校贫困大学生心理的实际状况，采取下面几个方面的教育对策是必要的。

1. 提高认识，切实加强贫困大学生的心理健康教育

通过以上调查数据，我们发现，在高校全面并轨和收费的情况下，贫困大学生由于要承受更多、更大的经济压力、社会压力、人际压力、精神压力和心理压力等，较之非贫困大学生，他们身上出现的心理障碍和问题行为更为集中和突出，这样，贫困大学生的心理问题就具有客观性，而非人们主观臆造出来的。近年来，因贫困而导致大学生辍学、自杀，甚至出现一些极端行为的案例频频曝光。因此，对贫困大学生，我们一方面要建立和健全各种助学体系，保障贫困大学生最基本的生活和学习需要，把“不让一名大学生因贫困而辍学”这一口号真正落到实处；另一方面，对贫困大学生，我们更要关注他们的政治、思想、道德和心理的健康、和谐发展。重视和加强大贫困学生心理健康的教育、满足其内部心理和精神的需要，是一个更深层次的问题。搞好这一工作，促进贫困大学生的健康发展，是由社会主义社会的性质和制度的优越性所决定的，是对贫困大学生教育关怀和人文关怀的一个重要体现，也是贯彻落实党的教育方针的一个重要方面。

2. 解决涉及贫困大学生心理健康教育的几个认识问题

从心理学的角度来看，认识与心理是两个联系非常密切的范畴。培养贫困大学生健康的心理状态必不可少的一个方面就是要提高贫困大学生的认识水平。当前着重要解决他们对以下两个问题的认识。

（1）对贫困的认识。怎样看待贫困，贫困大学生们的认识是各不相同的。有的贫困大学生埋怨自己出身寒门，是命不好；有的则因家庭贫困而自卑和沉沦，认为自己在现实面前无能为力；有的贫困大学生则把贫困转化为自己奋发向上的动力，努力学习，最终改变了自己的命运。由此可见，对贫困认识的不同，所引发的行为和努力的方向也就有很大的差异。这样，使贫困大学生科学、辩证

地看待和对待贫困就成为当前贫困生工作的一个重点。首先，我们要使贫困大学生认识到家庭经济贫困并不是一种过错，它反映的只是人目前暂时的一种生存状态，而且这种状况通过自己的努力是可以改变的。其次，要让他们认识到现代社会正进入信息时代，在知识经济的社会里，真正的贫困是缺乏知识、缺乏信息和获取信息的手段，以及心灵的空虚和对前途命运的悲观失望等。具有远大的理想和抱负、具备拥有知识和运用知识的能力就是财富，并且是人生最宝贵的、永不枯竭的财富。因此，在人的一生中，精神贫乏比物质贫乏更可悲、更可怕。贫困大学生现在虽然面临着物质上的困境，但却已经站到了获取精神财富道路的起点上，要百倍珍惜上大学的机会，利用现有条件去改变自己未来的命运，努力消除自卑感，增强自信、自强、自立意识，培养自己吃苦耐劳的品质和生存能力，用知识和能力来丰富和武装自己。以家庭贫困为契机，锻炼能力、磨砺意志，消除贫困所造成的消极影响，使自己的人格朝着有益于身心健康、适应社会和完善自我的方向发展。

（2）对自身的认识。要增强贫困大学生的自我意识，让他们对自己有一个全面、客观的认识。首先，要让他们认识到自己虽然在经济方面贫困，但别的方面并不一定比别人差，对自己的优缺点要有一个全面的认识。其次，要注意充分挖掘他们的潜力、发挥其长处，让他们积极展示自己的优势，如学习成绩优异、体育能力强、有某些方面的特长和技能等。这样，他们就同样可以赢得别人的认可和尊敬，从而培养自信、自尊和自强等优良的品质。

3. 为贫困女大学生设立专项奖学金

以上调查数据显示，贫困女大学生较之一般大学生、较之贫困男大学生承受的各方面的压力更大，贫困女大学生群体的心理健康状况更令人担忧。因此，当前做好贫困大学生工作的重点和难点在贫困女大学生身上。关心贫困女大学生既是社会文明和进步的一个标志，又关系到民族的素质以及贫困女大学生自身的健康发展，意义重大。据报道，在我国高校中，经济困难的大学生约占在校生的20%，而其中女大学生占了相当大的比例。由于存在社会、家庭、学习、生活和就业等多重压力，许多贫困女大学生的学业和生活难以为继，加上性别歧视等现象的存在，高校贫困女大学生这一特殊群体的处境更艰难，她们更需要帮助和支持。在现行政策下，我们呼吁全社会加大对贫困女大学生的关注和扶持的力度，建议设立贫困女大学生的专项奖、助学金等，切实解决她们学习和生活中的困难，并为她们创造更多的成才机会。

4. 加大二年级贫困大学生工作的力度

当前由于各种原因，高校的助困工作的难度很大。另外，从不少学校的实际情况来看，他们在开展助困工作的时候，往往更多的是关注一年级的贫困大学生，给予他们一些物质和精神上的帮助，并为他们解决一些实际的问题。但是，从我们这次调查研究的结果来看，二年级贫困大学生的心理状况更令人担忧，他们的心理处于大学期间的最低谷，他们最需要得到正确、及时的帮助和引导。但从实际工作来看，二年级的大学生恰恰是最容易被忽视的一个群体。因此，我们呼吁相关部门加强二年级贫困大学生的工作，给予他们更多的关注，在承上启下的过程中帮助他们顺利地过好大学生活。

总之，贫困大学生的心理健康状况是一个值得全社会共同关注并切实解决的问题。

三、“二年级现象”：贫困大学生心理健康教育的一个新视角①

随着我国高等教育改革的逐渐深入，尤其是随着高等教育成本分担制度的具体实施和高等教育由精英教育向大众教育和普及教育转变，过去业已存在的贫困大学生问题愈益凸显出来，开始引起了全社会的关注和重视。贫困大学生现象是一个综合性的教育问题和社会问题，它的外在（或者说是直接）表现就是部分家庭经济困难学生难以完全支付自己读书期间的学习、生活和其他费用，而它的一个深层和潜在的重要表现则是家庭经济困难在客观上加重了他们的心理负担，或者说他们的经济困难和心理困惑是相互交织在一起的，并由此导致他们的心理健康状况难尽如人意。对于这些学生的家庭经济困难，国家通过在高校建立和健全助困体系，使这一问题逐渐得到了有效的解决；而对于其心理困惑，由于心理问题本身具有潜在性和隐蔽性，使这个问题在一定程度上被忽视了，而这已经成为当前阻碍贫困大学生健康成长的一个重要因素。因此，关注和改善贫困大学生的生存和成长状态，在客观上就要求加强和改进贫困大学生的心理健康教育，切实解决他们中的一些人身上存在的各种心理障碍问题，纠正其问题行为。因为这既关系到贫困大学生自身的全面、和谐发展，又关系到党和国家教育方针政策的贯彻执行，以及“科学发展”、“教育关怀”、“以人为本”和“构建和谐社会”等新理念在高校工作中的具体落实。总之，这是一项意义重大并且政策性很强的工作。在当前，开展贫困大学生心理健康教育的切入点无疑是多方面的，但无论采取什么形式、活动、方法、手段和途径，都离不开了解和掌握贫困大学生心理健康的现状、特点及其发展变化的规律，这是我们增强贫困大学生心理健康教育的针对性、科学性和有效性的一个重要前提和基础。

2002 年和 2005 年，我们先后主持了福特基金项目“大理学院贫困大学生心理健康教育”和国家社会科学基金项目“边疆少数民族地区贫困大学生思想、

---

① 褚远辉，等. 二年级现象：贫困大学生心理健康教育的新视角［J］. 黑龙江高教研究，2008（9）：120－123.

政治与道德教育研究（以云南省为例）”的研究。在研究当前贫困大学生心理健康的现状时，一种十分独特的现象开始引起了我们的注意，即二年级大学生，尤其是贫困大学生在心理健康状况方面出现的问题最多、最复杂、最集中，从总体上讲，他们的心理健康状况处于整个大学期间的最低谷。这就是我们所要研究的“二年级现象”。

（一）“二年级现象”的表现维度

根据对相关调查资料的统计和整理，我们可以从下面几个维度对“二年级现象”作具体描述，并在这个过程中说明其含义。

1. 从“自我肯定”的维度来看

自我肯定是作为主体的人对自己行为、思想、地位、成就、品质和发展等现实状态的一种认可、接纳和满意的心理状态。在心理学，尤其是心理健康教育的研究中，自我肯定及其发展水平往往是衡量和判断一个人心理健康状况的一个重要标准。在调查和研究的过程中，我们发现二年级贫困大学生的自我肯定水平最低，一个具体的表现就是在平时的学习、工作和生活中，他们更多的是感到抑郁和对自己的现状不满意。分析其中的原因，可能是由于二年级的贫困大学生已过了刚进大学时的新鲜感，大学生活的美好和理想化正在他们头脑中逐渐消退，而经济上的窘迫、人际交往中的障碍、大学生活的漫长、大学生社会精英形象的淡薄、未来的不确定性以及由此带来的前途渺茫等主观体验和感受，在他们的现实感觉与当初对大学及大学生活的向往和憧憬两者之间产生了尖锐的矛盾和冲突，导致他们的自我肯定性不高。

2. 从“人际交往状态和效果”的维度来看

人与其他动物的根本区别就在于人不是一个单纯的生物存在体，人总是作为社会的人而存在的，这也就决定了生活在社会上，人与人之间必然要产生各种交往关系，而且人际关系的状态和效果也是衡量一个人心理健康状况和程度的一个主要指标。在我们调查的数据中也显示，二年级贫困大学生自认为人际交往的状态和效果较差。这一方面可能与贫困大学生比较缺乏人际交往的经验、技能、时间、空间和费用等有关；另一方面，也可能是到了二年级，由于各方面竞争加剧和在生活及学习等方面习惯差异显现，同学之间的矛盾和冲突开始增多，从而影响了同学之间正常的人际交往关系；再一方面，就是贫困大学生的经济困难和自卑心理等相互交织在一起，导致部分贫困大学生形成了自闭的心理，这就阻碍他们与教师、其他同学和社会之间正常的人际交往。

3. 从“学习心理”的维度来看

学习是大学生最重要的一项活动和社会职责，也是大学生实现其个体社会化和个性化的重要途径和手段。大学生在学习过程中的心理状态也在一定程度上反映了他们的心理健康水平。从研究的结果来看：一方面，二年级贫困大学生的学习兴趣较低；另一方面，他们感受到的学习压力又较大。这种状况可能也是基于两个方面的原因：其一是源于他们对大学满意度的降低。这种消极的情感体验迁移到他们的学习上，使其学习兴趣下降，并对学习产生了一种厌倦感，而这种学习上的厌倦感反过来又进一步增强了他们对学习和课业负担本身的主观体验和感受。因为，大学生的学习和课业负担既是一种生理上的负荷，更是一种心理和精神上的负荷，它具有主观体验和感受性的特点。其二也可能是由于从二年级开始，随着专业课门类的大量增加，并且专业课的难度在加大、课时量也在增多等，所有这些都使他们感到自己的学习负担在加重。

4. 从“就业压力”的维度来看

随着国家对大学生就业政策的调整和改革，自主择业成为大学生主要的，甚至是唯一的就业方式，这就使他们在就业上的压力空前加剧，就业压力成了当前影响大学生心理健康状况的一个重要因素。从调查结果来看：二年级贫困大学生的就业压力处于高负荷的状态。尽管他们离毕业的时间尚远，从理论上讲他们应该对就业本身的压力缺乏直接和亲身的感受，但调查的结果却出乎我们的预料，他们对今后就业前景的焦虑和压力与毕业生相比较并没有什么显著性的差异，而是呈现出一种高压力、高焦虑的心理状态。造成这种状况的原因也可能在于以下几个方面：一是不少贫困大学生属于社会处境不利的群体，他们的家庭大多比较缺乏社会资源，在当今就业需要更多社会关系和背景的现实面前，他们对自己就业的前景比较悲观；二是与他们从社会上和从毕业班学生中获取了较多的有关就业的负面信息有关；三是虽然他们处于二年级，离毕业还有较长的时间，但他们对今后就业岗位的饱和和激烈的竞争有一种内在的远景忧虑。

5. 从“上网情况”的维度来看

上网已经成为当前大学生的一种重要活动方式甚至是生活方式。有关调查表明，目前大学生已经成为全球互联网的最大使用群体。而大学生上网的频率、动机、内容和时间等也能从一个侧面反映出他们的心理健康状况。虽然受经济条件等因素的制约，贫困大学生上网的时间和频率有限，但从调查数据来看，二年级大学生，包括贫困大学生也是发生上网行为最多的群体之一。尽管他们上网的目的和动机有可能是为了获取知识和信息，但毋庸讳言，也很可能与他们此时的心理状况和所遇到的心理问题较多有直接的关系。由于心情苦闷、焦虑，他们试图通过上网，在网络的虚拟世界中放纵自己和寻找慰藉。

6. 从“谈恋爱情况”的维度来看

谈恋爱是当前大学生中的一种带普遍性和倾向性的两性交往方式，恋爱心理和行为也是大学生心理健康状况的一个重要评价内容和指标。从调查数据来看，二年级大学生，包括贫困大学生想谈恋爱的比例也较高。这固然与当前大学生生理早熟和社会化进程提前有关，他们渴望得到自己的爱情；其次，这可能也是一种从众心理和行为使然，他们看到其他同学都在谈恋爱，自己也想尝试；但这更可能与二年级贫困大学生所遇到的心理问题较多和较突出有关。面对错综复杂的心理压力和困惑，他们试图通过谈恋爱得到安慰、寄托和解脱。

（二）“二年级现象”及其对高校德育和心理健康教育工作的启示

我们从以上几个维度分析了“二年级现象”的具体表现。我们认为，认识“二年级现象”能够为当前高校的教育，尤其是心理健康教育工作提供诸多的启示和帮助。

1. 关注贫困大学生的心理问题

如前所述，贫困大学生问题是一个综合性的教育问题和社会问题。在过去，我们更多关注的是贫困大学生的经济问题，把提供经济上的援助和让每一个贫困大学生都读得起书作为解决贫困生问题的一个关键和重点。应该讲，这是正确的，但仅仅关注和解决贫困生的经济困难却是远远不够的。在现实生活中，由于受家庭经济困难和社会处境不利等因素的影响，贫困大学生身上反映出来的心理问题也较多，他们的心理健康状况不容乐观，并且贫困大学生的经济压力、就业压力、学习压力和心理压力等往往是相互交织在一起、互为因果的，由此构成了一个多维的结构性负担，这也就使得他们的心理负担和困惑更加凸现。因此，关注贫困大学生的心理问题，加强对他们进行心理健康教育，就不仅仅只是一句表面的口号，而是具有很强的现实性和针对性了。

2. 高度重视二年级贫困大学生的心理问题

由于受来自内外等诸多因素的影响，处于大学中段的二年级大学生，尤其是贫困大学生中出现的心理问题和困惑较多、较集中，相对来讲，他们是心理健康状况最不容乐观的一个群体。因此，从理论上讲，二年级大学生，尤其是贫困大学生就应该成为大学中最受关注的一个群体和学校德育以及心理健康教育工作的重点。应该讲，关注二年级贫困大学生的心理问题，加强二年级贫困大学生的德育和心理健康教育是遵循了当前大学生身心发展的特点和规律的，也是符合目前高校的实际的。

3. 重视“二年级现象”的教育价值

从课题研究的情况来看，“二年级现象”具有一定的普遍性和客观性。但在过去一个相当长的时间里，由于认识等方面的原因，高校的教育工作者对该现象并没有引起足够的重视，由此学校教育和心理辅导工作不能切合实际工作的需要。不少高校在开展助困和心理帮扶等工作时，典型的工作方式是抓两头，即把工作的重心放在一年级和毕业班学生的身上，给予他们更多物质和精神上的帮助，并为他们解决一些实际困难，但是二年级的贫困大学生的心理问题恰恰被忽视了。因此，我们呼吁相关部门重视和加强二年级贫困大学生的思想、政治、道德教育和心理帮扶工作，给予他们更多的关爱，在承上启下的过程中让他们顺利渡过难关，为最终使他们成为一名合格的大学毕业生，进而成为一名合格的社会成员打下坚实的基础。

4. 对“二年级现象”应该有一个辩证的态度

虽然我们在这里提出了“二年级现象”的问题，但我们认为“二年级现象”也不是绝对的。我们提出“二年级现象”并不是说其他年级的学生就不存在心理问题，就不应该加强德育和心理健康教育了；相反，德育和心理健康教育应该贯穿于大学生接受高等教育的整个过程和各个阶段，甚至应该往前面和后面两端无限延伸，贯穿于一个人一生的始终。从这个意义上讲，“二年级现象”又不是绝对的，我们在这里强调加强二年级贫困大学生的心理健康教育又只是具有相对的意义。

总之，二年级贫困大学生是高校大学生中的一个特殊群体，他们的心理健康状况处于最低谷，他们最需要得到关注和帮助，也最需要得到正确、及时的引导和教育。关注二年级贫困大学生的心理健康状况不仅是一个教育问题，更是一个社会问题。

视点 4：对学校德育中几个问题的新思考

当前，学校德育工作中出现的问题是复杂多样的，笔者对下面学校德育中的几个问题进行了新的思考和分析。

一、学校德育的对象仅仅是学生吗?①

教师是学校德育的主体和实施者，学生要接受教师的教育和影响，是学校德育的对象。这句话反映了教师和学生在学校德育过程中的地位和作用，对于它的正确性，大概没有多少人提出异议。然而，在这里我们想指出的是，在学校德育过程中仅仅看到教师的主体性而忽视其受教性是不对的，教师也应该是学校德育的对象和客体。把教师作为学校德育的对象，具有重要的意义。因为它既是教育教学工作的客观要求，也是加强和提高教师师德修养的一条重要途径。

把教师作为学校德育的对象，这首先是由教师劳动的性质和特点所决定的。

---

① 褚远辉．学校德育工作札记［J］．大理师专学报，1997（2）：23－24.

我们知道，教师的劳动与社会上的其他劳动形式相比较，其最显著的一个特点就是教师劳动手段的主体化，即教师对劳动对象——学生的影响，主要不是通过使用其他工具去进行的，而主要是通过其自身的思想、道德、修养、作风、情感、意志、知识和才能等方面去影响学生的。因此，教师本身具有对学生进行品德教育的性质和功能。教学具有教育性，这永远是一条客观的规律。从这个意义上讲，教师自身思想和品德的状况对学生思想品德的形成和培养具有巨大的示范作用，它直接制约着学校德育效果的好坏。正如德国著名教育家第斯多惠所说的：“正如没有人能把自己所没有的东西给予别人一样，谁要是自己还没有发展、培养和教育好，他就不能发展、培养和教育别人。”所以，把教师作为学校德育的对象，提高和改善教师自身的师德修养，这是完成教师职责、培养合格人才的客观要求。所谓“教育者先受教育”正是这个含义。

其次，把教师作为学校德育的对象，也是加强教师师德建设的一个重要措施。从一个教师职业道德的形成和发展来看，它经历了一个教育和自我教育相结合的过程。这也就意味着提高教师职业道德的途径主要有两个方面：一是加强教师的自我修养、自我完善和自我提高；另一方面也要求社会和学校加强对教师进行职业道德教育，强化教师师德建设的外部监督机制，把教师作为社会和学校德育的对象。

最后，把教师作为社会和学校德育的对象还有其现实的针对性。值得我们注意的是，在当前经济转轨时期，在商品经济大潮的冲击下，在市场经济逐利性原则的诱惑下，一些教师忍受不了教师职业的清苦、劳累和寂寞，难以继续安贫乐道，在教师队伍中拜金主义、享乐主义和极端个人主义的思想有所抬头。更有一些教师教书育人、为人师表的意识淡漠了，他们的所作所为与教师身份极不相符。由于市场经济的负面影响，一部分教师的德育意识弱化了，师德修养下降了。因此，针对当前教师职业道德中出现的诸多问题，应当把教师作为德育的对象，加强教师的师德建设。

二、“德育之累”的感慨①

改革开放和经济体制的转轨对学校德育的影响是全方位的，并且具有双重性的特点。它在给学校德育的改进和发展提供新的条件、新的基础的同时，也使学校德育产生了许多前所未有的矛盾和问题。在当前，面对德育理论研究的表浅、苍白，德育实践的寡效以及学校德育理论和实践中存在的诸多纷繁复杂的矛盾和问题，一些从事学校德育工作的同志对此感到无可奈何，于是发出了“德育之

① 褚远辉．学校德育工作札记［J］．大理师专学报，1997（2）：24－25.

累”的感慨。这个感慨折射出当前学校德育问题的一些特点，引发人们对此作更深入的思考。

（一）学校德育问题的重要性

回顾中外古今教育发展的历史，我们发现，重视德育是世界各国教育发展的一个重要特点，也是各国教育发展中带普遍性的规律。在阶级社会，统治阶级掌握了教育的领导权，他们总是试图通过学校德育使青少年一代养成他们所期望的思想品德，以维护其统治。在当前，随着社会环境的变迁，青少年学生品德问题的急剧增加，学校德育的重要性也更加显露出来，于是便有学校德育首要地位的确立及学科教学中渗透德育等措施的提出。不管是德育首位，还是学科教学中的德育渗透，其实都反映了德育问题的重要性。“德育之累”的感慨最直接的来源就是对学校德育重要性的认识。因为大凡无关紧要的东西是不会让人们忧心忡忡的，这道理再简单不过了。

（二）学校德育问题的困难性

“德育之累”的感慨是与当前学校德育有效性降低、困难性增大的现状直接相关的。学校德育任务的完成是以学生一定思想品德的形成为标志的。而思想品德从其心理构成要素来讲，主要包括道德认识、道德情感、道德意志和道德行为等。因此，培养学生的思想品德就要从知、情、意、行等四个方面入手，既要提高学生的道德认识，陶冶其道德情感，锻炼其道德意志，又要使其养成一定的道德行为。显然这并不是件容易的事情。另外，学生的思想品德还是在诸多外部因素的作用下形成的。这些外部因素主要包括学校、家庭和社会等。而只有当这几种影响性质相同、方向一致、形成合力时，学生的思想品德才能顺利形成。这样，思想品德内部构成要素的复杂性和外部制约因素的多样性决定了学校德育的困难性，这同样是世界各国教育发展中所遇到的又一个共同的难题。在当前，我国正处于改革开放和经济转轨的历史时期，学生的价值取向呈多元化，学校德育社会主义一元化导向受到严重冲击，学生德育内部接受机制遭到破坏，学校、家庭、社会三种影响不一致，甚至是相互矛盾的地方增多了，学校德育较之以往具有更大的复杂性和艰巨性，困难性问题也更加突出。

（三）学校德育问题的系统性

“德育之累”的感慨还发端于当前学校德育工作中的新矛盾和新问题层出不穷，纷繁复杂的德育问题令人眼花缭乱，不知所措。这种状况也从一个侧面反映出学校德育问题的复杂性、系统性。学校德育问题涉及诸如德育首要地位的确立，德育方式、方法的完善，德育途径的构建，德育内容的科学化、序列化、层次化，德育过程内部要素的协调及外部制约因素的合一，受教育者内部德育接受机制的健全和疏通，德育工作者素质的提高，以及社会、家庭德育环境的净化，等等，显然这是一个复杂的系统工程。

（四）学校德育问题的多重离散性

“德育之累”的感慨也说明了当前学校德育工作中的许多问题相互矛盾、相互冲突及相互离散的现状。

从学校德育的外部联系来看，这种离散性表现为：一是学校德育的改革滞后于社会生产的发展和政治经济制度的变革；二是学校德育与社会德育、家庭德育的相互分离；三是学校德育与学校智育、体育、美育和劳动技术教育的相互分离。

从学校德育过程本身来看，这种离散性又表现为：（1）教育者中存在的德育分离因素。如当前一方面要求强化教育者的德育意识和能力；但另一方面，由于受市场经济的负面影响，部分教育者的德育意识弱化，德育素质下降了。(2)受教育者中存在的德育分离因素。如受教育者个体思想品德构成要素的相互离散及受教育者内部德育接受机制的离散等。（3）学校德育内容中存在的离散性。如社会主义性质的德育内容与非社会主义性质的德育内容之间的离散；真、善、美与假、恶、丑之间的离散等。(4）学校德育方式中存在的离散性。如重传递、轻思考，重灌输、轻交流，重说教、轻训练，重外律、轻内省，重显性、轻隐性等。当前学校德育工作的内外因素中都存在着上述多重离散性。

总之，“德育之累”的感慨所引发的思考是多方面的，它促使我们对当前学校德育工作的规律、特点及存在的问题作进一步的探讨，而这正是学校德育理论和德育实践操作科学化的前提和基础。从这个意义上讲，“德育之累”的感慨反映出的是一种危机，一种无奈；但更是一种希冀，一种动力！

三、学校德育中的“他律”和“自律”①

学校德育中的“自律”，是指学生根据自己的道德价值观和道德思维为自己立法，并按自己的意志和立法去行动，从而实现自己的道德理想和道德原则；而“他律”，则是指由外在因素决定自己意志的道德准则，即道德选择和行为是由主体自身之外的、未经自己理性思考的、被迫接受和考虑的各种规则。“他律”和“自律”是学校德育工作中的一对矛盾，它实质上反映了学校德育过程中教育和自我教育之间的辩证统一关系。在我们过去的学校德育工作中，往往只重视

① 褚远辉．学校德育工作札记［J］．大理师专学报，1997（2）：25－26.

灌输和教育（他律）在学生思想品德形成和发展中的作用，而忽视了学生自身道德自律能力的培养。其实，在学校德育工作中，应该把“他律”和“自律”结合起来。“他律”和“自律”相结合既是学校德育工作的一个客观规律，又是一条重要的德育原则，同时也是学校德育取得良好效果的一个客观要求。

首先，“他律”和“自律”相结合是由青少年学生的身心发展特点所决定的。青少年学生身心发展的特点和规律是进行学校德育工作的一个重要依据。作为学校德育对象的学生，其年龄跨度是比较大的，经历了儿童、少年和青年等发展阶段。处于学龄前期和小学低年级的学生，由于其身心发展的未成熟性，决定了在这个时期，儿童无论在道德认识的提高、道德情感的陶冶、道德意志的锻炼上，抑或是在道德行为的养成上，主要是在学校、家庭、社会等外部因素的影响下形成的。即在这个时期，学校德育过程主要是通过“他律”来进行的。随着学生年龄的增长，其自我意识和“成人感”逐渐形成，他们的道德思维和道德评价能力得到发展，加之在当代社会，青少年学生的主体精神和自我意识日益觉醒，他们求新、求变、求异的意识强烈，并有进行自我教育、自我评价的愿望，因此，在他们身上开始产生了道德自律能力，并且这种能力在逐渐增强，所以学校德育的任务就是在“他律”和“自律”两种影响的共同作用下完成的。

其次，从学生在教育过程中的地位和作用来看，学校德育也应把“他律”和“自律”两者结合起来。学生身心发展的未成熟性和其角色心理特征决定了学生要接受教师的教育和影响。因此，在教育过程中，学生首先表现为教育的客体和接受教育的对象。从这个意义上讲，在学校德育工作中，学生也应该是学校德育的对象。所谓学校德育过程，从本质上讲，无非是教育者有目的、有计划、有组织、有系统地影响受教育者，从而使受教育者形成一定社会所期望的思想品德。这一规定性就决定了在学校德育工作中，首先要加强对学生的教育和影响（他律）。但是，我们也应该看到，在教育过程中，学生又是学习和自我发展的主体，教师的教育影响对学生而言，毕竟只是一种外部因素，外因要通过内因才能起作用。学生能否接受教师的影响，还取决于学生内部的主观能动性，这也就意味着，在学校德育工作中，学校德育效果的好坏在很大程度上取决于学生本身对道德进步的渴求程度及对社会意识和道德规范的内化程度，这实际上说明并强调了培养学生道德自律能力的重要性，这本身也是由学生在教育过程中的地位和社会角色所决定的；而且，从某种意义上讲，这应该是学校德育的最高境界。因此，学生在教育过程中主客体的双重性地位也要求学校德育工作要把对学生的“他律”和学生自己的“自律”结合起来。

最后，从学生品德心理发展的特点来看，也要求把“他律”和“自律”结合起来。从学生品德心理发展的过程来看，它经历了一个以“他律”为主—“他律”和“自律”相结合—走向“自律”三个不同的发展阶段。处于学前期和学龄初期的儿童，比较缺乏约束自己行为的能力，他们的道德思维和道德评价能力较差，往往需要通过教师、家长的约束来行动。到后来，随着年龄的增长和主体意识的觉醒，他们开始产生自律能力，并由外在权威形式过渡为青少年学生内心的某种觉悟和信念，开始由“他律”逐渐走向“自律”。我们可以这样认为，学生道德自律能力形成与否及作用的大小是学校德育任务完成与否的一个重要标志，“他律”和“自律”相结合是符合学生思想品德形成和发展的特点及规律的。

我们从以上三个方面分析了学校德育工作要把“他律”和“自律”结合起来，其实，在学校德育工作中，“他律”和“自律”本身就是辩证统一的关系，两者既相互区别，又相互联系，相互依存，互为基础。其中“他律”是基础，是前提，在“他律”的过程中，学生开始产生自律能力，“自律”是“他律”的一种结果和产品。而自律能力产生以后，又成为一种与“他律”相平行的教育力量，它增强了学校德育的影响，提高了学校德育的实效。更进一步讲，学生道德自律能力的形成标志着其思想品德的发展达到了一个新的、更高的境界。

四、“5 +2 =0”引出的思考①

当前学校德育工作中存在的一个突出问题是其有效性较差。有人在谈到这个问题时曾形象地列举了这样一个表达式：5 +2 =0。其含义是：学生一周在学校里受到五天正面教育的效果被两个双休日在家庭和社会上受到的负面影响抵消。显然，这个表达式是不正确的，它片面地夸大了家庭和社会教育中的负面因素，这与现实中的情况是不相符合的。但尽管如此，从某种意义来看，其中所反映出来的问题却不能不引起我们的深思。我们认为，这个表达式至少反映出了下面几个问题。

（一）学校、家庭、社会教育三者的离散程度在增大

一个人的思想品德是在外界环境的影响下形成和发展起来的。这种影响从来源上讲，可分为三类，即学校、家庭和社会的教育影响。事实证明，对学生进行思想品德教育取得实效的关键是使这三个方面的影响协调一致，形成教育的合力。大家知道，20 世纪 50 年代我们学校德育工作的有效性较高，其中一个很重要的原因就是，在那个时代，学校、家庭、社会教育三者之间的一致性程度高。而在当前，随着我国经济体制的转轨和改革开放的深入，人们的思想观念和价值取向也发生了很大的变化并出现了多元化的倾向，学校、家庭、社会教育三者之

---

① 褚远辉．“5 +2 =0”引出的思考［N］．教育导报，1996 -08 -13.

间不一致，甚至是相互矛盾的地方增多了，学校、家庭、社会教育与社会主义德育目标相离散的程度加剧了。这种状况必然造成各种教育影响的相互冲突、相互抵消，从而削弱了学校德育的效果。

（二）学校德育工作本身不尽如人意

学校德育工作在青少年学生思想品德的形成和发展上起主导作用。然而，目前学校德育工作的现状是不尽如人意的。无论是从学校德育的外部联系来看，还是从学校德育过程的各要素来看，都存在着与社会主义德育目标相离散的诸多因素。比如，从学校德育目标的达成来看，存在着高标准的德育目标与低效益的德育效果的“落差性”；从学校德育内容来看，存在着学校德育内容与时代和青少年身心发展之间的“滞后性”；从学校政治课和思想品德课的教学来看，存在着“智育化”的倾向性；从学校德育方法来看，大多还局限于一种训诫式的德育方法体系，而这与改革开放的时代和青少年学生自立、自强的时代特征是格格不入的；从受教育者来看，青少年学生价值取向呈多元化的倾向，并对学校传统德育模式产生了逆反心理和抵触情绪，这就破坏了学生的德育接受机制；从教育者来看，存在着部分教师德育意识弱化、德育素质下降的状况，他们在学生品德形成和发展中的示范作用减弱了。凡此种种，说明了学校德育工作的现状是不尽如人意的，这已经严重制约了学校德育主导作用的充分发挥。所谓“5 +2 =0”，这本身与学校德育的现状有着直接的关系。

（三）社会德育大环境亟待净化

“5 +2 =0”，虽然在一定程度上反映了学校德育的现状，但它也说明了青少年学生品德形成和发展的大环境有待净化。改革开放和社会主义市场经济的建立，使我国社会生活的各个方面都发生了巨大而深刻的变化，人民的生活水平有了显著的改善，这是问题的主要方面。然而，毋庸讳言，改革开放和市场经济的双重性也给社会带来了一定的负面影响，西方资产阶级的一些腐朽的思想观念、生活方式也随之而来，一些封建残余又沉渣泛起，社会的腐败现象时有发生，影视、书刊等大众传媒中的“黄祸”充斥大街小巷，家庭教育中的误区随处可见，所有这些不能不对正处于成长发育期、生理心理正发生急剧变化、模仿性和好奇心极强的青少年学生产生巨大的负面影响。一些老师在谈到这个问题时也曾感慨地说，教师辛辛苦苦地对学生进行正面教育的效果往往被学生看一本黄色书刊、进一趟录像室就抵消了，甚至后者的影响大大超过了前者。无疑，社会德育大环境的这种状况严重阻碍了学校德育任务的完成。因此，净化社会的德育环境、强化全社会的德育意识、树立一个大德育观就应该成为我们大家的共识。

“5 +2 =0”的说法虽然是不科学的，但由此反映出的问题却不容忽视！

五、中小学德育课程教学中的“智育化”倾向①

中小学德育课程主要是政治课、思想品德课及各种行为规范课。在中小学设置德育课程，是为了使学生掌握马列主义、毛泽东思想的基本常识，并对他们进行社会主义、爱国主义、集体主义及各种行为规范的教育，最终使学生形成良好的思想品德。这是学校德育课程的性质及设置的主要目的所在。然而，在中小学各门学科的实际教学中，德育课程的育人功能不仅被忽视，而且在具体教学过程中出现了“智育化”的倾向，这种倾向主要表现在以下两个方面。

一是强调政治课、思想品德课知识点的学习和掌握，忽视其育德功能。由于教育结构不合理及受各种内外因素的影响，我国基础教育中存在着片面追求升学率的弊端。“片追”的一个突出表现就是重智轻德、体、美、劳。这种状况导致在中小学开设的政治课、思想品德课在很大程度上被忽视了。尽管学校的政治课、思想品德课不被人们真正重视，但有一点却是任何人都不敢忽视的，那就是对这两门课知识点的掌握。原因很简单，中考、高考的科目都有政治，而升学考政治又主要是一种知识性的考试，学生只要能记、能背这两门课程的知识点，就能过关，甚至还可以得高分。这样，政治课、思想品德课就成为教师讲授知识点、学生记忆知识点的课程，教师往往片面强调其知识性，忽视了它们的育德功能。

二是重视政治课、思想品德课知识点的机械识记，忽视对它的理解、转化和运用。重视政治课、思想品德课知识点的讲授和学习本身并不是一件坏事，因为学生思想品德是由道德认识、道德情感、道德意志和道德行为等因素构成的一个整体，并且学生思想品德的形成具有多开端性，无论是知识的灌输、情感的陶冶、意志的锻炼还是行为的养成都有助于学生一定品德的形成。但遗憾的是在学校实际教学工作中，对政治课、思想品德课知识点的学习又具有片面性，表现在只要求学生机械识记这些课程的知识点，而忽视学生对这些知识点的理解、转化和运用。学生生吞活剥地识记大量零碎的思想政治常识，对其品德的形成是起不到应有的作用的。我们对学生进行的德育，就其实质而言，是把一个社会的社会意识和道德规范内化为学生个体的思想品德，而这个过程的实现首先又要求学生通过掌握道德认识和观念，把理论学习和实际行动结合起来，并通过其自身的内部矛盾运动把道德认识转化为道德需要。这里的关键就是要求学生理解和消化政治课和思想品德课的知识和理论，把它转化为自己的政治信念，并运用到实际生活中去。

---

① 褚远辉．德育课程的“智育化”浅析［N］．云南教育报，1993－04－15.

当前，我们强调把德育放在学校工作的首位，并要提高其有效性，但是显然，学校德育课程教学中的“智育化”倾向既本末倒置，又具有片面性，它与这个要求存在着很大的距离。所以这种倾向应该引起我们的重视，并在实际工作中加以克服。

第四编　关于“教学”的新视点

教学是学校的中心工作，是提高学校教育质量的决定性环节。教学是由教师的教和学生的学所构成的一种双边活动，是师生互动、共同提高和发展的过程。在过去，人们普遍认同教学既是一门科学，又是一门艺术，教学富有创造性等诸多观点。其实，教学的性质和特点远非这些认识就能完全概括的。如教学本身就具有知识的再生产性、重复性和周期循环性等特点，这也使教学在一定程度上表现出了非创造性的特质，这其实也是教师在教学过程中容易产生职业倦怠感的一个重要原因。同时，在我国，素质教育和基础教育新课程改革也对教师的教学提出了许多新的要求，事实上，在素质教育和基础教育新课程改革的背景下，我国中小学的教学无论在教学理念，还是在教学方式和行为等方面都发生了急剧的变化，并呈现出多方面的富有时代性的特色。关注并研究这些问题，无疑是有价值和意义的。

视点1：基础教育新课程改革背景下边疆民族地区的教学

当前，我国基础教育正在进行新中国成立后的第八次课程与教学改革。这次改革理念新、力度大，对教师和学生都提出了许多新要求。现在，义务教育和高中阶段的新课程改革正在全国各地学校实施，并有向纵深方向发展之势。在这里，我们结合边疆少数民族地区的实际，分析基础教育新课程改革背景下的几个教学问题。

一、边疆民族地区中小学实施新课程改革的问题与对策

这次基础教育新课程改革遵循“国际视野、本土行动”的原则，大量学习、引进和借鉴了国外，尤其是西方发达国家的教育政策、理念和具体做法。由于本次改革理念新、力度大、新要求多，改革过程中新旧观念冲突激烈，因此，在新课程改革的开始阶段，教师、学生、教育管理者和学生家长等都表现出了程度不

一的不适应性，这一现象在边疆民族地区表现得更加典型和突出。为了了解和掌握当前边疆民族地区实施新课程改革的现状，发现其间存在的问题，探寻解决问题的对策，以此推进新课程改革在这些地区的顺利进行，下面以笔者主持的云南省教育厅科研基金重点项目“边疆少数民族地区农村中小学实施新课程改革的障碍性研究”为平台，以云南省大理白族自治州部分中小学为研究个案，并通过把该地区城镇与乡村中小学进行比较的方式，对这一问题进行了实地调查和研究。

（一）边疆民族地区中小学实施新课程改革的现状与问题

我们设置了一些问题，通过问卷调查与个别访谈，主要从以下几个方面调查和了解当前边疆民族地区实施新课程改革的现状以及其间存在的问题。

1. 对新课程改革的认识和态度

（1）“您对本次新课程改革的态度”。

县城和乡镇教师中选择“完全赞成”的比例分别为参与调查人数的55.83%和48.39%；选择“部分赞成”的比例分别为37.50%和47.09%。其中选择“完全赞成”和“部分赞成”的平均比例高达94.40%；选择“无所谓”和“反对”的平均比例分别为3.8%和1.8%。

数据说明，当前在边疆民族地区绝大多数中小学教师和教育管理者都对新课程改革持赞成和肯定的态度。通过问卷调查和个别访谈，我们发现其中有两个问题值得注意：一是经过几年的学习和实践，相当一部分中小学教师的教育思想观念以及对新课程改革的态度与认识发生了很大的改变。在学习和具体实践的过程中，他们进一步认识到了传统应试教育的问题和弊端，一致认为应试教育中的一些突出问题和矛盾已经到了非改不可的地步。因此，他们开始对新课程改革持赞同和肯定的态度，并且对新课程改革的理念和实践高度评价。二是广大中小学教师普遍反映，这次新课程改革的一些新理念和新做法的确给人耳目一新的感觉，使人受到了诸多的启发和教育。

（2）“您对本次新课程改革的具体评价”。

县城和乡镇教师中选择“理念、效果都好”的比例分别为24.12%和21.94%；选择“理念好，操作性差”的比例分别是52.5%和49.68%；选择“教学要求过于理想化”的比例分别为20.0%和25.16%；选择“流于形式”的比例分别为5%和11.61%。

这组数据与上组数据在反映的问题上具有一定的矛盾性。它实际上反映了当前在边疆民族地区还有相当一部分教师对新课程改革不适应的状况。其中比较突出的一点是近一半左右的教师认为这次新课程改革的理念很好，但可操作性较差；也有近四分之一的教师认为新课程改革的一些教学要求过于理想化了。分析其原因，可能有以下几个方面：其一，新课程改革本身的原因。如是否存在着新课程改革理念和实践的本土适应不够以及理论和目标脱离现实等问题。其二，教师素质的原因。主要表现为教师现有的知识和能力结构不适应新课程改革的要求。其三，物质条件制约的原因。主要是当地中小学现有的设备和条件不能满足新课程改革的需要和要求等。

2. 对学校教育科研的认识和态度

这次新课程改革的一个核心理念就是要求转变教师传统的职业角色，由过去的“知识传授者”和“教书匠”转变成为直接的“教育教学研究者”，并要求他们要以研究和探索的态度来对待教育教学工作。① 因此，学校及教师对教育科研的认识、态度和行为在一定程度上反映了他们对新课程改革的适应性。

（1）“您校对教育科研活动的认识和态度”。

县城和乡镇教师中选择“非常重视”的比例分别为22. 50%和20. 65%；选择“比较重视”的比例分别为32. 5%和33. 55%；选择“非常重视”和“比较重视”的平均比例为54. 61%；而选择“一般”和“不重要”的平均比例分别为39. 01%和6. 01%。

数据说明：在新课程改革和“科研兴校”、“教师即研究者”等主张的影响下，在边疆民族地区，不少学校领导已经认识到了教育科研在促进教师专业化发展和学校自身可持续发展中的作用和功能。大部分学校一般都能积极组织教育科研活动，教师对此基本满意。但不容忽视的是，仍有近一半的教师认为所在学校对教育科研的认识“一般”和“不重视”，这反映出当前学校层面上的教育科研活动还存在着不少问题。在现实中许多学校只有教育科研之名，而无教育科研之实。这种状况已经成为当前阻碍新课程改革顺利实施和深化的一个障碍。

（2）“您对教育科研的认识和态度”。

县城和乡镇教师中选择“非常重要”的比例分别为47. 50%和36. 13%；选择“比较重要”的比例分别是35%和45. 16%；选择“非常重要”和“比较重要”的平均比例为81. 88%；而选择“一般”和“不重要”的平均比例分别为17. 46%和0. 65%。

数据说明：相对于学校层面而言，教师个体对教育科研重要性的认识则要清晰得多。绝大多数中小学教师都认识到了从事教育科研在促进自身专业化发展和提高教育教学质量中的意义和价值，都在努力实现由“传授型”教师向“研究型”和“学者型”教师的转变。

3. 对当前新课程改革困难和障碍的认识

县城和乡镇教师中选择“学校的硬件设备不够”的比例分别为33. 33%和52. 5%；选择“学校领导和教师的水平不适应”的比例分别为10%和8. 39%；

① 朱慕菊. 走进新课程——与课程实施者的对话［M］. 北京：北京师范大学出版社，2000.

选择“缺乏专业引领，教育理念跟不上”的比例分别为24.17%和24.52%；选择“现行教育体制和考试制度的制约”的比例分别为46.67%和62.58%。

数据说明：这些地区的中小学教师普遍反映，当前新课程改革的困难和障碍来自多个方面，其中既有缺乏物质条件的问题，又有缺乏专业引领的问题，还有学校领导和教师水平与新课程改革不相适应的问题；同时，最大的一个问题和困难可能还在于现行教育制度和考试制度的阻滞。当然，在这一问题上，农村与城镇的中小学教师又存在着显著的区别。相对来讲，农村中小学教师更强调物质条件的匮乏对实施新课程改革的影响，而城镇中小学教师对这方面的反映就不是那么强烈了。但共同的一点是，不论是农村还是城镇的中小学教师，都认为现行教育制度，尤其是考试制度是当前制约新课程改革的最大困难和障碍。

4. 在教师教学方式及转变方面

改变教师传统的以传授和灌输为主的教学方式也是这次新课程改革的一个重要目标和任务。① 对此，我们从以下几个方面进行了调查和研究。

(1)“新课程改革后，您的教学方式是否发生了变化”。

县城和乡镇教师中选择“有很大改变”的比例分别为19.17%和28.39%；选择“有改变”的比例分别为62.50%和51.61%；选择“改变不大”的比例分别为15.83%和18.71%；选择“没有改变”的比例分别为2.50%和2.58%。

数据说明：在基础教育新课程改革中，无论农村还是城镇的中小学教师大都比较重视教学方式的转变，事实上不少教师的教学方式已经发生了较大的改变。其中最重要的一个方面就是改变了过去以教师讲授为主的状况，教师开始关注学生的学习，尤其是学生自主性的探究活动，并开始把教师的讲授和学生的自主探究活动有机地结合起来。从调查数据来看，农村中小学教师教学方式转变的力度要比城镇中小学教师的大。而造成这种状况的原因可能是由于农村中小学教师在学生升学和社会评价等方面的压力相对较小，从而使他们对教学方式转变的顾虑较小。

(2)“您目前采用的主要教学方式”。

县城和乡镇教师中选择“以教师的讲授为主”的比例分别为15.83%和14.19%；选择“教师的讲授与学生的自主活动相结合”的比例分别为80.83%和84.52%；选择“以学生的自主活动为主”的比例分别为1.67%和2.58%；选择“其他”的比例分别为1.67%和1.29%。

数据说明：新课程改革后，中小学教师的教学方式有了较大的改变。

(3)“您进行教学设计的主要关注点”。

县城和乡镇教师中选择“学科知识的系统性、逻辑性和科学性”的比例分

① 朱慕菊. 走进新课程——与课程实施者的对话［M］. 北京：北京师范大学出版社，2000.

别为 26.67% 和 52.90%；选择“学生的经验与活动”的比例分别为 35.83% 和 32.90%；选择“教师自身的经验与优势”的比例分别为 12.50% 和 12.90%；选择“学生的参与”的比例分别为 42.5% 和 45.81%。

数据说明：当前教师教学方式的转变还表现在他们进行教学设计的关注点也在发生变化。由过去主要关注学科知识的系统性和逻辑性向开始关注学生的经验和活动转变。其中值得肯定的一点是教师在进行教学设计时，开始考虑学生的参与了。这实际上表明教师的教学理念已经发生了较大的转变。另外，相比较而言，农村中小学教师还是比较注重从学科知识的系统性和逻辑性出发来进行教学设计的，而城镇中小学教师在这方面的改变也较大。这实际上也是他们教育思想观念转变力度的一个具体表现。

5. 在学生学习方式及转变方面

改变学生传统的以接受性学习、机械训练和死记硬背为主的学习方式，倡导学生采用多样化的学习方式，也是本次新课程改革的一个重要目标和任务。① 对此，我们从以下几个方面进行了调查和研究。

（1）“新课程改革后，学生的学习方式是否发生了改变”。

县城和乡镇教师中选择“有很大改变”的比例分别为 10% 和 12.90%；选择“有改变”的比例分别为 61.67% 和 51.61%；选择“改变不大”的比例分别为 26.67% 和 32.26%；选择“没有改变”的比例分别为 3.33% 和 4.52%。

数据说明：通过新课程改革，大部分学生的学习方式开始发生了改变，但也有近三分之一的学生的学习方式变化不大。因此，当前无论在农村，还是在城镇，学生学习方式转变的任务还比较艰巨。

（2）“新课程改革后，学生学习方式的现状”。

县城和乡镇教师中选择“以接受性学习为主”的比例分别为 26.67% 和 25.16%；选择“接受性和研究性学习相结合”的比例分别为 56.67% 和 49.03%；选择“以研究性学习、探究性学习为主”的比例分别为 18.33% 和 14.84%；选择“其他”的比例分别为 1.67% 和 14.19%。

数据说明：在当前新课程改革中，学生的学习方式发生了一定的变化，其中最重要的一个变化是学生在传统接受性学习的基础上，开始把接受性学习和新课程所倡导的研究性学习、探究性学习和合作学习等结合了起来。另外，城镇中小学教师对学生学习方式变化的感知比较明确，而一部分农村中小学教师对此的认识却比较模糊。

6. 在课程资源及开发方面

在我国中小学，过去教师使用的课程资源非常单一和匮乏，主要局限于教学

① 朱慕菊．走进新课程——与课程实施者的对话［M］．北京：北京师范大学出版社，2000.

计划、教学大纲、教科书和教学参考书等，普遍存在着“教学就是教师教教材”的现象。针对这一问题和弊端，本次新课程改革十分强调教师要树立课程资源的意识。“用教材教，而不是教教材”① 成为本次新课程改革的一个重要要求。为此，我们从以下方面进行了调查。

（1）“您认为最重要的课程资源”。

县城和乡镇教师中选择“教材和教参”的比例分别为 26.67% 和 30.32%；选择“教师”的比例分别为 18.33% 和 19.35%；选择“学生”的比例分别为 27.50% 和 30.32%；选择“校内外各种自然、社会文化资源等”的比例分别为 59.12% 和 56.13%。

数据说明：新课程改革以后，中小学教师的课程资源意识发生了很大的改变，大部分教师不再把教科书和教参等作为唯一的课程资源，也不再主要是从自身身上来挖掘和形成课程资源。从学生身上挖掘课程资源和树立大课程资源的观念已逐渐被广大教师接受。

（2）“您获取课程资源的主要渠道”。

县城和乡镇教师中选择“钻研教材、教参”的比例分别为 45.83% 和 62.58%；选择“地方和校本资源”的比例分别为 21.67% 和 25.81%；选择“学校的纸质和电子资源”的比例分别为 20.83% 和 24.52%；选择“网络资源”的比例分别为 60% 和 53.55%。

数据说明：一方面，在新课程改革中，教师获取课程资源的渠道在逐渐多样化，教材、教参、地方和校本资源、纸质资源和网络资源等都是教师获取课程资源的重要渠道。其中值得注意的是传统教材和教参的地位在下降，而网络资源的分量和地位在大大增加和提高。但另一方面，城镇和农村中小学教师在获取课程资源的渠道上也有明显的差异。如在教材和教参这一渠道上，农村与城镇的教师就有明显的区别，这可能与农村教师生活的环境和条件有关。由于受上网的限制，他们对教材和教参的依赖性更大。这种状况是与当前城乡之间的差异相吻合的。

（3）“您在开发课程资源时的主要困难”。

县城和乡镇教师中选择“对课程资源的认识比较模糊”的比例分别为 10.83% 和 9.68%；选择“工作负担重，无暇顾及”的比例分别为 43.33% 和 56.13%；选择“缺乏开发的经验、能力和技术手段”的比例分别为 33.33% 和 30.32%；选择“缺乏经费”的比例分别为 55.83% 和 41.29%。

数据反映出，当前中小学教师在开发课程资源时遇到的困难是多方面的，其中比较集中在下面三个方面：一是目前中小学教师工作负担重，社会压力大，无

① 朱慕菊．走进新课程——与课程实施者的对话［M］．北京：北京师范大学出版社，2000.

暇顾及课程资源的开发（当然，在这方面，城镇与农村的中小学教师也有区别，相对来讲，城镇教师的工作负担要比农村教师重）；二是缺乏经费等条件的支撑；三是一些教师缺乏课程资源开发的经验、技术和能力等。

（4）“您对开发课程资源的建议”。

县城和乡镇教师中选择“应加强对教师的指导和培训”的比例分别为54.17%和53.55%；选择“增加经费投入”的比例分别为51.67%和43.23%；选择“建立课程资源数据库”的比例分别为49.17%和43.23%；选择“上级部门加强统筹规划”的比例分别为23.33%和22.58%。

数据反映出：在新课程改革中，教师对开发课程资源的建议也是多方面的，其中主要有三个方面：一是要加强对教师的培训和指导，让广大中小学教师掌握课程资源开发的知识和技能；二是增加课程资源开发方面的经费投入，让课程资源的开发真正成为可能；三是学校要建设课程资源数据库，为中小学教师开发课程资源提供便利。

7. 在教育评价方面

评价方式的变革也是本次新课程改革的一个重要方面。概括起来，本次新课程评价的改革主要有两个方面：一是倡导发展性评价；二是实现评价内容和方式的多元化和综合化。①

（1）“您对所在学校现行的管理和评价方式的满意度”。

县城和乡镇教师中选择“非常满意”的比例分别为5.00%和5.80%；选择“比较满意”的比例分别为20.00%和11.61%；选择“基本满意”的比例分别为58.33%和57.42%；选择“不满意”的比例分别为16.67%和26.45%。

数据说明：在当前边疆民族地区，大多数中小学教师对现行的管理和教师评价方法的意见较大，大部分教师只是感到基本满意，还有一部分教师感到不满意（其中农村教师更突出一些）。这也说明当前与新课程改革相配套的教育评价制度和方法尚未完全建立起来，而评价与管理制度的滞后已经成为新课程改革的一个最大的“瓶颈”。

（2）“现在您最看重的评价”。

县城和乡镇教师中选择“学校领导的评价”的比例分别为25.83%和14.19%；选择“同行的评价”的比例分别为29.17%和14.19%；选择“学生及家长的评价”的比例分别为83.33%和73.55%；选择“所教学生的排名的评价”的比例分别为8.33%和21.29%。

数据反映出：在当前边疆民族地区，大多数中小学教师最看重的评价还是学生及家长对自己的评价。但出乎意料的是，无论城镇教师还是农村教师都不太注

① 朱慕菊主编．走进新课程——与课程实施者的对话［M］．北京：北京师范大学出版社，2000.

重基于所教学生成绩排名的评价，这实际上与现实中的情况是不太吻合的。相对来讲，农村中小学教师更看重所教学生成绩的排名。

（3）“您在对学生进行评价时的主要依据”。

县城和乡镇教师中选择“主要以学生平时表现为主，参考考试和测验成绩”的比例分别为34.17%和19.35%；选择“全面评价学生各方面的发展，并对学生的资料建档”的比例分别为49.17%和34.84%；选择“根据学生的学习过程、方法、情感、态度和价值观等进行评价”的比例分别为67.50%和34.84%；选择“以考试成绩作为评价学生的主要手段”的比例分别为18.33%和26.45%。

数据反映出：在当前边疆民族地区，通过基础教育新课程改革的培训和实践，不少教师对学生评价的观念发生了很大变化，他们基本上能树立新课程改革所要求的评价观，发展性评价的观念初步确立，并能采用实质性评价等多种方式。但在这方面，农村教师和城镇教师的差异比较明显。相对来讲，城镇教师的学生评价观要更科学、合理一些。

（二）解决当前新课程改革中的问题和困难的对策

针对当前边疆民族地区中小学新课程改革中存在的问题和障碍，我们提出以下解决问题的对策和建议。

1. 进一步转变教育思想观念，提高对新课程改革意义和作用的认识

这次基础教育新课程改革不仅仅局限在课程改革的层面上，它实际上是我国基础教育的一次全方位、深层次的变革。它对促进教育思想观念的转变、提高教育教学质量，乃至增强国家综合国力和民族凝聚力等都具有十分重要的价值和意义。尽管当前在学术理论界对新课程改革还有这样和那样的争论，但我们认为，当前首先要做的就是把有关新课程改革的各种争议搁置起来，在改革的具体过程中完善改革本身，并在这个基础上进一步加深对新课程改革意义和价值的认识，从而增强搞好新课程改革的信心和决心。另外，尽管当前在新课程改革中遇到的困难和问题是复杂多样的，但首先要解决的还是一个观念及其转变的问题。尤其是这次新课程改革的理念新、力度大，对教师、学生、学校领导及教育行政部门都提出了许多新的要求。在这种情况下，没有教育思想观念的转变和更新，新课程改革就失去了前提和基础，就不可能顺利进行并取得预期的结果。

2. 要对新课程改革的一些理念和具体做法进行“适恰性”改造，使之更加符合边疆民族地区中小学的实际

在这次实地调查中，我们注意到了这样一个现象：在边疆民族地区，相当一部分中小学教师认为这次新课程改革的理念听起来很好，使人很受启发，但可操作性比较差，即所谓的“听起来很好，做起来很难”。也有不少教师反映，本次新课程改革倡导的一些理念和做法都过于理想化，在边疆民族地区缺乏可行性。

固然，造成这种状况的原因也是多方面的，有边疆民族地区经济和社会发展比较滞后的原因，有教师和学生素质不适应新课程改革的原因，有教育思想观念比较落后的原因，也有当地政府对教育重视不够的原因，等等。尤其是由于本次新课程改革的很多理念和具体做法都是直接从西方引入，异域的成分和色彩比较浓厚，缺乏一个“中国化”、“地方化”、“本土化”和“民族化”的过程，从而使新课程改革的理念和做法在具体实施过程中遇到了诸多不适应之处。这一问题在其他地方也存在，只不过在边疆民族地区要更突出一些。如有人就认为：“我国此次基础教育课程改革从基本理念到主要举措的许多方面都深深打上了西方发达国家尤其是美、日两国的烙印，唯西方中心的印痕是颇为明显的。”① 因此，针对这一问题，新课程改革本身可能就涉及一个“适恰性”改造的问题。无论是新课程改革的理念还是具体做法都有一个符合民族历史文化传统，并与边疆民族地区实际情况相结合和相适应的问题。在这里，我们提出以下原则建议：（1）新课程改革要符合当地经济和社会发展水平，尤其要与当地中小学的物质条件和技术手段相适应；（2）新课程改革要考虑当地教师的现实水平和状况，真正做到提高和适应同时并行；（3）新课程改革要考虑当地的民风、民俗、生活习惯和宗教等诸多因素，一方面是为了达到丰富课程资源的目的，另一方面也是为了增强新课程改革在当地的“亲和力”；（4）新课程改革还要考虑当地教育的承受力，包括物质层面和心理层面等。

3. 增加教育投入，为新课程改革提供经费支撑

任何教育教学改革都需要相应的经费作支撑。在本次调查中，我们还注意到这样一个现象：当地教育行政官员、中小学校长和教师普遍反映，本次新课程改革缺乏经费的支撑。不论在教师培训、课程资源开发、综合实践活动开设、研究性学习开展以及教师和学生转变教学方式和学习方式等方面，这一问题和矛盾都比较突出；加之，边疆民族地区的经济和社会发展相对滞后，这一问题就显得更加严重了。而解决这一问题的关键是各级政府要树立科学发展观，转变经济增长方式，像重视经济发展一样重视教育，并通过增加投入，切实把教育放在优先发展的战略地位上。就本次新课程改革而言，由于它改革力度大、涉及面广、要求多且高，所以必须要有专项的配套经费。这也是推动当前边疆民族地区新课程改革往纵深方向发展的一个关键。

4. 开展有关新课程改革的专项培训

如前所述，由于这次新课程改革理念新、力度大，新要求和新做法很多，广大教师和学生在进入新课程改革以后都会感到有诸多的不适应。针对这一问题，

---

① 容中逵，刘要悟．民族化、本土化还是国际化——论当前我国基础教育课程改革的参照系问题［J］．比较教育研究［J］．2005（7）．

新课程改革的实施就应该与相关的专项培训相配套进行。如针对当前中小学教师课程意识比较淡薄以及普遍缺乏课程资源开发的知识和技能的状况，就很有必要就此问题开展专门的培训，增强中小学教师的课程意识和帮助他们掌握开发课程资源的专门知识和技能等。又如，针对新课程改革要求教师转变传统的职业角色，成为直接的教育教学研究者，而现实中相当一部分中小学教师的科研意识比较薄弱，并且比较欠缺教育科研的知识和技能的现状，就应该开展有关教育科研的专门培训。通过专家的讲授和示范，让中小学教师掌握相关的知识和技能，从而使中小学教师从事教育科研成为可能。

5. 加强教师培训，为新课程改革提供合格的师资

教师是新课程改革中最具实质性作用的一个方面，没有一支符合要求的教师队伍，新课程改革是不可能顺利进行的。因此，大力加强教师培训工作，提高教师自身的专业化水平就成为新课程改革的必然要求。通过这次调查，我们发现当地在教师培训中存在的突出问题是培训经费不足、培训内容单一、针对性不强、有效性较低、培训层次低、优质培训资源缺乏以及培训教师的示范作用发挥不够等。针对这些问题，当前加强和改善教师培训就应该从以下方面入手：（1）提升中小学教师培训的层次和水平，让更多的中小学教师享受到优质培训资源，让他们有一个模仿和学习的对象；（2）增加教师培训中的经费投入，保障培训的物质条件和技术手段，并避免加重中小学教师的经济负担；（3）增强培训内容的科学性、合理性和针对性。如在调查中我们还发现，在当地，新课程教师培训的主要内容直到现在仍然还是停留在基本理念和通识性理论方面，而针对具体课程标准和学科的专项培训很少。因此，今后有关新课程的教师培训在内容和重心上就应该转向，就应该由一般理论和理念的培训转向课程标准和具体学科内容的培训，以增强培训的实践性、针对性和可操作性，切实提高培训的实效。

总之，当前在边疆民族地区，一方面，新课程改革取得了显著的成绩，学校领导、教师和家长的教育思想观念、人才观、学生观和培养模式观以及教育行为、方式和教师的职业角色等都发生了明显的变化，学校教育教学质量有了进一步的提高；但另一方面，新课程改革在边疆民族地区也遇到了许多前所未有的问题和障碍，新课程改革的任务还十分艰巨和复杂。总之，当前在边疆民族地区进行的新课程改革不仅需要改革的勇气和信心，还需要广大教育工作者和全社会的智慧。

二、新课程改革与教师教学方式的变革①

教师的教学方式构成了教学方法的细节，它是指教师在课堂教学中开展教学

① 褚远辉，等．新课程改革中教师教学方式的变革［J］．中国教师，2008（10）：35－37.

活动所采用的智力活动或操作活动的总和。在过去，教学的主要任务是给学生传授知识，教学的过程主要就是教师传授知识和学生接受知识。与这种教学任务观相对应，教师在课堂上采用的主要教学方式就是讲述、讲解、讲演、示范和练习等。当前，随着社会的发展和教育教学改革的深入，客观上要求教师转变传统的教学方式。事实上，在基础教育新课程改革的背景下教师传统的教学方式正在悄然发生变化。教师教学方式的变革既是新课程改革的要求和条件，又是新课程改革的成果与标志。在新课程改革的理论与实践中，教师的以下几种新的教学方式受到了重视和关注。

（一）反思性教学

强调教师对自身教学的过程和结果进行反思，并以此作为促进教师专业化发展和提高学校教学质量的一条重要途径。这是本次基础教育新课程改革的一个重要特点、内容及要求。在这种背景下，反思性教学方式应运而生。

那么，何为反思性教学呢？理解反思性教学的关键是正确认识教学反思。尽管人们对教学反思概念的界定多种多样，但教学反思至少应该有以下几个方面的认识要点：（1）教学反思既是一种新的教学思想和理念，又是一种新的教学实践形态。作为一种新的教学理念，它要求教师在教学过程中树立反思的观念，并用反思的思想来指导和改进自身的教学实践；作为一种新的教学实践形态，它主要是要求教师在教学过程中要更多的运用和体现反思的行为。（2）教学反思是指教师对自己的教学过程和结果进行回顾、总结和重新审视的过程。这是教学反思的重要外在形式和特点。（3）教学反思要求教师要以研究和探索的态度来对待自己早已熟悉和习惯化了的教学工作。这是教学反思的本质和核心。（4）通过教学反思，促进教师专业化的发展和提高学校教学的质量和效率。这是教学反思的最终目的。（5）教学反思是一种思维活动，它应该贯穿于教师教学工作的各个环节和各个方面。基于此，我们认为，所谓反思性教学，就是指教师在教学过程中以科学的教学理论和观念为指导，以对自身教学的过程和结果进行回顾和探究为基本形式，以发现、分析和解决自身教学过程中存在的问题为基本过程，以促进教师专业化发展和提高学校教学质量为最终目的的一种教学实践和研究活动。

作为一种新的教学研究和实践活动，反思性教学对教师素质提出了新的要求：一是反思性教学十分强调教师对现代教学理论和观念的学习与掌握。教学反思不是一种盲目的教学思想和行为，开展教学反思具有很强的目的性、针对性和指向性，它需要有正确的教学思想观念和理论做指导。教师也只有通过学习和实践，掌握科学的教学理论，才能保证自己教学反思的有效性和正确方向。二是反思性教学要求教师具有强烈的教学改革意识和勇气。开展教学反思的基础就是教师对自身教学实践的质疑和否定，教学反思的结果就是要在教师的教学过程中增添新质和新的要素，它无疑需要教师具有教学改革的意识和勇气。三是反思性教学还对教师教学的创造性提出了很高的要求。因为反思总是与改革、改变和突破等联系在一起的，教学反思要求教师大胆地对自己原有的教育教学观念和行为进行质疑，突破固有的和习惯化的教学模式的束缚，创造性地开展教学工作。四是反思性教学还要求教师成为研究者。从本质上看，教学反思本身就是一个研究、思考、探究和分析的过程，培养教师的研究意识和能力是他们开展教学反思的一个重要条件和基础。传统传授型教师与反思型教师的一个显著区别就在于他们有无研究和思考的意识、习惯和能力等。

采用反思性教学有助于转变教师传统的教学思想观念，改善教师的教学行为和方式，它是促进教师专业化发展的内在核心要素。同时，教师教学反思的行为对实际教学工作的影响也是多方面的。在教学前进行反思，能够使教学成为一种自觉的、有目的的活动；在教学中进行反思，能够使教学高质、高效地进行；在教学后进行反思，能够总结教学经验，并把经验上升到规律性认识的高度。

（二）创生性教学

在我国，从教师教的角度来看，传统教学的一大问题和弊端就是教师教学中的计划性、预设性和控制性太强。在具体的教学过程中，教师大多是严格按照事先设计好的教学内容和程序，带领学生一步不差地进行，学生则基本上处于消极被动和从属的地位。即便从形式上看，在实际教学过程中学生似乎也有一些自主性的活动和行为，但这些活动和行为也是在教师事先设计和限定的范围内，为教师的某个教学环节服务的，更多的是一种形式和点缀。这种预设性和控制性极强的教学虽然在一定程度上保证了教学的目的性和高效性，但它限制了教师和学生活动的空间，也阻碍了师生创造性的充分发挥。创生性教学概念就是在这种背景下提出来的。

认识创生性教学的重点在于对“创生”一词的理解上。在这里，“创生”是一个联合词组，它是“创”和“生”含义的综合。所谓“创”，指的是创造；所谓“生”，指的是生成和拓展。创生性教学就是所有具有创造、生成和拓展等价值追求和取向的教学的统称。创生性教学也是一种新的教学理念，它指的是教师在教学过程中要树立开放、民主、创造、拓展、延伸和弹性等观念；创生性教学又是一种新的教学实践形态，这种教学方式特别强调教师和学生在教学过程中的随机性、创造性、生成性、非预设性以及附加教学价值的获得等。从教学理论和实践来看，创生性教学产生的客观基础在于教学内部结构的复杂性、外部制约因素的多样性以及不确定性等。创生性教学也对教师素质提出了如下新的要求：(1) 要求教师转变传统的教学思想观念，尤其是要改变过去教学计划、教学大纲和教科书等教学文件对教师教学的过多束缚，真正变“教教材”为“用教材教”；（2）教师要树立教学民主的观念，营造一种宽松和谐的课堂教学氛围，建立协商对话的师生关系；（3）教师在教学中还要以激发学生的思维为核心，鼓励学生多角度、多侧面地思考问题和探究结论；（4）对教师的教学机智和智慧提出了更高的要求；（5）注意教学中的“留白”艺术和非预期性等。当然，作为对传统控制性很强的教学的否定，实施创生性教学也需要一定的条件，而恰恰是新课程改革中“三维”课程目标的确立和教学内容“难、繁、偏、旧”状况的改变等，在客观上为创生性教学的实施提供了时间、空间、条件和可能性。其实，一堂真正的好课应该是把计划性和生成性、预设性和随机性、预期性与非预期性等有机地结合起来。通过这种教学方式的改革，一方面，完成既定的教学目标和任务；另一方面，又能充分发挥教师和学生的自主性和创造性，给教学过程带来更多的内涵和附加价值，从而使教学过程摆脱单纯的功利性目的，而具有生命关照的意义和价值。相对传统以讲授和接受为主的教学方式而言，创生性教学无疑是一种层次更高的教学方式。

（三）探究性教学

本次课程改革的一个重要任务和目标就是要转变学生过去单一的以接受性学习为主的状况，鼓励采用多元化和多样化的学习方式，以此“倡导学生主动参与、乐于探究、勤于动手，培养学生搜集和处理信息的能力、获取新知识的能力、分析和解决问题的能力以及交流与合作的能力”①。于是，研究性学习、探究性学习、合作学习和自主学习等新的学习方式被提出来了。与学生学习方式的转变相对应，也要求教师转变传统的以讲授为主的单一的教学方式。这样，探究性教学作为一种新的教学方式进入了人们的研究视野，并受到了很大的重视。

从词源上讲，探究就是指探讨和研究。探讨就是指探求学问、探求真理和探本求源；研究就是指研讨问题、追根求源和多方寻求答案、解决疑问等。所谓探究性教学就是指在教师的组织和指导下，学生以独立自主学习和合作讨论为主要学习形式，以现行教材为基本探究内容，以学生周围世界和生活实际为参照对象，为学生提供充分自由表达、质疑、探究、讨论问题的机会，让学生通过个人、小组和集体等多种解难释疑的理论学习和实践活动，获得知识、运用知识、解决问题的一种教学形式。探究性教学的特点主要有以下几个方面：（1）强调教师在教学过程中的组织与指导作用；（2）确立学生在学习和发展中的主体地位，充分发挥学生的主动性、积极性、能动性和创造性等；（3）强调以问题为中心，以对问题的探究为主要形式和过程来具体地展开教与学活动；（4）强调

① 《基础教育课程改革纲要（试行）》（教基［2001］17 号）.

学生创新精神和实践能力的培养等。

探究性教学是与传统传授式教学相对应的一种教学方式。应该讲，这两种教学方式各有优势和局限。采用传统传授式教学有助于学生在比较短的时间里学习和掌握大量系统的科学文化知识，教学的效率较高，但这种教学方式往往使学生处于一种消极被动的地位；另外，这种教学方式也不利于学生创新精神和实践能力的培养。而探究性教学最大的优点则在于能有效地培养学生的问题意识、研究意识、实践和创新的能力等，但它的不足之处是不太有利于学生掌握系统的科学文化知识。它与传授式教学恰好形成互补，这也是近年来探究性教学兴起的一个重要原因。

（四）赞赏性教学

构建新型的师生关系也是本次新课程改革的一项重要内容和目标。这次新课程改革就要求建立更加积极的师生关系，要求教师更多地发现和肯定学生身上的优点和长处，尊重学生的人格，保护学生的自尊心，并充分发挥教师期望在学生成长和发展中的作用与价值。这些就是赞赏性教学产生的主要背景。尽管我们很难给赞赏性教学下一个准确的定义，但赞赏性教学的核心则是指在教学过程中，教师要以赞扬、欣赏、尊重和肯定的态度和行为来看待和对待学生，并通过教师对学生的肯定来实现学生的自我肯定和认同。当然，我们与其说赞赏性教学是一种具体的教学方式和行为，还不如说它更应该是教师应有的一种新的教学思想和理念。

这次新课程改革就十分强调教师要树立新的学生观，建立和形成一种新型的师生关系。而这种师生关系的一个关键就是教师在教学和生活过程中对学生的尊重与赞赏。所谓尊重，就是指教师必须尊重每一位学生做人的尊严和价值，不要伤害和损伤学生的自尊心和自信心。所谓赞赏，就是指教师要以欣赏的眼光来看待学生，“要赞赏每一位学生的独特性、兴趣、爱好和专长；赞赏每一位学生所取得的哪怕是极其微小的成绩；赞赏每一位学生所付出的努力和所表现出来的善意；赞赏每一位学生对教科书的质疑和对自己的超越”①。赞赏学生、尊重学生，以学生的全面发展为本，这是新课程改革的一个核心理念，也是每一位教师应具有的教育思想和行为方式。实施赞赏性教学的关键在教师，而其中最根本的就是教师传统学生观的转变。教师要真正把学生作为人来看待，尊重学生的主体价值，把“一切为了学生的发展、为了每一位学生的发展”的理念真正落实在教育教学的过程中和师生生活交往的过程中。

---

① 朱慕菊．走进新课程——与课程实施者的对话［M］．北京师范大学出版社，2002，128.

（五）合作性教学

培养学生合作的精神和交往的能力从来就是现代教育的一个重要目标和任务，合作与交流也是这次新课程改革的另一个核心理念。合作与交流理念的一个外在表现就是倡导学生的合作学习，而与学生合作学习相对应的就是要求教师采用合作性的教学方式。比如，这次新课程改革在处理教师与学生、教师与其他教育工作者的关系上，就非常强调合作与交流。

所谓合作教学，是指教师之间以及教师与学生之间通过相互合作而具体展开教与学活动的一种方式。合作教学中的合作只是一种形式，通过这种师师和师生之间的教学合作，其目的是为了培养学生的集体意识、合作精神和能力等，并以此促进学生个体的社会化和社会主义和谐社会的构建。合作教学主要有以下特点：（1）合作教学不是教师个人的、自发的合作关系，而是一种有组织的教学方式；（2）合作教学既强调教师的一定组织化形式，又强调学生的一定组织化形式；（3）合作教学的主体是由两个或两个以上的教师组成的。合作教学的实施主要有三种具体形式：主题单元综合课程的教学；课题研究的指导；学习小组的指导。一般来讲，在合作教学中，教师小组的组成形式主要有以下五种：班级教师小组；年级教师小组；学科教师小组；全校教师小组和校内外教师小组。

作为一种教学方式的变革，开展合作性教学的独特价值在于促进学生集体性、社会性的发展和完美个性品质的形成等。

（六）个性化的备课方式

备课是教师教学工作的起始阶段，是教师上好课、提高学校教育教学质量的前提和基础。备课的方式也是教师的一种重要的教学方式。在教师备课方式变革这一问题上，新课程改革强调的是教师备课的个性化。

所谓教师备课的个性化，是指能够反映教师教学风格和个性心理特征、体现创造性备课成果的一种备课方式。个性化的备课方式主要有以下实施要点：（1）教师的备课因教师个体的具体情况而异。就是指教师要以自身的教学个性、教学风格、教学优势、教学经验、学习方式以及个性心理特征等为依据进行备课，不同的教师在备课的内容和方式上要体现出个体差异，从而做到扬长避短。（2）教师的备课因教材本身的具体内容而异。由于在知识经验、认知结构和教学能力水平等诸多方面存在着差异，不同教师对同一教学内容的理解和把握是有区别的。这种区别一方面要求教师要不断提高自身的素质，以求得对教材内容的深入理解和全面把握；另一方面，它也为教师备教材内容中的创造性的发挥提供了很大的空间。个性化的备课方式就是要求教师在对教材内容进行加工和改造时，要充分发挥创造性，体现出个性风格。（3）教师的备课因学生的具体情况而异。学生是教师教育和影响的对象，研究和了解学生也是教师备课的一个重点和关键。学生集体的差异性和学生个体的主观性、能动性和个体性也在客观上要求教师要采用个性化的备课方式，即要求教师根据学生的差异在备课的内容和方式等方面有所不同。也只有了解和研究学生，掌握每个班上学生的基本情况和每个学生的特殊需要，教师的备课才有针对性，才能做到有的放矢。

总之，教师教学方式的变革是这次基础教育新课程改革的一项重要内容和目标，也是衡量本次课改成功与否的一个重要标志。

三、新课程改革中的教学方法的新特点①

虽然这次教育改革是以课程改革来命名的，但它并不仅仅停留和局限在课程改革本身的层面上，实际上它是一个复杂的系统工程，涉及教育教学改革的方方面面。下面我们仅就新课程背景下教学方法改革与发展的趋势和特点做简单的分析和探讨。

（一）教学方法的启发性

教学方法的启发性主要是就运用教学方法的指导思想而言的。

各种具体的教学方法并无启发和注入之分，但根据运用教学方法时的指导思想的不同，我们可以把这些具体的教学方法划分为启发式和注入式两大类。启发式的教学方法特别强调：（1）以辩证唯物主义认识论作为自己的理论基础；（2）确立以学生为主体的教学观，即认为在教学过程中学生是能动的主体，要充分发挥学生的积极性和创造性，而不能把学生仅仅作为接受教师灌注知识的“容器”；（3）强调在教学过程中教师既要给学生传授知识，又要发展学生的智力、能力和创造力等；（4）强调在教学过程中要形成教师和学生之间双向和多向的信息交流和反馈，促进师生之间的相互交往和积极互动；（5）强调实行教学民主，创设良好的课堂教学氛围，提高师生之间心理的相融程度。由于启发式教学方法具有以上特点，它与时代发展的要求和学生身心发展的规律相吻合。因此，以启发式作为选择和运用教学方法时的根本指导思想就成为当前各种教学方法改革的基本趋势和所追求的主要目标。相反，注入式教学方法由于把学生看做是接受灌注知识和储存知识的容器，阻碍了学生思维的训练和创造力的培养，并且对学生的身心发展起阻碍作用而被废止。我们认为，本次新课程改革在很多方面都体现了启发式教学方法的上述特点。如新课程的一个基本理念就认为教师的本质在于引导，而引导实质上就是教师对学生的一种启发；同时，新课程认为教

① 褚远辉，等．新课改中教学方法的特点［J］．现代中小学教育，2004（7）：16－18.

学过程的本质并非教师教学生学的过程，而是师生交往、积极互动、共同提高的过程；另外，新课程也十分强调实行教学民主，保护学生的合法权益，并以此形成和建立一种新型的师生关系。所有这些，都是与启发式教学方法的精神实质相一致的。从这个意义上讲，提倡启发式、废止注入式是这次新课程教学方法的一个显著特点。

（二）教学方法的“学法化”倾向

教学方法的“学法化”倾向主要是就新课程改革背景下教学方法结构重心的偏移而言的。教法和学法是教学方法结构中的两个重要的组成部分。教法制约和决定学法，学法反过来又影响教法。过去，在教学理论研究和教学实践探索中一直没有正确认识和处理好教法和学法之间的关系，其中的一个突出表现是重教法、轻学法，甚至有把教学方法完全归结为教师的教法的极端认识。如有人就认为“教学方法是教师为完成教学任务，实现教学目标，在教学过程中所采用的一系列方法措施”①。而在当前基础教育新课程改革中，随着学生学习主体地位和“因学而教”、“教师的教是为了学生的学”、“学生的学是教师的落脚点和归宿”等新的教育教学思想和观念的确立，教学方法结构的重心发生了偏移，在教学方法的改革上出现了重教法更重学法的发展趋势，具体表现为把学法指导的研究和学生自学能力的培养放在了前所未有的突出地位，教学方法有“学法化”的倾向。当然，需要特别说明的是我们在这里所指的“学法化”只具有相对的含义，它只表明和反映教学方法结构重心的一种变化倾向，而并非意味着我们忽视教法的存在以及教法对学法的影响和制约作用。

（三）教学方法的“探究化”、“研究化”、“实践化”及“体验化”

教学方法的“探究化”、“研究化”、“实践化”及“体验化”主要是就运用教学方法进行教学活动时的主要内容而言的。过去由于受传统知识本位观的影响，运用教学方法进行教学活动时的主要内容和选择标准比较单一，对教师来讲，主要就是讲授、谈话、演示和示范等；而对学生而言，则主要是听讲、练习、实习和独立作业等。教与学的方法都服从和服务于知识的传授和接受。这时教学方法活动的主要内容就是传授—接受。但在当前，教学理论和教学实践的发展，尤其是知识经济的到来对通过教育所培养人才的素质提出了新的要求，把培养学生的创新意识、创新精神和创新能力作为教育教学的核心目标。培养目标的这种变化在本次基础教育新课程改革中得到了比较集中的体现和反映。这种变化也反映在运用教学方法进行教学活动时的具体内容上。针对过去学生在学习过程

① 关苏霞．教学论教程［M］．西安：陕西师范大学出版社，1987，196.

中存在死记硬背、机械训练和以接受性学习为主的状况，这次新课程改革提出了要使学生学习的方式发生根本性变革的目标，倡导在教学过程中采用发现学习、自主探究学习、研究性学习和合作学习等新的学习方式。在这种背景下，强调学生在学习过程中的亲历和体验、强调直接经验在学生学习和发展过程中的作用、强调学生问题意识的培育和探究能力的发展等就成为新课程改革在运用教学方法进行教学活动时的重要内容和显著特点。

（四）教学方法的综合性和多样性

教学方法的综合性和多样性主要是就教学方法的组合或教学方法实际运用的状况而言的。新课程改革重视教学方法的综合性和多样性，这是由教学方法本身的特点所决定的。每种具体的教学方法都有自己的适用范围和边际界限，也都有自己的优势和局限性。因此，教学方法本身并无高下和优劣之分，也从来就没有一种能包打天下、包医百病，适用于各种教学情景并能完成各种教学目标的教学方法。这样，一方面，教学的目标和任务具有多重性的特点；但另一方面，每一种具体教学方法的功能却是单一的，在这两者之间就产生了矛盾。而解决这一矛盾的关键是根据教学的目标、任务和内容，把各种具体的教学方法合理地组合起来，形成一定的教学方法的结构和体系，使各种具体的教学方法相互补充、扬长避短。通过这种综合，既能弥补各种具体教学方法的局限性，又能充分发挥各种具体教学方法的优势，就能最大限度地发挥教学方法的综合效益，为实现多种教学目标服务。

新课程改革重视教学方法的综合性和多样性，这也是由新课程改革目标的多重性所决定的。教学目标是制约教学方法选择的一个重要因素。随着教学目标的改变，在教学过程中采用的教学方法及其组合也应该发生相应的变化。这次新课程改变了传统的以知识为本位的单一的教学目标观，认为应该从知识与技能、过程与方法，情感、态度和价值观等三个维度来构建教学的目标，并提出这次新课程改革要完成实现课程功能的转变，体现课程结构的均衡性、综合性和选择性，密切课程内容与生活和时代的联系，改善学生的学习方式，建立与素质教育理念相一致的评价与考试制度和实行三级课程管理制度等六项具体的目标。由于教学目标的变迁及多元化，仅靠单一的教学方法很难完成新课程的教学目标，从达成教学目标这一任务出发，也要求在教学过程中实现教学方法的综合化和多样性。

（五）教学方法的主体化和个体化

教学方法的主体化和个体化主要是就教学方法改革的价值取向而言的。所谓教学方法的主体化，是指在教学方法的改革中把激发和确立教师，尤其是学生的主体性放在了十分重要的位置。这一特点的产生有着深刻的时代和社会发展的背景。当前，人类社会已进入了知识经济的时代，而创新是知识经济的本质和灵魂。在知识经济的时代，培养学生的创新精神和创新能力就成为教育的核心任务之一。而人的创造性发展和人的主体性发展两者之间有着逻辑性极强的因果关系，人的创造性的培养和发展是以人的主体性的高度张扬为前提和基础的，由此也就决定了强调学生主体性的发展是现代教育的一个显著特点，教学方法的改革也应适应并体现这一特点。

所谓教学方法的个体化，是指“现代教学方法更加趋向于个别适应，因材施教，更加注意增加个性学习的参与度，更加注意发展学生的潜能”①。我们认为，有效的教学方法都是个性化的，从来就没有什么放之四海而皆准的教学方法。对某些教师和学生来讲是有效的教学方法，而对其他人却未必如此。因此，真正的教育应该是一种个性化的教育，“教师变得更为主动、自觉地为每一个学生设计因材施教的方法，以配合其智力组合的特点，促进其优势才能的展示和发展”②。现代教学方法改革的个体化特点主要表现在两个方面：一是个体性活动已成为许多教学方法的重要组成部分，注重个性适应和学生的参与；二是现代教学技术手段的发展为教学方法的个性适应提供了新的发展空间，并使教学方法的个性适应成为可能。

（六）教学方法的现代化

教学方法的现代化，主要是就运用教学方法所借助的物资设备和技术手段而言的。教学方法与教学手段是密不可分的两个概念和范畴。一般来讲，每一具体教学方法的运用都得借助一定的物资设备和教学的技术手段。随着生产力和科学技术的飞速发展，越来越多的科学技术的研究成果被引入教学领域，逐渐实现了科学技术和教学方法的整合，提高了教学方法中的科技含量，实现了教学方法的现代化；同时，也为教学方法价值的实现提供了新的更大的可能性。如在“19世纪后半叶，幻灯引入教学领域；20世纪初，无声电影、唱片开始进入教学领域；20世纪20年代，无线电收音机开始进入教学领域；20世纪30年代，有声电影开始进入教学领域；20世纪50年代，电视、磁带录音机、语音专用教室、程序教学和教学机器开始进入教学领域；20世纪60年代，闭路电视开始进入教学领域；20世纪70年代，电子计算机开始进入教学领域”③。现在卫星电视教学和计算机辅助教学已广泛地运用于教学过程中。随着现代科学技术的发展及其在教学领域中的广泛运用，教学方法的技术手段逐渐实现了现代化。

这次新课程改革十分重视采用现代教学技术手段，如《基础教育课程改革纲

① 王坦，高艳．现代教学方法改革走势新探［J］．教育研究，1996（8）．
② 朱慕菊．走进新课程——与课程实施者的对话［M］．北京：北京师范大学出版社，2002，161.
③ 张人杰．教学技术必须现代化［M］．人民教育出版社，1979. 5.

要（试行）》中就提出："大力推进信息技术在教学过程中的普遍应用，促进信息技术与学科课程的整合，逐步实现教学内容的呈现方式、学生的学习方式、教师的教学方式和师生互动方式的变革，充分发挥信息技术的优势，为学生的学习和发展提供丰富多彩的教育环境和有力的学习工具。"

（七）教学方法的函变性

教学方法的函变性主要是就制约教学方法选择的因素而言的。函变本来是一个数学概念，它是指随着自变量的变化，因变量（函数）也将发生相应的变化。在对教学方法进行研究时，我们发现，制约教学方法选择的因素（或者说选择教学方法的依据）是多种多样的。在教学过程中，随着教学目标、任务，学科的性质和特点，学生的身心发展特点和规律，学校现有教学的时、空条件和物资设备以及教师的个性和优势等因素的变化，教师选择的教学方法也必然发生相应的变化。在这里，我们以教学目标的演变导致教学方法的变革为例来说明这一问题。如当教学目标关注系统知识的传授时，教学方法就以讲授法为主。德国著名教育家赫尔巴特的"五段教学法"就是其中的代表。而当教学目标转向重视学生智力开发和能力的培养时，教学方法改革的方案也纷纷出台。如美国著名心理学家布鲁纳的"发现法"，苏联著名教育家赞科夫的"发展性教学"等就是其中的典型方法。再到后来，人们开始认识到非智力因素的重要性，并把培养学生的非智力因素作为教学的重要目标之一，与此相适应，又出现了一些新的教学方法。如保加利亚著名心理学家洛扎诺夫的"暗示教学法"，美国人本主义心理学家马斯洛和罗杰斯的"非指导性教学"，以及我国教育工作者提出的"情景教学"、"愉快教学"、"成功教学"和"和谐教学"等方法。近年来，教学目标又开始把视角转向学生创新能力和实践能力的培养上，在教学方法的改革中又出现了各种创造性教学方法和技能性教学方法改革的尝试。总之，在教学目标和教学方法的选择之间似乎形成了一种自变量和因变量的函数关系。教学目标如此，其他因素也如此。

（八）教学方法的"心理学化"

教学方法的"心理学化"主要是就构建教学方法的理论基础而言的。所谓教学方法的"心理学化"，是指心理学的研究成果已逐渐成为现代教学方法发展和构建的重要前提和基础。

18 世纪以前，人们主要是在教育教学实践中凭经验来构建教学方法的，这时候的教学方法带有浓厚的经验主义和主观随意性的色彩，因此，也很难讲这个时候的教学方法是科学、合理的。到了 18 世纪末期和 19 世纪的初期，以瑞士教育家裴斯塔罗齐和德国教育家赫尔巴特为代表人物，在欧洲掀起了一场"教育心理学化”运动，主张把教育学和心理学结合起来，把教育学的研究建立在心理学的基础上，这在教学论包括教学方法科学化的道路上迈出了一大步。进入20世纪60年代，特别是70、80年代以后，心理学的研究达到了一个新的高度，为教育学与心理学的结合以及把心理学作为教育学的理论基础提供了新的可能性。在当代，教学方法改革和发展的一个显著特点是以心理学的研究作为构建教学方法的重要理论基础。如斯金纳的“程序教学”的理论基础就是行为主义心理学，洛扎诺夫的“暗示教学法”则是建立在无意识心理学的基础上，罗杰斯的“非指导性教学”的理论基础则是人本主义心理学等。教学方法的心理学化，既可以使教学方法由外显的，可观察、可操作的东西内化为人们头脑内部观念的东西，增大教学方法的可接受性和意识控制性，又可提高教学方法的科学化水平，从而达到提高运用教学方法效果的目的。

总之，我们认为，这次新课程改革对教学方法提出了新的要求，也使教学方法出现了一些新的特点和趋势，研究这些特点和趋势有助于加深我们对这次基础教育新课程改革的认识，也有助于我们加深对教学方法本身的认识。

四、新课程改革与课程功能观的变化①

尽管这次教育改革所涉及的问题是多方面、多层次，甚至可以说是全方位的，但课程与教学的改革无疑是其中的核心内容。本次教育改革的一个重要目标就是要转变传统教育思想观念，变革基础教育的课程结构和体系，构建符合素质教育要求、体现新课程特点的课程结构和体系，并以此为全面实施和深化素质教育摸索出一条新措施和途径。

即便是课程改革，它所涉及的问题也是多方面的。如课程理念的变革、课程结构和体系的变革、课程实施方式的变革、课程评价以及课程管理体制的变革等。在这里，我们仅就新课程的功能观及其转变这一问题谈谈自己的理解和认识。

由于受方法论、观察问题的角度和课程理论发展水平等的影响和制约，人们对课程功能的界定也是多种多样的。所谓课程的功能，简单地讲，即课程的用途和作用，它具体是指课程在一定社会、一定学校及其他环境中对培养人才、提高学校教育教学质量所起的作用。课程的功能观所要回答的主要问题就是人们对课程在学校教育教学活动中的意义、价值、作用和用途等的认识、观点和态度等。课程的本体功能是培养人，其具体功能是传递和选择文化。作为课程论中的一个重要问题，课程的功能总是与教育的功能紧密地联系在一起的，教育功能直接制

① 褚远辉，等．转变传统教育思想观念，树立新的课程功能观［J］．云南教育，2002（7）：6－8.

约和决定课程功能，有什么样的教育功能观，就会有什么样的课程功能观。随着人们对教育功能认识的逐渐深入和发展，课程的功能观也肯定要发生相应的变化，以与教育功能观的转变相适应。其实，从课程论发展的历史来看，不同的课程功能观主要是通过不同的课程流派体现出来的。这些课程流派之间的差异很重要的一个方面，就是它们对课程结构及其功能的认识不相同。例如学科课程论主张分科教学，认为每门课程都应以本门学科的系统知识为中心，强调课程编排和教材组织的逻辑顺序。它的主要功能就是有利于学生学习和掌握每门学科系统的基础知识和基本技能。应该讲，这是一种以学科知识为本位的课程论。活动课程论则主张以儿童的生活和活动为课程的主要内容，以儿童的兴趣、需要和能力为编制课程的出发点，它的主要特点在于动手“做”、在于手脑并用、在于脱离书本而亲自体验生活的现实，并在这个过程中获得直接经验。这种课程论的主要功能就在于培养学生的独立性和创造精神，尤其是发展他们的动手能力。结构课程论则是以每一门学科的基本结构为中心编排课程，它的基本功能就是让学生在掌握学科基本概念和基本原理的基础上，运用学习迁移规律培养学生举一反三、触类旁通的能力。问题中心课程论则是围绕一些重大社会和学术问题组织教学内容、编制课程，旨在培养学生的问题意识和分析、解决问题的能力。而关联课程论则是由一组互相密切联系和配合的学科组成，其功能主要是培养学生具有跨学科的思路和眼光。又如20世纪五六十年代提出的潜在课程论，它主要是通过校园文化、校园生活、校风、人际关系等潜移默化地影响学生的课程，这是一种教学计划以外的课程，并且它主要是以间接和内隐的方式呈现的，是无计划和预期之外的，它对培养和形成学生的价值观和促进学生个性的发展具有特殊的作用。通过上述简单的回顾，我们发现不同课程流派的价值取向是有差异的，即这些课程流派的功能观各不相同，也各有其特点、优点和不足。了解和研究这些课程类型及其功能，取长补短，既可为我们今天确定自己的课程功能观奠定历史和经验的基础，同时也可为我们进行的课程改革提供诸多的启示和借鉴。

这次新课程改革正是基于对课程功能观历史发展逻辑和当今社会、科技和教育发展的特点、规律和趋势等的认识，提出了自己的课程功能观，而它的课程功能观的特点可概括为以下五个“强化”。

（一）强化了课程的育德功能

培养学生良好的思想品德和使他们形成正确的人生观、世界观和价值观是学校德育工作的主要任务。尽管学校德育实施的途径是多方面的，但教学是其中最基本的，并起主导性作用的途径。教学之所以具有教育性，其中很重要的一个原因就是我国学校里开设的各门课程都是科学性和思想性的高度统一，在每门课程的具体内容和实施方式中都蕴藏着异常丰富的思想品德教育的因素，它们都具有极高的对学生进行德育的价值和功能。然而在过去，由于受传统应试教育和片面追求升学率的影响，学校课程的这一功能并没有充分发挥出来。人们往往只看到或只重视课程在促进学生认识和智力发展中的作用，而课程的育德功能在很大程度上被忽视了。这种“重智轻德”的课程功能观抑制了教学教育性规律的充分发挥，它也是当前学校德育工作战斗性、针对性不强，有效性不高的一个重要原因。因此，转变传统的课程功能观，就必须强化课程的育德功能。这次基础教育新课程改革把培养学生正确的情感、态度和价值观作为教学的三维目标之一，就充分反映了这一点。具体来讲，新课程改革强化课程的育德功能，主要体现在以下几个方面：首先，这次新课程改革非常强调要根据未来社会环境、价值观、伦理道德发展变化的实际情况及时更新课程内容（包括德育的内容），从而解决教材中思想品德教育的内容滞后于时代发展和青少年学生思想实际的问题。其次，新课改在一定程度上改变了德育课程内容的结构的性质和形态。过去德育内容的形态往往偏重于理论性，与学生的生活实际和直接经验有一定的距离，在学习过程中学生感到比较空洞、抽象，缺乏直观性和感染力。因此，这次课程改革的一个重要措施就是在课程内容中充实了一些具体、生动、形象的事实和观点，努力做到教育的生活化和生活的教育化，加强了学生的体验教育，着力培养他们的品德践行能力。最后，在学校课程的具体实施过程中，还强调要增强教师的教育意识，使他们有意识地挖掘课程内容中的思想品德教育因素，自觉地把德育渗透到学科教学的各个方面和过程的始终。在给学生传授基础知识与基本技能和使学生掌握科学的学习过程和方法之中，培养和形成学生良好的思想品德，科学的人生观、世界观及正确的价值选择、价值判断能力和为人处世的态度等，从而教会学生做人。

（二）强化了课程在形成学生积极学习的情感和态度上的功能

在传统应试教育中，教师往往把学生看成是一种消极被动的容器，采用满堂灌、注入式的方式向学生灌注知识。另外，在课程的实施过程中，过于强调接受学习、死记硬背和机械训练，加之课程内容“难、繁、偏、旧”，并且偏重于书本知识和理性认识，在一定程度上脱离现代社会和科技发展的实际，远离了学生的生活世界，也不符合学生的兴趣、爱好和个体认识发展的规律。这种状况不仅加重了学生的课业负担，更为严重的是造成了学生对学习活动本身产生了消极的情感体验。事实上厌学情绪在部分学生身上严重存在，成为一种典型的消极情感体验。这种消极的情感不仅影响了学生当前的学习过程和质量，而且压抑了他们以后接受继续教育和终身教育的兴趣和愿望，并且这种消极的情感体验还可能迁移到一个人学习和生活的其他方面，阻碍人的全面发展，其危害可谓大矣。因此，转变传统的课程功能观就应该与使学生形成对学习活动的积极情感体验结合起来。这里的关键是通过课程的内容和实施，培养学生主动、积极的学习态度。学习态度是指学生对学习活动所持有的评价总和与内在的反应倾向，它是一种学生对学习活动带有认识、情感成分和行为倾向的持久看法。学习态度作为学习活动情意因素中的核心成分，它对学生的学习、工作和生活都具有极其重要的意义。陶德清在《学习态度的理论与研究》一书中就指出："在学校养成的学习态度，也可能会随着个人生活内容的变化，而发生广泛的积极迁移、推广，延伸到社会生活的其他方面，一个人所具有的良好的学习态度，在他进入社会、参加工作以后，就可以转变为积极的工作态度、劳动态度和生活态度。"从这个意义上讲，形成学生积极、主动的学习态度不仅是提高学生在校期间学习质量的需要，而且更是促进其心理和个性健康发展，激发他们终身学习，形成可持续发展能力，以适应社会变革和发展的客观需要。

在课程内容和实施中培养学生主动、积极的学习态度，主要应从以下几个方面入手：首先，从学生的"最近发展区"出发编制学校课程。把课程内容的高难度和量力性有机地结合起来，使学生既体验到学习成功的喜悦，又充分挖掘学生的智力潜能。其次，要加强课程内容与学生生活世界和现代社会、科技发展的联系，使学生学有所得、学以致用，能够切实体验到所学内容的实际用处，进一步增强学习的愿望和动机。最后，要改革课程内容呈现的方式，使之既有现成的知识，又有需要通过学生亲自探索而获得的知识，充分体现课程内容既定性和预定性的有机结合，体现过程与方法的理念，使学习成为一个富有探索、创造和充满乐趣的过程，从而培养学生对学习过程的直接兴趣。

（三）强化了课程在教会学生学习上的功能

教会学生学习是当代十分重要的一个教育主张，也是教育适应社会、科技急剧变化和发展的根本对策。在传统应试教育中，大家关注的焦点问题是学生学习的结果（与其说是学习结果，不如说是考试分数更为贴切），而对学生获得这一结果的过程与方式、方法毫不关心。其实，相同学习成绩的背后隐藏的可能是学生心智发展上的巨大差异。如考试成绩同为 80 分的两位学生，一位可能是通过机械识记的方式得到 80 分，而另一位学生则可能是通过理解和独立思考的方式得到这 80 分。显然，这两位学生在学习中的心智操作上存在着巨大的差异。学生在学习上还存在着是否会学的问题。针对过去在学生学习上重结果轻过程与方法的倾向，这次新课程改革就很强调通过课程的实施教会学生学习。在课程实施过程中教会学生学习的关键是让学生理解科学的学习过程和掌握正确的学习方法，核心是培养学生的自主学习能力。强化课程在教会学生学习上的功能，其具体措施如下：首先，在课程的结构和体现上进一步突出基础学科和课程内容的基础性，重视学生基础知识和基本技能的学习和掌握，尤其是通过课程的学习使学生具有适应终身学习需要的基础知识、基本技能和方法，这是学生学习，进而让他们学会学习的前提和基础；其次，在课程实施过程中要激发学生的学习动机和兴趣，使他们愿学、乐学，这是让他们学会和会学的另一个基础；再次，在课程实施的过程中让学生理解和掌握学习过程的实质和规律，指导学生的学习过程，并对学生进行学法指导，帮助他们掌握科学的学习方法；最后，在课程实施中培养学生的元认知能力，强调学生的自我反思，加强对学习过程的自我调节和监控。

（四）强化了课程在培养学生创新精神和实践能力上的功能

培养学生的创新精神和实践能力是全面实施素质教育的重点，也是知识经济时代对人才素质要求的核心。教学是培养学生创新精神和实践能力的重要途径，而课程的实施在其中又起着实质性的作用。在课程的编制和实施中可通过以下途径来培养和发展学生的实践能力和创新精神：（1）课程的内容安排要富有启发性，通过课程内容的学习，有效地启动学生的思维，尤其是创造性思维；（2）借鉴问题中心课程论中的有益思想，以问题为线索编排课程内容，倡导发现式学习方法，培养学生的问题意识和独立研究能力；（3）借鉴活动课程论中的有益思想，加强学校活动课和综合实践活动的建设，切实培养学生的生产、生活技能和社会实践能力，造就全面发展的一代新人；（4）教科书的编写要留有较大的余地，以发展学生的想象力，尤其是创造性想象力等。

（五）强化了课程在促进学生多方面发展上的功能

我们过去的课程体系的一个突出问题是课程的价值取向单一，它只重视间接经验和书本知识的传授，表现在课程的编制上往往只考虑知识是否系统、学科结构是否完整，至于学生的兴趣、爱好和个性发展则不被重视。由于现在素质教育的基点是促进学生全面、和谐和可持续发展，因此学校课程就应该具有多重教育价值，关心学生认知、情感和行为等方面的全面、整体发展。

总之，这次新课程改革所涉及的领域是多方面、全方位的，它首先要求转变的是传统的教育思想和观念，而其中很重要的一个方面就是树立新的课程功能观。

五、新课程改革与教师传统职业角色的转变①

教师的职业角色，是指教师在教育教学活动中的一整套行为规范和社会对于

① 褚远辉，等．新课程改革与教师传统职业角色的转变［J］．当代教育论坛，2006（6）：72－73.

充当教师的人如何行动所寄予的一种期待和赋予的规定。教师的职业角色是与教师素质、作用等密切联系的一个概念和范畴。教师的作用、价值和职业特点等都是通过教师的职业角色表现出来的，并且教师在社会上确立一个什么样的职业角色也在一定程度上反映了教师的专业化发展程度和水平。同时，教师的职业角色还具有动态的演变性和鲜明的时代性等特点。随着社会和教育的发展，教师职业角色的具体内容也在不断改变，并呈现出新的形式和特征。当前我国正在进行新中国成立以来的第八次课程与教学改革，这次改革对教师提出了新的、更高的要求，其中一个很重要的方面就是要求教师转变传统的职业角色，树立与新课程改革相适应的新的职业角色观念。在这里，我们以新课程改革为背景，对教师的职业角色及其转变这一问题进行初步的研究。

（一）转变之一：由“学生知识的传授者”转变为“学生学习和发展的促进者”

在很长的一段时间里，教师的核心角色被定位于学生知识的传授者，认为教师主要甚至唯一的任务就是把人类长期以来积累的知识经验传授给学生，以此实现学生的社会化和个体化。在当代，尤其在知识经济和基础教育新课程改革的背景下，要求转变教师的这一传统角色观念，使教师成为学生学习和发展的促进者。作为学生学习和发展的促进者，要求教师从过去知识传授者的核心角色中解放出来，促进学生以学习能力发展和学习方法掌握为重点的个性健康、和谐发展。这是教师最明显、最直接、最富有时代性的角色特征，也是教师角色特征中的核心部分。有人就认为，21 世纪的教育是“旨在促进人的发展的教育”。

作为学生学习和发展的促进者，教师要做到以下几个方面：

1. 教师要成为学生学习和发展动机的激发者

首先要使学生产生学习和发展的内部心理倾向和意愿。教师要通过启发、诱导等手段，使学生产生学习和发展的动机；或者使学生学习和发展的动机由潜伏状态转变为现实的活跃状态。由此使学生实现由“要我学习和发展”向“我要学习和发展”的转变。

2. 教师要成为学生学习能力的培养者

因为培养学生的能力尤其是自学能力，教会学生学习，是使学生学会学习、学会生存，进而学会发展的根本对策。

3. 教师要成为学生掌握科学的学习方法和过程的示范者

过程与方法的理念是当代一个重要的教育主张，让学生理解科学的学习过程和掌握科学的学习方法也是这次基础教育新课程改革确立的一个重要的教学目标。通过教师的示范和影响，使学生理解、感悟和掌握科学的学习方法和学习过程，这对促进学生的学习和发展具有重要的意义。

（二）转变之二：由“传统的传授者”转变为“新型的传授者”

传授者是教师的传统职业角色，也是教师的基本职业角色。即使是在当代，对教师的这一职业角色仍然存在着不少争议。但我们认为，传道、授业和解惑仍是教师的一个不可缺少的职业角色。在当代，随着科学技术，特别是网络信息技术的发展，教师传授者的角色和功能似乎有逐渐弱化的趋势。但教育起源于社会的生产劳动，产生于生产劳动经验和社会生活经验传授的需要这一性质和特点决定了教师传授者角色存在的客观性和重要性。从教师职业的历史发展过程来看，传授者是教师最基本的角色特征，其他角色都是从这一角色中衍变出来的。当然，在当代社会，教师的这一角色特征也发生了很大的变化，具有了新的特点，其中最突出的一个方面就是教师作为传授者，其传授过程中的灌输的观念被逐渐摒弃，而传授过程中的启发、点拨、引导和理解等被强化和重视。正如《学习生存——世界教育的今天和明天》一书中所讲的：“除了他的正式职能以外，他将越来越成为一个顾问、一个交换意见的参与者、一个帮助发现矛盾论点而不是拿出现成真理的人。他必须集中更多的时间和精力去从事那些有效果的和有创造性的活动：互相影响、讨论、激励、了解、鼓舞。”

（三）转变之三：由“知识的占有者和传授者”转变为“社会的学习者”

在过去，我们通常把教师的角色定位于社会文化知识经验的占有者和传授者，并且认为教师知识经验的掌握、教育技能的获得等主要是在职前教育阶段即在师范院校的学习中完成的。长期以来，这种认识在一定程度上忽视了教师还应具有学习者的角色观念。其实，教师首先应该成为一名学习者，“教育者先受教育”永远是一条客观真理。在当代，强调教师作为学习者的角色观念，让教师通过学习来掌握知识经验和具备自我学习、自我发展和自我更新的方法与能力，是十分重要的。对其意义和作用，我们可从下面几点来认识。

首先，教师首先是一名学习者，是知识经济时代的要求。知识经济社会从本质上讲是一种学习型的社会，教师的职责和任务决定了教师这一特殊的群体应该成为学习型社会中的学习化个人的典范。因为随着社会和科学技术的飞速发展，知识量在急剧增加，知识更新的周期也在不断缩短，新的发明、发现和创造不断涌现，如不加强学习，作为一名教师是很难履行自己的职责的。

其次，教师首先是一名学习者，与终身教育思想的影响有关。终身教育是当代很有影响的一个教育主张和理论，它强调把教育和学习贯穿于人生发展的始终，即活到老、学到老。在终身教育的社会背景下，教师更不能例外。

最后，教师首先是一名学习者，是认识受教育者身心发展性质和特点的需要。当前，受教育者的身心发展呈现了许多新特点，他们的发展更加多样化、多元化和个性化，并且新的教育理论和思想也在不断产生。认识受教育者的身心发展特点和掌握现代教育思想也就决定了教师必须强化学习者的角色观念。

（四）转变之四：由“课程的执行者和传递者”转变为“课程的建设者和开发者”

在过去，与我国高度集权的教育管理体制相一致，我国课程管理和开发的权力也高度集中和统一，全国基本上是实行一级课程管理制度，只有国家课程，而没有什么地方课程和学校课程。在这种课程管理体制下，学校和教师都成为消极被动的国家课程政策的执行者、课程权力的服从者和课程内容的传递者。这种状况也在很大程度上造成了我国广大学校和教师的课程意识淡薄和课程管理、开发能力的缺失。当前，在基础教育新课程改革的过程中，我国课程管理制度发生了很大的变革，最直接的一个标志就是实行三级课程管理制度。地方课程特别是校本课程的存在与开发在客观上要求学校和教师都要成为课程管理和开发的主体，这十分有助于培育学校和教师的课程意识，提高他们开发和管理课程的能力。另外，课程资源的意识及课程资源的开发等也是这次教育教学改革十分强调的一个重要问题，这也要求广大教师成为课程的建设者和开发者。

（五）转变之五：由“教书匠”转变为“教育教学研究者”

长期以来，在我国，无论教育理论还是教育实践，都把教师特别是中小学教师定位于知识的传授者，认为中小学教师的职责和主要任务就是把人类长期以来积累的知识经验传授给学生，从而实现科学知识的再生产，而教育科研则与中小学教师无关。一些中小学教师也形成了对教育科研的一些模糊认识。这些观念阻碍了教师成为研究者，也导致长期以来他们只是教育科研的旁观者和教育科研成果的消费者，久而久之，教师也就成了“教书匠”。“教师即研究者”是当今世界上十分流行的教育口号，也是促进教师专业化发展的重要途径。以研究和探索的态度来对待自己早已习惯了的教育教学工作，应该成为广大教师的一种新的工作方式甚至是生活方式。当前，要让教师成为研究者，应着重解决以下问题：

首先，要让教师认识到把教学和研究结合起来，使自己成为研究者的意义和作用。苏霍姆林斯基早就指出：“想让教师的劳动能够给教师带来一些乐趣，使天天上课不至于变成一种单调乏味的义务，就应该引导每一位教师走上研究这条幸福的道路上来。”有人也把教师从事教育科研的意义概括为以下几个方面：“（1）从事教育科研是提升教师教育教学基本素质的客观要求；（2）从事教育科研是提高学校教育教学质量的有效途径；（3）从事教育科研是促进教师专业化发展的必由之路；（4）从事教育科研是培养教育专家型教师的客观需要；（5）从事教育科研是激发中小学教师工作热情和内驱力的重要源泉；（6）从事教育科研是名师们的共同特征；（7）从事教育科研是培养学生创新精神和创新能力的必然要求；（8）从事教育科研能有效地促进教育科学理论的发展；（9）从事教育科研也是当前基础教育新课程改革的需要，等等。”① 其次，还要让教师认识到自己从事教育科研的优势。教师与其他教育科研人员相比较，他们具有从事教育科研独特的有利条件和优越性。教师几乎天天都在从事教育实践工作，他们对教育问题的反应比较敏锐，发现教育中存在的问题比较迅速，对所发现的教育问题的体会也比较深刻。在他们丰富的教育教学经历和经验中蕴藏着许多教育科研的素材和课题，其中也孕育着无数新的教育理论的生长点。所以国外一些学者认为，由教师来研究和改革自己的教育实践是教育改革最直接、最适切的方式。外来的研究者对教育的现实情景往往缺乏深入的了解，他们的研究往往不能抓住问题的关键，得不到教师的认同。因此，我们认为教师处于教育教学研究的最佳位置，他们拥有最佳的研究素材和机会。这种研究的有利条件是其他任何教育科研人员都难以比拟的。

（六）转变之六：由“学校型的教师”转变为“社区型的教师”

在过去，学校常常被称为“象牙塔”，它的意思是学校的教育教学和管理与社会没有多大的联系，学校往往是在一个相对封闭的环境中开展培养人的活动。这时候教师工作和生活的时间和空间也基本上局限在学校的范围内，属于典型的“学校型的教师”。而新课程改革在客观上要求加强学校和社区的联系，实现学校教育的社区化和社区的学校化。一方面，通过加强与社区的联系，培养社会所需要的人才；另一方面，从社区中获取更多的教育和课程资源，加强学校教育的力量。加强学校与社区的联系必然要求教师由过去“学校型的教师”转变成为“社区型的教师”。

以上我们分析了在现代社会教师应具备的几种重要的角色观念。其实，在社会生活和教育教学实践中，教师扮演的角色远不止以上六个方面，对教师的现代职业角色及其转变这一问题还有待于我们进一步进行研究和探索。

视点2：教学过程中的几个热点问题

当前，教学过程中的几个问题引起了人们的关注和重视。以下我们着重分析这些热点问题。

① 辉进宇，褚远辉．中小学教师从事教育科研价值的再认识［J］．今日教育，2006（10）：26－27.

一、从教学工作的性质与特点看教师的“职业倦怠”[①]

当前，教师尤其是中小学教师的职业倦怠问题开始引起了人们的关注。职业倦怠原本是心理学中的一个概念，它主要是指“人对所从事的工作缺乏兴趣，却又不得不为之时，就会感到厌烦，产生一种身心俱惫的心理状态，导致自身潜能难以充分发挥，工作能力和工作绩效下降，这种状态就是职业倦怠”[②]。而教师的职业倦怠则是指“教师长期工作在压力的情境下，在情绪、认知、行为等方面表现出精疲力竭、麻木不仁的高度精神疲劳和紧张状态”[③]。教师的职业倦怠主要有三个方面的表现：一是职业情感枯竭。即他们逐渐对自己的教学工作和教学对象失去了兴趣和热情。二是去人格化。即他们对教学工作，尤其是对作为教学对象的学生持冷漠、忽视和漠然的态度，更没有把学生作为一个具有极大发展潜力、丰富思想感情、巨大主观能动性和创造性的人来看待。三是非胜任感和低成就感。即产生了自己不能胜任教师工作的主观认知，并且感到从事教师工作也不能给自己带来成就感和心理上的满足等。不少社会调查和研究的结果表明，教师、医生和律师等都是容易产生职业倦怠的社会职业之一，主要原因就在于这些职业要求高、压力大和工作繁重。在当前基础教育新课程改革和大力提高教师素质、促进教师专业化发展的大背景下，教师的职业倦怠问题进入了人们的研究视阈。我们认为，造成教师产生职业倦怠的原因是复杂多样的。其中既有外在的因素（外源性因素），又有内在的因素（内源性因素）；同时，这两种因素又是相互交织在一起的，有时很难把它们截然分开。在这里，我们主要是从教师教学工作的性质和特点（内源性因素）出发，具体探究这些性质和特点与教师职业倦怠之间的关系，并在这个基础上提出了解决这一问题的思路和措施。对这一问题，我们主要从以下三个方面进行研究。

（一）问题及研究的缘起：教育理论与具体教育实践之间的悖论

研究教师的职业倦怠有一个前设问题判断：从事教师职业是幸福的，还是不幸福的？教师职业到底能不能给从业者带来幸福、快乐、满足感、愉悦感、成就感和自我实现感等良性的情感体验与感受？尽管我们可以从不同的方面和维度来寻找这一问题的答案，但在这里，我们主要以教师的教学工作为例来分析这一

---

① 褚远辉，等．从教学工作的性质和特点看教师的“职业倦怠”［J］．课程 教材 教法，2010（1）：103－107.

② 冉祥华．谈教师的职业倦怠［J］．教育研究与实验，1995（1）：37－41.

③ 郭建．刍议教师的职业倦怠［J］．陕西师范大学学报（哲学社会科学版），2006（3）：280－281.

问题。

长期以来，我们对教师的教学工作有两个基本判断：教学是一门科学；教学是一门艺术。从理论上讲，无论教学是一门科学还是一门艺术，都意味着在其内部存在着诸多未知的领域，蕴涵着巨大的探索和创造的空间，并且都对作为教学实施主体的教师提出了充分发挥主体性、能动性和创造性的内在要求。而一个从事充满不确定性、创造性和挑战性工作领域的人，在实际从事这项工作的过程中应该能够获得极大的心理满足和成就感，并由此激发出从事该项工作的更大热情。但从教师的实际生活境遇和教学工作来看，现实中的情况却并非总是如此。比如，教师的职业倦怠就是其中的一个具体例子。

这样，问题就出现了。一方面，从理论上讲，从事具有科学性和艺术性双重性质和特点的教学工作应该能够使教师在工作中得到一种极大的心理满足，更加激发出教师探索和创造的激情，并由此源源不断地产生工作的内驱力；但另一方面，在现实生活中，一些教师却在从事教学工作的过程中，对教学工作产生了一种厌倦感。并且随着教龄的增加和教学经验的丰富，这种厌倦感还有逐渐加重的趋势。这种消极的心理体验降低了他们的工作与生活质量，也为教师的教学工作描绘了一道灰色的职业背景。那么，为什么会出现这种教育理论与教育实践不一致甚至是相互矛盾的现象呢？出现这种相悖现象的原因何在呢？无疑，这些问题都值得我们进一步去研究和探索。

在过去，我们主要把产生教师职业倦怠的原因归结为以下三个方面：一是教师主要从事的是培养人的工作，影响和促进学生身心发展这一工作的性质和特点决定了教师职业的社会意义和社会责任重大，相应的，社会对教师的职业精神、业务素质和责任心等提出了很高的要求。一些教师感到自身素质与社会的要求和期望不一致，产生了对教师职业的不胜任感，并演变为对教师职业的厌倦感和倦怠。二是教师职业的任务复杂、繁重，一些教师感到不堪重负。三是当前社会上的一些消极因素对教师职业的影响和冲击较大，加之目前教师职业的实际社会声望并不高、教师的经济地位和社会地位还有待于进一步提高和改善等。所有这些因素造成了部分教师对教师职业缺乏认同感和成就感，于是对教师职业产生了厌倦感。这三个方面归纳起来，其实都是造成教师产生职业倦怠的外源性因素。应该讲，这些因素的确与教师的职业倦怠有关，但它远远不是造成教师职业倦怠的全部原因。这也促使我们改变传统的归因方式，寻找造成教师职业倦怠的其他原因。

而当我们把注意力转移到教师的教学工作本身时，我们发现教学工作的某些性质和特点在客观上造成了教师的职业倦怠，我们可以把这些因素概括为导致教师职业倦怠的内源性因素。也正是由于这些内源性因素的存在，造成了上述教育理论与教育实践之间的悖论。由此，也引发了我们在这里所要讨论和研究的主要问题：从教师教学工作的性质和特点出发研究教师的职业倦怠问题。

（二）教师职业倦怠的产生：从教学工作性质与特点的视角

在我国，几乎所有版本的教育学和各类教育理论专著在讲到教师教学工作的性质和特点时都指出，教师的教学是一项创造性极强的工作。教师教学工作的每一个环节都充满了创造性，并且都对教师充分发挥能动性和创造性提出了很高的要求。事实也的确如此。比如，从讲授的内容来看，教师教学的内容永远是一个动态和发展的范畴，它要求教师站在学科发展的前沿，不断学习和掌握人类科学、技术与学术的最新研究成果，并在此基础上更新自己的知识结构与能力结构。从这个意义上讲，教师应该成为一名终身的学习者和学习化个人的典范；从教师教学的对象来看，作为教师教学对象的学生更是一个独特的个体，在他们身上充满了个体性、能动性、创造性和发展性等特点。这也就要求教师必须采用个性化（而不是模式化）的教育教学方式，对学生因材施教，以保证教育教学工作的科学性和有效性。如此等等，不一而足。所有这些，都体现了教师教学工作的创造性表征，都说明了教师必须在教学中充分发挥创造性，同时也都为教师探索和创造欲望的满足以及成就感的获取提供了巨大的空间与可能性。然而，教学工作本身的性质、特点、内部因素及结构等却远非这样单一和简单，它具有多重性的特点。与教学的创造性并行甚至相悖的却是教学的非生产性（或者说是再生产性）、教学的周期循环性、教学效果显现的延时性和教学方式的个体性等。这些性质和特点又使教师的教学工作具有一定模式化、机械化、重复性和低成就性等方面的痕迹与成分，并在一定程度上引发和助长了教师的职业倦怠。

1. 从“教学中知识的非生产性”看教师的职业倦怠

教学作为人类在长期社会实践活动中产生的一种严密组织起来的最有效的传递知识、促进学生发展的活动形式，它的一个重要任务就是把人类千百年来发现、发明、积累和流传下来的知识经验传递给学生，并在这个过程中把学生的个体认识提高到社会认识的高度，实现学生个体的社会化和个性化，最终达到培养社会所需要的人才的目的。这个过程就其主要方面来讲，更多的是一种知识再生产的过程，而非生产和创造新知识的过程。这就是教学中知识的非生产性。以传递知识为本位的传统教学更是把教学的这一性质、特点和任务发挥到了极致。它的直接后果就是把学生的科学世界和生活世界相分离，把本应丰富多彩，充满个性化、人文性和创造性，并具有多重性质和任务的教学过程退化为一种教师传授既有知识和学生学习掌握既有知识的简单的模式化过程。传统教学虽然在很大程度上提高了知识授受的质量和效率，但毋庸讳言，传统教学对知识再生产性职能的过度放大却从源头和过程两个方面抑制了教师教学的创新性。而当一个人长期从事一项如此性质和特点的工作时，由于求知、探索和创造等高层次的心理需要得不到满足，成就感缺失，他在心理上难免就会对这项工作产生厌倦感。

2. 从“教学的周期循环性”看教师的职业倦怠

教师的教学工作具有周期循环性的特点，这是教师教学工作的一个固有的外在特征。在基础教育阶段，教学工作的周期循环性主要有两个方面的含义：一方面的含义是教师教学阶段的周期循环性。如除了某些学科和课程外，一般来讲，一名小学教师总是从一年级教到六年级，然后再从一年级教到六年级；一名初中教师总是从初一教到初三，然后再从初一教到初三；一名高中教师也总是从高一教到高三，然后再从高一教到高三。另一方面的含义就是教师所教学科和课程的固定性和周期循环性。如承担某一门学科和课程教学的教师一般来讲也总是固定在这门学科和课程上，周而复始不断循环地从事该门学科和课程的教学。在这个过程中，如果一名教师的教学不能在这种周期性循环和更替之中得到升华和完善的话，那么，这种在低层次循环的工作性质和特点也很容易使教师对教学工作产生倦怠。特别是在一些中、老年教师身上，由于教学的长期性和周期循环性而导致的职业倦怠表现得更突出和典型一些。

3. 从“教学成果显现的延时性和间接性”看教师的职业倦怠

教师教学工作的成果主要表现为学生的进步和发展。无论是学生整个身心的发展，还是每一具体方面的发展（如知识的掌握、技能的形成、良好品德的培育、不良品德的修正、良好行为的养成和不良行为的矫正等）都是一个长期和复杂的过程，都需要教师付出巨大、艰辛的努力；加之教师教学效果的显现还具有延时性和间接性等特点。即一方面，教师教学的成果只有通过学生及其发展这个中介才能反映出来；另一方面，教师教学的成果还很难及时显现出来，而只有当学生毕业进入社会后，并为社会作出成绩和贡献时，教师教学的效果才逐渐体现出来。这些就是教师教学效果显现的长时性、间接性、延迟性和滞后性特点。这种工作状态和特点也很容易使教师产生付出和回报不成比例的主观认知。由于教师很难从教学中得到即时性的成绩反馈，这就阻碍了教师教学成就感的产生和引发了教师的职业倦怠。

4. 从“教学方式的个体性”看教师的职业倦怠

从劳动成果（即学生的发展）来看，教师的教学工作无疑具有集体性的特点，它既是教师集体共同努力的结果，也是教师协调家庭和社会影响、形成教育合力的结果。但从具体的教学方式来看，教师的教学工作又具有鲜明的个体性特点。无论是备课、上课、批改作业，还是对学生的辅导，教师都主要是以个体的方式来进行的。这一性质和特点使教师在教学过程中缺乏与同事和外界之间充分的人际交往和沟通，引发了教师在教学中的“职业孤独感”。这也是造成教师产生职业倦怠的一个重要因素。

（三）教师职业倦怠的消解：思路与措施

教学工作的某些性质和特点是造成教师产生职业倦怠的重要原因，而对于这些因素，我们过去在一定程度上忽视了。因此，克服教师的职业倦怠的问题就需要我们有新的思路和措施。从教学工作本身的性质和特点出发，我们认为以下设想和措施对消解教师的职业倦怠是重要和必要的。

1. 还原教学工作的应然状态，激发教师对教学工作的兴趣和热情

固然，教学工作的某些性质和特点是教师产生职业倦怠的诱因之一，但我们认为这些因素并不具有根本性和不可解决性。事实上，现实教学工作中的偏差在很大程度上加剧了教师的职业倦怠；或者说，这些偏差才是造成教师产生职业倦怠的根本原因。在这里，我们不能不提的就是传统应试教育的影响。由于受历史文化传统和现实等诸多因素的影响，我国基础教育中应试的成分和色彩比较浓厚，这也就是大家经常说的应试教育。在长期应试教育的消极影响下，一些教师习惯并满足于应试教育的一整套机械操作和训练，最终把本应丰富多彩，充满创造性、探索性，并能给教师带来极大乐趣的教学过程退化为一种单调、简单、机械、枯燥乏味的模式化劳动。在应试教育的背景下，教师教学中的创造性成分较少，程式化成分较多；探索性成分较少，重复性成分较多；继承性成分较多，发展和创造性成分较少；预设性成分较多，生成和随机性成分较少等。从这个意义上讲，正是应试教育异化了教师的教学工作，反而使教学工作成为阻碍教师专业成长和使教师产生职业倦怠的一个外部因素。因此，转变传统应试教育，全面实施素质教育，还原教师教学工作的应然属性和状态，这对激发教师教学工作的热情和激情，进而克服教师的职业倦怠就具有根本性的意义和作用了。

2. 增加教师教学工作中的“研究”元素，满足教师创造和探索的心理需求

在我国，长期以来无论教育理论还是教育实践都把中小学教师的职业角色定位于知识的传授者，认为中小学教师的主要职责和任务就是把书本上的知识传授给学生。受这种传统教育思想观念的影响，一些中小学教师把这种以“述而不作”为主要特征的工作方式固定化，久而久之就成了“教书匠”。这种教学的惯性使一些教师产生了教学的惰性和倦怠。针对这一问题，在教师教学工作中增添“研究”的元素，并让他们以研究和探索的态度来对待自己早已熟悉和习惯化了的教学工作，这对消解他们的职业倦怠就具有特殊的意义和价值了。这是因为，让教师把教学与研究结合起来，就是要求他们把自己在教育教学中遇到的问题和困惑作为研究的课题，通过研究来解决这些问题，促进教育教学顺利进行，并达到提升教育教学层次和水平的目的；反过来，教师在研究中所取得的成果又会成为一种巨大的激励，使教师获得极大的心理上的满足，并由此产生干事业的成就感和满足感。同时，教师在研究和学习的基础上，教育思想观念得到了更新，不

断生发出一些新的教学思维、方式和行为等。所有这些都会使教师充分体会到教学中的创造乐趣，使广大教师产生常教常新的体验，感受到教学与研究带给他们的双重乐趣，进而在一个更高的层次上消解教师的职业倦怠。

3. 树立教学改革的意识，鼓励教师探索教学的规律

教学内容的相对稳定性和教学的周期循环性，加之传统应试教育的消极影响，在客观上容易使教师的教学工作固定化、程式化和模式化，进而使教师产生教学的惯性、惰性和倦怠感等。针对这一问题，帮助教师在教学过程中树立改革的思想和意识就十分重要。我们认为，让教师从事教学改革是化解他们职业倦怠的一剂良方。具体理由如下：（1）从形式来看，教学改革本身就是一个求新和求变的过程，改变教学的现状是教学改革的题中应有之义。而这一特点无疑有助于消解教师的教学惰性和职业倦怠。（2）从内在要求来看，开展教学改革在客观上要求确立教师在教学过程中的主体地位，并充分发挥教师的主观能动性和创造性。应该讲，这对克服教师的职业倦怠具有根本性的作用。（3）从结果来看，通过教学改革，教师在探索教学规律的基础上提高了教学的质量和效果，体验到了事业成功的成就感和满足感。这也是化解教师职业倦怠的重要力量。

4. 构建教学工作的过程激励机制，诱发教师的职业成就感

针对教师教学成果显现的延时性和滞后性，以及由此带来的教师职业成就感缺失这一问题和弊端，解决这一问题的关键就是要使教师教学工作中的即时反馈通道畅通，尤其是要构建教师教学的过程激励机制。这种激励机制主要有以下要点：一是要增加教师工作中的激励性因素，激发他们从事教学工作的积极性；二是可以尝试性地设置一些阶段性和单项性的奖励项目，让教师能及时了解和感受到自己教学的进步与成绩；三是通过在教学过程中教与学的相互促进，让教师与学生分享共同学习、共同提高和共同发展的喜悦。通过这些措施，让广大教师充分认识到教师职业的社会价值，并使他们由衷地产生职业的自豪感。

总之，教师的职业倦怠是一个不容忽视的问题。在当前，这一问题的凸现与教学工作的某些性质和特点有关，更与当前教学过程中出现的某些偏差有关。从教学工作的性质和特点分析教师的职业倦怠，为我们认识这一问题提供了一个新的视角，也有助于我们更科学和有效地解决教师的职业倦怠问题。

二、论教师的教学惰性①

教师的任务是教书育人，他们在人类社会的发展中起着承上启下的重要作用。教师的职责主要是通过教学这一基本途径来完成的。因此，教学工作质量的

① 褚远辉．试论教师的教学惰性［J］．大理师专学报，1998（1）：41－43.

高低、优劣和好坏对教师职能的实现起着至关重要的作用。教学不仅是一门科学，更是一门艺术，这是人们对教师教学工作特点的两点基本认识。既然教学是一门艺术，它也说明了教学工作是一项充满乐趣、富有创造性的活动。然而，我们看到教学工作这一特点的同时，也不能忽视在现实生活中，在部分教师的教学中，却存在着一种与此相左的现象，他们对教学没兴趣，视教学为负担，对教学工作的改进无追求，教学内容的讲授和教学方法的运用多年不变，其教学水平始终停留在一种低层次的简单循环往复上。这种应付式的教学方式我们可称之为教师在教学上的惰性。这种现象在中小学教师和高校教师中都存在，高校教师表现得更突出一些。

（一）教师教学惰性的表现

教学惰性的表现可谓多种多样。如在备课上，有的教师多年一直沿用刚当教师时写的教案，他们不认真备课，对教材内容缺乏钻研，也没有把本门学科最新的研究成果和研究动态补充到教案中去。他们备课本上的内容极少更新、多年不变，处于一种超稳定的状态。即便有的学校要求教师每学年，甚至每学期都必须重新备课、写教案，但这些教师也不过是在备课上走走形式，应付了事。这种一劳永逸、敷衍塞责的备课方式，我们可称之为教师在备课和钻研教材上的惰性表现。在课堂教学上，有的老师不善于、也不屑于学习其他教师好的教学经验。由于受备课中的惰性的影响，他们在课堂上讲授的内容是周而复始、机械重复、毫无新意和变化。更有一些教师不备课就走上讲台，他们对所讲内容心里没底，又缺乏讲课的心理准备，于是他们课堂教学的结构松散，语言讲授中所包含的信息量太少，课堂教学内容中的容量有限，一堂课充斥着废话、套话、空话和与教学内容不相干的故事，他们在课堂教学中的“拖沓”现象严重。从教学方法来看，他们的教学语言平淡，教学方式、方法呆板，教学模式简单划一。这种状况长期如此，不求改进。学生对这种课堂教学深恶痛绝、反应强烈。这可谓课堂教学中的惰性表现。在学生作业的布置和批改上，有的教师只布置作业，不批改作业；有的教师即便批改作业，也是马马虎虎，大而划之；有的教师干脆不布置作业。这样，他们就不能从学生的作业中发现问题，这也使他们对教学工作的改进失去了一条重要的反馈信息。这是教师在学生作业布置和批改上的惰性表现。在学生学业成绩的检查和评定上，有的教师长期沿用单一的检测方式，甚至有的教师懒得动脑筋出题，干脆把高一年级学生考试的试卷稍加变换即用于低一年级学生的考试。他们对学生的试卷也不认真批阅，随便给学生一个分数了事。这是教师在对学生学业成绩检查和评定上的惰性表现。如此等等，不一而足。教师在教学中的上述惰性表现虽不具有普遍性，但它确实又在少数教师身上客观存在。教师在教学中的惰性既是部分教师职业素质较低的表现；同时，它又使教学工作成为一种单调、枯燥乏味、重复的活动。更重要的是，它影响了课堂教学的效率，降低了学校教学工作的质量，对教育事业的危害可谓大矣。

（二）造成教师产生教学惰性的原因分析

上面我们简单列举了教师教学惰性的几种表现。那么，造成教师这种惰性的原因是什么呢？我们认为，造成教师产生教学惰性的原因是复杂多样的，其中既有主观的原因，又有客观的原因。另外，它也与教学工作的一些特点有关。对此简单分析如下。

1. 教学惰性的产生与当前部分教师职业素质下降有关

我们认为，教学惰性的产生与当前部分教师职业素质的下降有直接的关系。当前，我国正处于经济体制转轨时期，市场经济的建立对教师的职业素质尤其是职业道德素质提出了新的更高的要求。然而，由于受市场经济的负面影响和逐利性的驱动，一些教师忍受不了教师职业的清苦、寂寞和劳累，纷纷“下海”、“跳槽”或从事“第二职业”。他们缺乏敬业精神，教书育人的意识淡漠，千方百计追逐物质利益，把主要的时间和精力放在第二职业的创收上，对教学马虎应付，不愿认真备课，更无心提高自己的业务水平。一些没有能力从事第二职业的教师也是得过且过，不思进取，昏昏然地在满腹牢骚中消磨时光。这种状况的必然结果是教师职业素质下降，而教师教学中的惰性只不过是其中的一种表现而已。

2. 教学惰性的产生与政策舆论的误导有关

当前一些学校在制定政策上的失误，也使部分教师在教学上容易产生惰性。现在，不少学校，特别是高等学校很重视教师的科研工作，而对教师的教学则相对忽视了。很多高校在教师晋职、晋升、评奖及工作量的统计中都把教师科研成果的数量和质量作为一条很重要的，甚至是唯一的指标，而教学却是可有可无、无足轻重的，最多起着一种辅助性的作用。加之科研成果是显性的，便于评价；而教学成果的特点决定了它是潜在的、模糊的，它不仅不便于检验和评价，而且还具有长时性和间接性的特点，即它只能在一个比较长的时间以后通过教育的对象（学生）反映出来。前段时间报纸上曾披露了这样一件事：复旦大学的一些教师在教学上狠下工夫，教学效果好，所授学科很受学生欢迎，并在各级优秀教学成果评选中获奖，但由于他们把主要时间和精力都放在教学上，科研上的成果较少，结果在职称评聘中名落孙山。这样的事情在其他高校中同样存在，并且具有一定的普遍性。在大家看来，科研是硬指标，而教学却是软指标。这种政策和舆论上的误导造成了部分教师重科研轻教学。在教学过程中出现上述惰性表现也就不奇怪了。在这里，笔者并非认为教学和科研是矛盾的，也并不是主张教师可以不从事科研；相反，我们认为，现在应该强化教师的科研意识和能力。但是，我们也不能矫枉过正。如何正确处理好教学和科研两者之间的关系，的确值得我们思考。因为在现实生活中，一部分教师因获取声名、地位和评聘职称等的需要，把全部精力都投到科研中去，忙于写所谓的专著、论文，而无暇顾及教学，从而造成教学和科研脱节和相互矛盾，这种现象并不少见。

3. 教学惰性的产生与教学工作的一些特点相关

教师教学惰性的产生也有一些客观的原因。如教学工作的一些特点也容易使教师在教学中产生惰性。这些特点主要表现在三个方面：

（1）从教学内容上看。教师，尤其是中小学教师，他们的主要任务是把人类长期积累起来的知识经验传授给学生，使学生的个体认识达到社会认识的高度，从而实现学生个体的社会化。这就是说，教师的主要任务是实现科学文化知识的再生产，而非生产新的科学文化知识。加之，中小学的教材一般都比较稳定，在一个比较长的时间内都不会发生太大的变化，一些教师经过几次循环的教学后，自认为对教材内容很熟悉了，并有一种“驾轻就熟”的错觉。而另一方面，相当一部分中小学教师又缺乏从事教材研究的意识和能力，这就容易使他们在备课和内容讲授中养成一种周而复始的惰性。

（2）从教师教学过程的阶段看。中小学教师的教学阶段具有一种周期循环性的特点。他们的教学总是一个周期接一个周期循环往复地进行。有的教师的教学不是在周期性更替中完善和升华，而仅仅是停留在一种简单的、低层次的回复上。教学阶段周期性更替的这种特点也容易导致部分教师在教学上产生惰性。

（3）从教学效果及其评价上看。由于教学效果的显现具有长时性、潜在性、间接性及多因素制约性等特点（有些人把这些特点称为教学的“匿名性”），加上目前教学效果评价指标体系具有模糊性和不科学性，这也助长了部分教师在教学上产生惰性。在我国历史上，教师曾被称为“教书匠”，尽管这是对教师工作的错误认识，但它也从一个侧面反映了教师教学工作的某些特点。另外，不容我们忽视的是，现在仍有不少学校受传统应试教育思想的束缚，教师为考试而教，学生为升学而学，使本应丰富多彩、富有创造性的教学工作被割裂为一种划一、机械、乏味的应试教育模式。长此以往，一些教师不堪重负，对这种教学方式逐渐产生厌倦感，遂产生了教学中的上述惰性表现。

教学惰性的危害性决定了解决这个问题应该成为学校工作的一个重要方面。尽管造成教学惰性原因的复杂多样性给这个问题的解决带来了一定的难度，但这并不意味着我们在这个问题上就无能为力。我们认为，在学校工作中，可通过下面的一些方法和措施来解决这个问题。

（三）解决教学惰性问题的措施

1. 建立健全教师教学工作的外部监督机制

教师教学惰性产生的最直接、最根本的原因是教师职业素质，特别是职业道德素质的下降。在当前经济体制转轨时期，由于受市场经济的负面影响，这种状况显得尤其突出。因此，在这种情况下，克服教师教学惰性最根本的途径是加强以师德为本的教师职业素质建设，让每个教师都清楚地认识到教书育人是自己义不容辞的职责，并强化教师的敬业精神。另外，每所学校要针对教师教学工作的现状，制定出一些符合本校特点的、科学的教学规章制度。如要求教师每学年、每学期必须重新备课、写教案；建立听课制度，校领导和教务处要经常深入教学第一线，随机听课，抽查；完善教学效果评价的指标体系，科学地奖优罚劣。

2. 制定向教学倾斜的各种政策，发挥政策舆论正确的导向作用

各级各类学校，特别是高等学校要改变过去教学和科研一手软、一手硬的状况，制定各种政策，鼓励教师从事教学工作及其研究，把教师的教学能力和教学成果作为考评教师，认定教师资格，调资、评聘职称、晋升等的重要条件，把教师在教学工作中取得的成绩与科研成果同等看待。现在有的学校在教师考评和评职称等方面实行“教学一票否决制”，有的学校把教师队伍适当分流，分别认定教学骨干和科研骨干，两支队伍享受同等待遇等。这些措施对鼓励教师积极从事教学工作、克服教学上的惰性起了正确的导向作用。另外，各学校还应制定相应的政策和措施，解决教学和科研脱节和矛盾的状况，使教学和科研统一起来；通过科研促进教学，通过教学发现和提出科研的课题，从而使教学和科研走上相互促进的良性发展轨道。

3. 积极鼓励教师从事教学研究，培养“科研型”的教师队伍

前面我们指出了教师在教学上的惰性与教学工作的某些特点（如教学内容的再生产性、稳定性及教学阶段的周期循环性等）有关，这种“述而不作”的工作方式是导致产生教学惰性的客观原因。同时，教学和科研的相互脱节和矛盾，以及人们对教学和科研的不平等态度也是造成教师产生教学惰性的重要原因。然而，在这里我们仍然认为，要从根本上解决这个问题，应引导教师在教学工作中积极从事科研、教研活动。教师只有从事教学研究，才能对教学工作的复杂性和创造性产生更真切的认识，并在其中摸索出教学的规律和适合学生特点的教学方法，从而更好地完成培养人才的历史使命；教师只有从事教学研究，才能最大限度地发挥自己的创造才能。因为人只有在需要创造的劳动中才能得到真正的满足。同样，不进行教学研究的教师，是不可能真正尝到当教师的乐趣，并成为真正出色的教师的；教师也只有从事教学研究，才能从教学研究的成果中获得一种干事业的成就感和满足感，而这种情感体验能有效地克服教学上的惰性。在对一

些教学成绩卓著的优秀教师事迹的分析中，我们发现，他们除了都有强烈的敬业精神外，把教学和科研结合起来也是他们共同的特点。他们把在教学中发现的问题作为科研的课题，并以科研来促进教学，在教学上不断追求、不断完善，结果取得了显著的成绩，他们也充分体验到了作为一名教师的乐趣和满足。如我国一位中学教育工作者深有体会地说："为什么同样是教书，斯霞、于漪、钱梦龙、欧阳黛娜等许多优秀教师感觉幸福、快乐，充满新奇感，工作充满了创造性，重要原因之一，在于他们总是从科学研究的角度看待教育教学工作。"① 教育、教学、科研成了他们精神生活的一部分。长期坚持教育科研取得的成效是对教师的"奖赏"，它进一步提高了教师对教育科研的兴趣，使教师更加热爱教育工作。相反，一些教师科研意识较弱，科研能力不强，他们的教学一直停留在"教书匠"的水平上，只有继承，没有发展；只有传授，没有创造。长期如此，难免对教学工作产生枯燥、厌烦、机械、重复的感受，从而产生教学上的惰性。因此，让教师参与到教学研究中去，培养"科研型"的新型教师，无疑对教学惰性这一问题的解决具有十分重要的意义。

三、"个性化备课"的含义、意义与实施要点②

备课是教师教学工作的起点和重要环节。教师要想上好课，首先就得备好课；同时，备课又是教师的一项教学基本技能，是教师教学素质的一个集中体现。如此，备课及备好课对教师教学工作的重要性就不言而喻了。关于教师备课的方式或形式，当前主要有两种观点和做法：一种是倡导教师集体进行备课。这种观点认为，通过教师之间在备课过程中的经验交流与分享，可以达到取长补短和提高备课质量的目的。另一种则主张教师备课的个体化和个性化。这种观点以教师的备课具有不可替代性为由，主张教师主要应该以个体的方式进行备课，并在备课的具体内容、方式和形式等方面充分体现自身的个性和独特性。应该讲，这两种备课理念和方式各有优缺点。对于集体备课，在我国中小学中的运用已经十分普遍，大家都很熟悉了。相对来讲，对个性化备课的理念和具体做法还比较陌生。在这里，我们主要从"含义"、"意义"和"实施要点"三个方面谈一谈个性化备课。

（一）个性化备课的含义

所谓个性化备课，是指能够充分反映教师个体的教学风格、教学优势、教学

① 魏书生．引导教师进行教育科研［N］．中国教育报，1991－06－06.

② 褚远辉，等．个性化备课：含义、意义与实施要点［J］．中小学教师培训，2009（4）：16－18.

个性、教学经验以及个性心理特征与倾向性，并能充分体现其创造性备课成果的一种备课理念和方式。个性化备课主要有以下几个方面的特点：

一是从外在组织形式来看，个性化备课主要是教师以个体的方式来进行的。这就把个性化备课与传统的集体备课区分开了。

二是从具体内容和精神实质来看，个性化备课强调的是教师在备课中的个性、主体性、独特性、能动性和创造性等的充分发挥。这就把个性化备课与传统的模式化和形式化的备课区别开了。

三是个性化备课强调教师在备课内容、形式和方法等方面的多元化和多样化。

四是个性化备课既是一种备课理念上的变革，又是一种新的备课实践与操作，它与教师传统的备课方式有着质的区别。

总之，作为个性化备课，它的核心理念是不同的教师应该有不同的备课方式和形式；不同的教师即便是备同一教学内容，其撰写的具体教案也应该是有所差异的。

（二）实施个性化备课的意义和价值

为什么要开展和倡导教师的个性化备课呢？对这个问题的认识和回答实际上就涉及实施个性化备课的意义、价值及现实的针对性等。对此，我们的认识和理解如下。

1. 实施个性化备课具有很强的现实针对性

为了说明这个问题，我们列举以下两个案例：

案例 1　××学校规定了教师的集体备课制度。具体办法是担任同一年级同一学科教学的教师进行集体备课，并编制出一个供大家统一使用的模式化的教案，然后要求每位教师的教学都严格按照这个所谓的规范教案进行，不得越雷池半步，并且学校专门派出教学督导人员对教师执行教案的情况进行随机听课和检查。

案例 2　××学校把教师的备课作为整治教学秩序的一个切入点。他们的具体措施很多，其中的一个重要方面就是统一备课的内容、方式和格式，甚至主要是以教案的篇幅、字数和书写的规范程度等作为标准来评定教师备课的优劣等。

以上两个案例说明了当前一些中小学在备课上存在的突出问题就是把教师的备课模式化和形式化。这些做法完全使教师的备课成为一个被动的过程，并且压抑了教师在备课及教学活动中的主体性和创造性的真正发挥。而个性化备课正是针对模式化和形式化备课的这些弊端提出来的一种新的备课理念和行为，它的价值取向和精神实质是与传统模式化和形式化的备课相悖的。它倡导教师备课形式、内容、方法、时间和空间上的独特性与灵活性，它更注重充分发挥教师在备课和教学过程中的能动性和创造性。如此，在当前提出并强调实施个性化备课就具有很强的现实针对性了。

2. 实施个性化备课有助于保证教师备课的科学性和有效性

究竟怎样组织起来的备课才是一种真正有效的备课？是集体的、小组的，还是个体的？可能我们还很难根据备课的外在组织形式来判断和衡量备课有效与否这一问题。但是，教师的劳动方式具有鲜明的个体性特点。反映在教师的备课上，也同样如此。由于教师的备课具有不可替代性，这也就决定了教师主要是以个体的方式来进行备课的，教师的备课从本质上讲更多的应该属于一种个体性和个性化的活动。这是因为教师无论是对教学内容的钻研，对教学对象的了解，还是对教学方法的选择等都主要是以个体的方式来进行的，都离不开教师个体的主观认知和独立判断。因此，从这个意义上讲，个性化备课的方式是一种与教师教学工作性质和特点相适应的备课方式，采用个性化备课的方式有助于保证教师备课的科学性和有效性。

3. 实施个性化备课有助于超越备课常规，体现创造性备课的特质

在长期的教学理论研究和实践探索中，人们对备课形成了一些比较固定的程式化认识。如认为通过备课，教师主要应该制订出三种“教学进度计划”（即学期或学年教学进度计划、课题或单元教学进度计划和课时计划）；教师备课的具体内容主要是“三备”（即备教材、备学生和备教学方法）以及教师在备教材内容时应该达到三个层次的要求（第一层次是“懂”：弄懂教材的基本概念、基本原理、基本公式、基本定理，甚至是教材中的每一句话和每一个字；第二层次是“透”：透彻理解和掌握教材内容的结构以及重点、难点和关键，能够对教材内容运用自如；第三个层次是“化”：即把教师的思想感情与教材内容的科学性和思想性融合在一起，并最终达到“化”的境界）。如此等等，不一而足。所有这些都是备课的基本规范和对教师备课的基本要求。遵循这些规范和要求，有助于备课和教学质量的提高，同时也有助于提升教师的素质，促进其专业化发展。但与此同时，作为一种高层次和创造性的备课，仅仅依据这些基本规范还是不够的。具体地说，教师在备课时，一方面要遵循这些规范，另一方面还要突破和超越这些规范。也正是在这种背景和要求下，个性化备课应运而生了。

（三）个性化备课的实施要点

尽管实施个性化备课涉及的内容很多，但概括起来，它的实施要点主要有以下几个方面。

1. 备课要因教师自身的具体情况而异

教师是备课的主体和具体的实施者。开展个性化备课的一个重要方面就是要求备课要因教师自身的具体情况而异。其主要含义是指教师要以自身的教学个

性、教学风格、教学优势、教学经验、学习方式以及个性心理特征等为依据进行备课，不同的教师在备课的具体内容和方式上要体现出个体差异。这样做的目的是使每位教师都能寻找到适合自己的备课方式，并在备课上做到扬长避短。比如对于那些擅长记忆和理解的教师，可让他们通过多写教案的方式来进行备课，因为对这些教师来讲，动笔写的过程有助于他们对教材内容的记忆和理解；而对于那些擅长视觉记忆和理解的教师来讲，则更多的是应该让他们通过多看、多思考的方式来完成备课，而不是一味地要求他们必须要写出多少篇幅和内容的教案。因为对这一类型的教师而言，如果让他们在备课时多写教案，反而会影响他们对教材内容的记忆和理解，进而影响他们备课的质量和效率。又如，对刚入职的青年教师，必须对他们的备课提出严格的要求，让他们在备课中投入更多的时间和精力，并且要求他们在上课前一定要写出详细的教案；相反，对那些教学责任心和教学能力较强、教学经验丰富的骨干教师和学科带头人，则没有必要向他们提出上述硬性规定，有时只需要他们完成一个略案或讲稿即可。

2. 备课要因课程的性质和具体内容而异

钻研课程计划、课程标准和教科书是教师备课的重点和关键。作为个性化的备课，它要求教师的备课也应该因学科和课程的性质以及具体内容的不同而有所差异。其含义主要有两个方面：（1）允许不同学科和课程的教师采用不同的备课方式。尤其是对那些学科和课程性质差异较大的教师，更应该允许他们采用不同的备课方式，撰写内容和形式等都不相同的教案。如音、体、美科目的教师的备课方式和撰写的教案与其他学科的教师就可以有所不同；理科教师的备课方式和撰写的教案与文科教师的也可以不完全一样。（2）允许同一学科和课程的教师在备课时对教材内容的具体组织、呈现和讲授等方式有所差异。这是因为不同的教师由于其教学经验、教学能力、认知结构和学习方式等方面的差异，即便是钻研同一教材内容，他们的认识、理解和把握也有很大的不同。因为教师对教材内容的钻研是一个个性化理解和加工的过程，它实质上是教师对教材内容的二次加工和二次开发。钻研教材内容的过程就是要求教师学习和掌握教材内容，并对其进行创造性的加工和改造，最终使之转化成为自己的认知结构。由于各个方面的差异，不同的教师对同一教材内容的认识和理解必然是各不相同的。这种差异一方面要求教师要不断提高自身的素质，以求得对教材内容的深入理解和准确把握；另一方面，也为教师备教材内容中的创造性的发挥以及采用个性化的备课提供了很大的空间。它要求教师在备课时，尤其在对教材内容进行学习、加工和改造时，要充分发挥创造性，体现出个性风格。

3. 备课要因学生的具体情况而异

学生是教师教育和影响的对象，是教师备课和教学存在的客观依据。也只有研究和了解学生，才能增强教师备课的针对性、科学性和有效性。这样，了解和研究学生也是教师备课的一个重点和关键。学生集体的差异性和学生个体的独特性和多元化也在客观上要求教师必须采用个性化的备课方式。这样，作为个性化备课方式的另一个重要方面就是要求教师在备课时要充分考虑学生集体的基本情况和学生个体的特殊需要，并根据学生的具体情况在备课的内容和方式等方面有所不同。教师了解和研究学生主要有两个层面：其一就是要了解和掌握一个班级学生的基本情况。包括学生原有知识、技能的发展状况，他们的兴趣、需要和思想状况，他们的学习方法与习惯，他们的家庭背景和父母的教养态度，教育方法以及班级的班风、学风和舆论倾向等。其二就是要求教师走到学生中间，切实了解和掌握每一个学生的个别差异和特殊需要，即认真贯彻新课程改革所倡导的“以学论教”的教育理念。

4. 备课方式体现多元化和多样化

作为个性化的备课方式，它与其他备课方式最大的区别就体现在“个性化”一词上，它的核心就是每位教师都应该寻找和使用最适合自己的备课方式，并通过备课方式的适恰性来追求备课效果的最优化。如此，个性化备课的具体操作形式就应该是多样化和多元化的。如教师备课的时间和空间怎样安排，教师究竟采用什么样的形式和方式来进行备课（主要是以个体的方式来备课，还是以集体研讨的方式来备课；主要是以认知的方式来备课，还是以动手操作的方式来备课，抑或是把这两者有机地结合起来），则完全应该根据教师本人的认知风格、习惯化的行为方式、学生的具体情况以及当时的教育情景等来进行。因为个性化的备课与统一模式的备课方式以及形式主义的备课方式是不相容的，它强调的是教师备课方式的多元化和多样化，并且以多样性和多元化来体现教师备课中的创造性和独特个性等。当然，我们在这里所指的教师备课方式的多元化和多样化是在一定教学规范下的多元化和多样化，是指向一定教学目标的多元化和多样化。

总之，备课是教师教学过程的起始环节，是教师上好课、提高教学质量的前提和基础。作为一种新的备课理念和方式，个性化备课充分体现了教学的艺术性、创造性等本质特征和基础教育新课程改革的精神实质，值得倡导和推广。当然，由于个性化备课方式尚属新生事物，在具体教学过程中如何实施个性化备课还涉及许多问题。如在学校的实际工作中，个性化备课方式应该怎样进行具体操作以及如何对教师的个性化备课进行检查和评估等。所有这些问题都有待我们进一步的分析和研究，以此寻求个性化备课合理的理论解释和具体操作上的完善等。

四、中小学教师在教学反思中存在的问题及其对策①

教学反思是指教师在教学过程中以教育科学理论为指导，以对自身教学的过程和结果进行回顾、思考、内省和探究等为基本形式，以发现、分析和解决自身教学过程中存在的问题为基本过程，以促进教师专业化发展和提高学校教育教学质量为最终目的的一种教学实践与研究活动。

强调教师对自身教学的过程和结果进行反思，并要求教师在自身的教学方式和行为习惯中更多地体现出反思的行动特征，这是时下正在进行的基础教育新课程改革的一个核心理念和重要内容。当前，教学反思及其重要性已逐渐为广大教师所认识，教师在教学过程中的反思的元素在增多，并且通过反思所带来的教师素质的提升和教学质量的提高也开始显露出来。但是由于受应试教育模式、传统教师职业角色、教学惯性、教学惰性、习惯化的工作方式及对教学反思本身认识不足等多种因素的影响，目前开展教学反思并没有成为广大教师的一种自觉意识和行为，尤其是部分教师在开展教学反思的过程中还存在着一些问题，制约了教学反思的顺利进行及良好反思效果的取得。

（一）当前中小学教师在教学反思过程中存在的问题

当前中小学教师在教学反思过程中存在的问题可谓多种多样，概括起来，大致有以下几个方面。

1. 教学反思意识和习惯的缺失

强调通过反思、内省和慎独等方式来加强自我修养及提高自身素质是我国传统文化和教育思想中的一个重要观点和内容。重视教师开展教学反思并也不是什么新观点和新做法，在我国教育发展史上早已有之。但在现实生活中，教师普遍缺乏教学反思的意识和习惯却也是事实。固然，造成这种状况的原因是复杂多样的，在这里，我们主要以教师的传统职业角色观念为例来具体地说明这一问题。长期以来，在我国，无论是教育理论还是教育实践，都把中小学教师的职业角色定位于知识的传授者。认为中小学教师主要甚至唯一的任务就是把书本上的知识传授给学生，通过这种知识经验的再生产来实现学生个体的社会化和个性化，进而达到培养人才的目的。受这种传统教师职业角色观念、功能固着的影响，并与这种传统职业角色观念相一致的教师的教学行为和方式主要就表现为“传授”、“灌输”和“指导练习”等。中小学教师对传授和灌输等教学方式的过度使用及

① 褚远辉，等．中小学教师在教学反思中存在的问题与对策［J］．继续教育研究，2008（11）：53－54.

习惯化，在一定程度上淹没和淡化了他们对教学反思的自觉意识。从这个意义上讲，当前中小学教师教学反思意识和习惯的缺失与他们惯常使用的教学方式有着直接的关系。

2. 教学反思活动流于形式

以反思的方式来对待自己的教育教学工作，并以此增进教学的科学性、合理性和有效性，这是基础教育新课程改革的一个重要内容，也是提高学校教学质量的一个客观要求。根据新课程改革的精神与要求，现在不少地区的教育行政主管部门和中小学校都对教师开展教学反思等提出了明确的规定，并把教学反思的情况作为教师考核的一项具体内容和指标。如一些地区和学校就要求教师必须写所谓的“教后感”、“反思笔记”和开展以“反思”为主题的教研活动等。这些要求和活动的确也在一定程度上对教师的教学反思起了积极的促进作用。但令人遗憾的是，在大多数学校里，往往只有教学反思之形而无教学反思之神，一个突出的表现就是教师的教学反思还更多的停留在口号、宣传、点缀、作秀、挖掘办学特色和应付上级有关部门检查的层面上，教学反思在实际上并没有真正被重视和付诸实践。更有甚者，在有的学校里，教学反思被一些教师视为额外附加在他们身上的一种负担，对它抱应付和抵触的态度。在这种情况下，教学反思完全流于形式。

3. 缺乏教学反思中的思维策略与方法的指导

反思作为在头脑中进行的一种十分复杂的思维活动和心智操作，它需要反思实践的主体自觉地了解、掌握和运用一定的思维策略与方法。但在现实生活中，我们发现这种反思的思维策略和方法上的指导也是教师普遍缺乏的。一些教师虽然也认识到了教学反思的意义和价值，也认为自己应该，而且必须进行教学反思，但在具体开展教学反思时，他们对“到底要反思什么”和“怎样进行教学反思”等问题还是感到一片茫然，不知所措，找不到反思的切入点和具体的操作方式。这反映出一些教师对教学反思的内容和方法不了解，而造成这种状况的主要原因就在于他们缺乏反思所需要的思维策略和方法上的指导以及对教学反思本身缺乏认识。在这种情况下，教学反思对广大教师而言，就没有什么可行性和可操作性了。

4. 缺少教学反思的时间和空间

尽管转变传统应试教育、全面实施素质教育已成为我国当前教育改革和发展的主旋律，作为政策层面上的素质教育改革在我国已经推行了近十年，并且在某些方面也取得了比较突出的成绩。但毋庸讳言，在我国中小学，由于受各种因素的影响，传统应试教育的痕迹和成分依然很重，在当前甚至有愈演愈烈的倾向。在传统应试教育模式的束缚下，不少教师整天忙于上课、补课、猜题和押题，大搞题海战术，无暇顾及教学改革和教学反思。在这种工作状态和负担下，不少教师苦不堪言，根本就没有时间、空间和心情来进行教学反思。这样，他们实际上是把教学反思与日常教学和提高教学质量分离，甚至对立了起来。

5. 教学反思中存在盲目性和随意性

教学反思不是一种盲目的教学实践及研究活动，教学反思需要科学的教学理论的指导和规范。但在实际教学过程中，一些中小学教师由于教育理论知识贫乏、教育理论素养不够，这使他们很难从理论和实践两个方面真正把握住教学反思的本质及规律，在教学反思的过程中迷失了方向。具体表现为当前一些教师教学反思的深度和广度都不足，对反思什么和怎样反思等都搞不清楚；一些教师还往往只是从教的角度来反思教学，如“他们的教学反思大都着眼于教学的内容、教学的方式方法、教学的组织形式、教学的效果等教师教的层面，而对学生的学进行反思的却很少”① 等。诸如此类问题的存在都与教师教育理论知识和素养的缺乏有着逻辑性很强的因果关系，并且由此导致的教学反思过程中的盲目性和随意性极大地影响了教学反思的实际效果。

（二）提高教师教学反思实效的几点思考

通过以上分析，我们发现当前影响教师教学反思效果的因素是多方面的，其中既有主观因素，又有客观因素。因此，提高和改进教师教学反思的措施和策略也应该是多方面的。针对当前教师在教学反思过程中存在的上述问题和弊端，我们提出以下解决问题的思路和措施。

1. 进一步提高教师对教学反思意义和价值的认识

开展教学反思对不少中小学教师来讲，尚属于新鲜事物。因此，在这里首先要解决的还是一个认识和观念转变的问题。只有当中小学教师对教学反思本身有认识，并真正认识到教学反思的意义和作用，以及切实体会和感受到教学反思给他们带来的甜头和好处时，他们才会从内心接受教学反思，并在自己实际的教学行为和方式中充分体现出教学反思的行动特征。应该讲，当前在不少地区和学校，教师的教学反思还更多地处于一种外部强制性要求的阶段，这就使一些教师很难真正地成为教学反思的有心人，并自觉地开展教学反思。针对这一特点和状况，提高认识，转变观念，真正激发教师开展教学反思的内在需求和愿望，就具有其特殊的意义和价值了。

2. 增强教师的问题意识与研究意识，培育科研型的教师队伍

教学反思本身就蕴涵了教师对自己的教学过程和结果进行“回顾”、“内省”、“总结”、“审视”和“探究”等多方面的含义。从本质上讲，教学反思就是一种基于学校和教师的并以教师自身为主体的教学研究活动，它属于教育行动

---

① 闫艳．对小学教师有效教学反思的研究［J］．教育学术月刊，2008（2）：31－35.

研究和校本研究的范畴。因此，教学反思在客观上就对作为反思实施主体的教师的问题与研究的意识、技能和能力等提出了很高的要求。这实际上也就要求教师要以研究和探索的态度来对待自己早已熟悉和习惯化了的教学工作。研究和探索应该成为教师的一种重要的工作方式，甚至是生活方式。也正是由于反思与研究具有十分密切的关系，教师教学反思的意识和能力是建立在研究的基础上的，因此，培育学者型、研究型和教育专家型的教师队伍对教师教学反思的有效开展就具有十分重要的意义。

3. 提高教师的教育理论素养，增强教师教学反思的自觉性

教学反思是在一定教学理论指导下开展的一种教学研究和实践活动，教学反思离不开教学理论的指导，因此，开展教学反思也对教师的教育理论素养提出了很高的要求。但在当前，一些中小学教师对自己所教具体学科的基础知识、基本理论和技能比较重视，却一定程度上忽视了对教育理论知识的学习和掌握，这就导致他们的教育理论知识贫乏和教育理论素养不足。这已成为制约当前教师教学反思深入和有效进行的一个重要因素。针对这一问题，我们就应该在一个更广阔的背景下来解决教师的教学反思问题。而这个背景就是加强教师教育理论的学习与培训，丰富他们的教育理论知识，并在教育理论与教育实践相结合的基础上提升他们的教育理论素养，从而为他们科学、有效地开展教学反思奠定理论和思想方法上的基础。

4. 开展教学反思的相关培训，让教师学会教学反思

从外部来看，教学反思是以教师为主体开展的一种教学研究和实践活动；从内部来看，教学反思则是教师在头脑中进行的一系列复杂的思维和心智操作活动；加之教学反思对不少教师而言，还属于新鲜事物。教学反思的这种复杂性和新颖性决定了当前一些教师在教学反思这一问题上还存在着一个会与不会、能与不能的问题与矛盾。因此，当前就很有必要对教师开展教学反思的专题培训和训练，让教师了解和掌握教学反思的目的、内容、过程、方法、策略及反思中的心智操作等，着重帮助教师解决反思什么和怎样反思的问题，并在帮助教师学会教学反思的基础上正确地运用教学反思方法，以此培养反思型的教师队伍。如对于反思什么和怎样反思这一问题，有人就提出，教师要反思自己教学的过程、教学的结果、教学过程中的“亮点”、教学过程中的“败笔”、自己在教学过程中闪现的“灵感”，以及自己对某一教学现象和问题的独特思考、体验和感悟等。

总之，教学反思对促进教师专业化发展和提高学校教育教学质量都具有十分重要的意义和作用。增强教师教学反思的意识及自觉性、培养反思型的教师队伍应该是当前教育教学改革中的题中应有之义。

五、当代教学模式的发展趋势①

当前，我国基础教育正在发生一场深刻的变革，这就是基础教育新课程改革。这次改革的一项核心任务是推动传统课堂教学的革命，从根本上提高课堂教学的质量和效率。要做到这一点，在客观上要求加强教学理论对教学实践的指导。但教学理论在一定程度上与教学实践脱节、教学理论难以充分发挥对教学实践的指导作用是教育教学工作中长期存在的一大顽症。为了解决这一难题，广大教育工作者就此问题开展了多方面的研究和实验。也正是在这一背景下，教学模式以其中介性（教学理论和教学实践之间的中介）的独特地位开始引起人们的注意，并逐渐成为当代教学理论和教学实践研究的一个热点问题和重要课题。所谓教学模式，是指在一定教学理论的指导下，通过对教育教学实践经验的概括和总结所形成的一种指向特定教学目标的比较稳定的基本教学范型。教学模式所涉及的问题很多，在这里我们仅就教学模式的发展趋势这一问题谈一谈自己的认识和体会。综观中外的教学模式，我们发现，教学模式的发展主要呈现出以下几个方面的特点和趋势。

（一）由单一到多样

由单一到多样主要是就教学模式的样式和类型而言的。

当前，教学模式的种类正在由单一向多样化的方向发展。教学模式发展的这一趋势可以从其演变的过程中清晰地显现出来。以教学模式类型的数量为依据，我们可以把教学模式的发展演变划分为三个阶段。

1. 单一教学模式占主导地位的时期

在古代和近代社会，与学校教育的知识本位的教学目标观相适应，当时的教学模式非常单一。在学校的教学过程中，占统治地位的是讲授—接受的教学模式。捷克著名教育家夸美纽斯早在17世纪就在其《大教学论》一书中提出了以感知—记忆—理解—判断为主要程序的教学模式。德国著名教育家赫尔巴特在其《普通教育学》一书中更是集大成地提出了明了—联合—系统—方法的教学模式，后经他弟子的改造，形成了对后来世界教育影响极大的五段教学模式，即分析—综合—联合—系统—方法。这些都是比较典型的以知识和经验的授受为主要目标的教学模式。总之，在这一时期，教学模式的种类十分单一。

2. 两大主要教学模式相互对峙和冲突的时期

20世纪初，出现了以美国著名教育家杜威为代表的进步主义教育派。他们

① 褚远辉，等．谈当代教学模式的发展趋势［J］．教学与管理，2003（8）：5－7.

针对传统教学模式单纯以知识的授受为主要目标，忽视和压抑学生的主动性、积极性及动手能力培养等弊端，提出了从儿童的兴趣出发，以儿童的活动为课程，以“从做中学”为主要形式来安排学校的教学活动，并以此构建了进步主义教育流派的教学模式。至此，教学模式的发展进入了传统和现代两大教学模式同时并存、相互对峙、彼此冲突和对立的时期。这种状况一直持续到 20 世纪 50 年代，在这整个时期内，教学模式一直在“传统”和“现代”之间来回摆动，形成了教学模式发展史上值得关注的“钟摆现象”。我们认为，教学模式的类型在这时期虽然有所增加，但主要还是局限在这两大教学模式内，其类型也是比较单一和有限的。

3. 教学模式的类型朝多样化方向发展的时期

到了 20 世纪 50 年代，新技术革命对教育产生了巨大而深刻的影响。从教育理论本身的发展看，这一时期属于教育理论发展多样化和深化阶段。新的教育思想和教育理论大量涌现，而每种教育理论和流派都有自己独特的教学目标观及达成目标的方法、途径等具体的主张。相应地，以这些教育理论为基础所形成的教学模式必然是多种多样的，教学模式类型的发展呈现出空前繁荣的特点。如在当代就出现了面向素质教育的教学模式、基于知识组织和表征的教学模式、基于问题解决的教学模式、基于活动的发展教学模式等几种基本的教学模式类型，而每一种类型里实际上又包含了若干小的具体的教学模式，并由此构成了教学模式的整体结构和体系。

（二）由归纳到演绎，再到两者并重

由归纳到演绎，再到两者并重这一特点主要是就教学模式形成的途径而言的。

教学模式形成的途径主要有两个方面，即演绎式和归纳式。所谓演绎式，是指从一种科学理论假设出发，推演出一种新的教学模式，然后用严密的实验验证其科学性和有效性，它的起点是教学的理论假设，形成的思维方式是演绎法。而归纳式教学模式则是对教学实践经验加以概括总结而成的，它具有很强的可操作性，但也带有浓厚的主观经验的色彩，其科学性也有待于在教学实践过程中加以检验。在古代和近代社会，由于当时人们对教学过程的本质和规律缺乏认识，教学理论的抽象和概括的水平不高，教学理论本身的发展水平也很低。因此，教学理论的发展水平决定了在这个时候所形成的教学模式大都是以教育实践经验为基础，并在对教学实践经验加以总结和概括的过程中形成的。即此时的教学模式基本上都属于归纳式的教学模式。这类教学模式大都是新建模式，富有创新性。但这种教学模式中的经验和感性成分较多，需要在教学实践过程中不断修正和完善。到了近、现代社会，尤其是进入资本主义社会以后，随着对教学过程本质和

规律认识的逐渐深化，教学理论抽象和概括的层次不断提高，教学理论对教学实践的解释指导作用也越来越大。在这种背景下，很多教学模式则主要是通过演绎的方式形成的。如布鲁纳的发现教学模式、布卢姆的掌握学习模式、罗杰斯的非指导性教学模式等都是在 20 世纪 50 年代以后形成的。由于演绎式教学模式和归纳式教学模式各有其价值和优势，在当前，教学模式发展的一个明显趋势是两种教学模式同时并存。如当代西方学者乔以斯对西方的教学模式进行了系统的研究，并概括出了 20 余种教学模式，其中就既有归纳式的教学模式，又有演绎式的教学模式。这也正如恩格斯所指出的：“归纳和演绎正如分析和综合一样是必然联系着的，我们不应当在两者之间牺牲一个而把另一个高高地抬到天上去，我们应力求在其适当的地位来应用它们中的一个，而要做到这一点，就只有注意它们的相互联系，它们的相互补充。”①

（三）由单维构建到整体构建

由单维构建到整体构建主要是就教学模式构建的重心而言的。

每种具体的教学模式都有自己的理论基础和指导思想。也就是说，有什么样的教学理论，就会有什么样的教学模式。传统教学理论的一个突出弊端是“从教的方面研究教学过程的规律与方法比较多，而从学的方面研究学习过程的规律与方法则比较少”②。由于传统教学理论只重视研究教师的教，而忽视对学生的学进行研究，因此，有人认为传统教学理论实际上是一种“教论”。我们认为，这是切中其弊的。与传统教学理论相对应，传统教学模式也往往是从教师教的角度来构建教学目标、策略体系、教学程序及师生活动的。这样，从一定意义上讲，传统教学模式实际上是一种“教的模式”。而以杜威为代表的进步主义教育流派在对传统教学理论加以否定的过程中，却矫枉过正，走向了另一个极端。进步主义教育理论的一个突出特点是“学生中心论”，它在很大程度上忽视了教师在教学过程中的指导作用。重学生、轻教师，重学、轻教的思想也使在此基础上构建的教学模式实际上成了一种“学的模式”。我们认为，不论是“教的模式”还是“学的模式”，实际上都是对教学模式的一种单维构建。现代教学理论则认为，教学永远是教与学相结合和统一的双边活动过程，它不仅仅是一个教师教学生学的过程，它的实质更应该是师生交往、积极互动，共同提高和发展的过程。在教学过程中，我们既不能忽视教师的指导作用（这是由教师的职责、任务及学生身心发展的未成熟性等所决定的）；同时，在教学过程中，我们更应该关注学生主体性、积极性和能动性的发展，真正确立学生在教学过程中的主体地位。因此，

① 恩格斯．自然辩证法［M］．北京：人民出版社，1963.

② 刘克兰．教学论［M］．重庆：西南师范大学出版社，1988，204.

当前教学模式发展的一个明显趋势是从教与学双方的整体联系上来构建教学模式。这是当代教学模式与进步主义教育流派的教学模式的根本区别。当然，它们的共同之处是都重视学生的学，都把学生学的模式的构建作为教学模式构建的重心。如在众多的新的教学结构中，都注重了学生自学这一环节，有的甚至严格规定了学生自学的时间和自学的方法，有的还要求高年级学生掌握一些带规律性的学习方法。较之一讲到底的教学程序，这是一个进步。

（四）由刻板到灵活

由刻板到灵活主要是就教学模式执行的程序和阶段而言的。

教学模式是在一定教学思想的指导下，具有典型意义而又相对比较稳定的教学结构。它是人们可遵循、可仿效的标准样式和标准的结构。有相对的稳定性和比较严格的操作程序，这是教学模式的一个显著特点。一般来讲，每一种具体的教学模式对先做什么、然后做什么、最后做什么等都有比较严格而明确的规定。我们认为，这是必要的。倘若教学模式没有一定的稳定性，教学模式就无从固定下来，更无从被学习、掌握和运用。但现在的问题就出在一些人在具体实施教学模式的过程中对其稳定性产生了机械的、形而上学的理解，他们把教学模式的稳定性无限放大，把其相对的稳定性绝对化，从而拘泥于固定的操作程序、方法和细节。这种现象在古代和近代社会中表现得十分明显。如德国著名教育家赫尔巴特的感知—新旧知识联系—知识系统化—知识应用的四段教学模式（后发展为预备—提示—联系—总结—应用五段教学模式）在过去就一直被作为一种经典模式，认为它的教学程序和阶段是不可置换和逆转的，更有甚者，把它作为唯一的模式，不允许产生其他的模式或变式。我们认为，这种把教学模式刻板化，认为教学模式是一成不变的观点是有片面性的。而现代教学模式在保持其相对稳定性的同时，也注意教学模式向灵活性的方向发展。“比如国内与布鲁纳的发现教学模式相近的教学模式就有引导发现式、启发探究式、实验—综合—引探式等等，这些教学模式的程式与布鲁纳的发现教学模式有相似性，是一种变式。由于教学内容、教学对象、课型等的不同，同一种教学模式，在具体的教学中，其操作程序应该是有差异的。这是现代教学模式发展的一个共同特点。”① 因此，在教学模式的具体操作和运用的过程中，我们就应该一方面要遵循模式，另一方面又要超越模式。

（五）由被动性到主动性

由被动性到主动性主要是就教学模式理论基础的价值取向而言的，而且主要

① 胡继渊．中小学教学模式及其发展趋势［J］．中学教育，1999（3）．

是从学生这一要素来讲的。

传统教学模式主要是以知识的传授和接受为基本形式的教学结构。这种教学模式的优点是重视教师在教学过程中的主导作用，强调教学的科学性、系统性、巩固性和直观性等，能使学生在较短的时间里比较迅速地掌握人类长期以来积累的大量的系统的科学文化知识和技能，有利于系统科学文化知识的传递和学习。从知识授受的角度来讲，它是一种比较经济、高效的教学模式。但这种教学模式的一个突出缺点是在教学过程中，学生往往处于一种被动接受知识的状态，它不利于学生主动性、能动性和创造性的充分发挥；另外，这种教学模式源于传统的教师中心论，在实际教学中，教师往往只考虑自己怎样讲得全面、系统、深入和透彻，而在一定程度上忽视了学生的特点和需要，这也使这种教学模式容易导致注入式和满堂灌等现象。现代教学理论则十分关注学生的主体性的发展，强调尊重学生作为人的价值和尊严。现代教学理论主张教师在教学过程中要发扬教学民主，建立一种平等、民主、和谐的师生关系。因此，我们认为，主体性是现代教学理论的一个核心特征，也是现代教学理论发展的一个总的趋势。如此，以现代教学理论为基础而构建的教学模式的价值目标和取向必然是追求学生主体性和创造性的发展。如作为当前我国教育改革和发展主旋律的素质教育，它的主要目的就是促使学生得到主动的、生动活泼的发展，它实际上就是一种主体性的教育。以素质教育为基础所构建的教学模式必然要高度重视学生主体性的弘扬和发展。又如在当前教学模式构建的研究中十分活跃的主体性教学模式，其追求的直接目标就是通过学生主体性的培养来发展学生的创造性。因为，学生主体性的张扬和创造性的培养两者之间有着逻辑性极强的因果联系。

（六）由接受到探究

由接受到探究主要是就在教学模式中学生学习的方式而言的。

学生学习的方式主要有两种：接受式和发现式，并且这两种学习方式各有其优势和不足。但在传统教学思想的指导下，接受式的学习在学生的学习中占了主导性的地位，发现和探究的成分极少。相应的，这时的教学模式也主要是一种接受式的教学模式；或者说，这时的教学模式主要是为传授和接受知识服务的。随着社会和人自身的发展，这种教学思想和模式的局限性越来越大。在当前，转变教师的教学方式和学生的学习方式已成为教学改革的核心任务。它也必然要求重新构建学校的教学模式，即在教学模式中要更加突出自主、探究、研究、实践和合作的特点，从而使学生学习不仅是一个接受知识的过程，更是一个自主探究、合作互动的过程。如在我国这次基础教育新课程改革中就充分体现了这一特点。

（七）由传统方法到现代技术手段

由传统方法到现代技术手段主要是就教学模式所依赖的技术手段而言的。

一般来说，每种具体的教学模式都需要有相应的物质条件和技术手段作支撑。在古代和近代社会，由于受社会生产力，尤其是科学技术发展水平的限制，构建和实施教学模式的技术条件十分简陋。此时教学模式的技术手段大致可分为两类：（1）主体化的教学手段。即教学手段蕴涵在教师的身上，体现为教师所拥有的知识、技能、智力、思想、品德和修养等。（2）开展教学活动所需要的一些外在的简单的物质条件。如黑板、粉笔、模型、挂图等教具。进入现代社会，特别是在20世纪50年代以后，新技术革命的兴起极大地促进了科学技术的发展，而科学技术的发展则有力地推动了教学技术手段的更新。这不仅为现代教学模式的构建和实施奠定了坚实的物质和技术的基础，而且也为现代教学模式的改革提供了新的可能性和更加广阔的空间。我们认为，在当代教学模式的研究中越来越重视现代科学技术的新理论、新成果。有些教学模式已经开始注意利用信息加工、人工智能、计算机等新的科学理论和成果，教学模式中的科技含量逐渐增加。可以这样讲，当代教学模式已经开始与现代教学技术手段实现了整合。正如《基础教育课程改革纲要（试行）》所指出的："大力推进信息技术在教学过程中的普遍运用，促进信息技术与学科课程的整合，逐步实现教学内容的呈现方式、学生的学习方式、教师的教学方式和师生的互动方式的变革，充分发挥信息技术的优势，为学生的学习和发展提供丰富多彩的教育环境和有力的学习工具。"因此，充分利用各种所提供的技术手段来设计和丰富教学模式是当前教学模式发展的另一个显著趋势。

六、教师课堂提问的功能①

提问是教师在课堂教学中经常运用的一种教学方式和手段。善于设计问题、恰当地提出问题不仅能有效地提高课堂教学的效率和质量，而且也是教师必须具备的一项基本功。其实，教师提问之所以成为课堂教学的一个重要的有机组成部分，是由于它在教学中具有多方面的价值和功能。认识教师课堂提问的重要性，有助于我们在理论上更深入地研究它，并在教学实践中更自觉地运用它，以使其在教育教学中发挥更大的效能。我们认为，教师课堂提问的功能主要表现在以下几个方面。

（一）训练学生思维的功能

问题是思维活动得以发动的契机，而思维总是从一定的问题开始的。在课堂教学中，教师设置一定的问题，并以提问的方式向学生呈示，教师提出的问题启

① 褚远辉．教师课堂提问的功能［J］．广西教育，1999（3）：32.

动了学生的思维，并且在思考和回答教师提出问题的过程中，学生的思维能力也得到了训练和提高。当然，并不是所有的问题都能促进学生思维的发展。只有当教师从学生原有的认知结构出发提出问题，并且设计的问题具有代表性、概括性和可迁移性等特点时，才能充分发展学生的思维能力。

（二）训练学生语言的功能

学生在思考教师提出的问题时实际上在头脑中伴随着一种内部语言活动，并且学生必须先在头脑里对表述问题的语言进行构思、加工和组织后才能回答教师提出的问题。另外，学生在回答提问时，还需做到表达清楚、通顺、连贯，具有条理性和逻辑性等。所有这些对训练学生的语言，尤其是口头语言的表达能力是大有益处的。

（三）集中学生注意力的功能

集中学生的注意是对教师教学的基本要求，并且这个要求贯穿于课堂教学的始终。教师在课堂教学中集中学生的注意力，其方式可以是多种多样的。有经验的教师常常是在学生注意力分散、思想开小差的时候向他提出问题，以引起他的警觉和注意，从而达到集中学生注意力，顺利完成教学任务的目的。课堂提问是教师集中学生注意力的一种常用的方法。

（四）维持课堂纪律的功能

课堂提问也是维持课堂纪律的一种有效的方法。对一些教学经验比较丰富的教师的课堂教学进行观摩时，我们常常可以发现，当学生精力不集中，或课堂纪律比较混乱时，教师往往不再继续讲新课，而是暂停一下，然后向全班提出思考的问题，全班同学顿时安静下来。从而达到维持课堂纪律的目的。

（五）突出教学重点和难点的功能

所谓教学重点，是指学生在教学中必须掌握的内容，对这部分内容的理解和掌握直接影响对其他内容的学习；而教学难点则是指学生理解和掌握有一定困难的内容。解决教学重点和难点是帮助学生顺利学习的一个重要条件。在课堂教学中，教师可以把教学中的重点和难点本身作为问题向学生提出，要求学生注意并思考这些问题。然后，通过学生自己的独立思考，或在教师的帮助、点拨和提示下解决这些问题。在这种情况下，教师的提问就具有突出教学的重点和难点、更好地完成教学任务的价值。

（六）形成适宜教学节奏的功能

课堂教学需要一定的节奏，缺乏一定的节奏或节奏感不分明的教学很难称得上是一堂好课。在课堂教学中，一些教师感情充沛，讲课语言丰富多彩、抑扬顿挫，语音的高低、强弱，语流的速度和间隔与学生的心理节奏相适应，并且穿插着提问，他们的课堂教学给人一种艺术的享受。相反，一些教师语言贫乏，平铺直叙，并且一讲到底，缺乏一定的节奏感，这样的课堂教学使学生感到枯燥乏味。在教学中，教师除了提高语言表达的艺术，还要通过提问来控制课堂教学的流程，使教学做到快慢相宜、张弛有度、节奏感强，从而使教学艺术化。

（七）调动学生积极性的功能

在课堂教学中，教师要采用启发式的方法，才能激发学生的求知欲和认识兴趣，从而调动学生的学习积极性。固然，提问和有问有答并不是启发式教学的本质特点，但提问仍不失为实施启发式教学的一条有效途径。通过提问的方式来调动学生学习的积极性、主动性也是一种常用的课堂教学策略。

视点3：教学改革的几点尝试

教学改革是提高教育教学质量、实现培养目标的重要途径。针对教师教育专业而言，很重要的一个方面就是培养师范生的教育教学技能和能力。在具体的教育教学实践中，我们就此进行了尝试。

一、随堂试讲与师范生教育教学能力的培养[①]

在我国，师范院校系统主要是由中师、师专、师院或师大所构成的。虽然它们的具体培养规格是有区别的，但也有许多共同点，其中很重要的一点就是要使师范生懂得如何从事教育教学工作。因此，“会教”是师范生必备的一个基本素质，是师范院校学生的一个显著特点，也是师范教育着重要解决的一个问题。然而，在师范院校实际教学工作中，由于缺乏有效的措施等诸方面的原因，师范生的教育教学能力是不尽如人意的。这在随后的教育实习中充分表现了出来。如一些学生就要走上讲台了，却仍在为怎样写一篇像样的教案而绞尽脑汁；一些学生走上讲台扭扭捏捏，诚惶诚恐，语无伦次，全然没有教师的风度和气质，似乎世界上最使人难堪的职业莫过于当一名教师。笔者曾就“你初上讲台的感受”这

① 褚远辉．随堂试讲——培养师范生教育教学能力的一条有效途径［J］．云南高教研究，1994（2－3）：108－110.

一话题同实习生交谈，其中有的告诉笔者说，头昏眼花脚发软者有之；头脑一片空白，意识失控者有之；极度紧张、心跳加快，血压升高者亦有之。所有这些都从一个侧面说明了师范生在校学习期间由于缺乏教育教学实践的锻炼，所获得的教育教学能力是很不够的。因此，如何培养师范生的教育教学能力这一课题就摆在我们每个师范院校教师的面前。在教学工作中，我们深深体会到，要培养学生的教育教学能力，必须让学生参与到教育教学的实践中去。而让学生参与教育教学实践有多种形式，在这里我们采用的是随堂试讲的形式。所谓随堂试讲，就是指各学科教师在平时教学中，安排一定的课时或在一堂课中抽出一部分时间，在教师的指导下让学生进行教育教学实践练习的一种形式。经过几年的实践，我们认为它是培养师范生教育教学能力的一条有效途径。现在从以下几个方面对其作一个总结，以供大家批评指正。

（一）随堂试讲的优点

在教学中采用随堂试讲的形式，其优越性主要表现在下面几个方面。

1. 让学生体验教师角色，培养其教育教学能力

在我国，虽然各个师范院校都开设了“教育学”、“心理学”、“学科课程”与“教学论”等课程，学生通过学习也从理论上知道了要如何上好一堂课，怎样调动学生学习的积极性，如何管理课堂纪律等，但学生临实习时还是感到不知所措。一些学生因此抱怨说，学了这些学科仍不知道怎样上好课，这些学科真没有用。其实，这里就有一个如何把理论知识转化为实际能力的问题。而解决这个问题的关键，就是要让学生参与教育教学实践。在随堂试讲中，学生实现了角色的转换，由原来的学生转变为教师，由过去的知识接受者转化为现在的知识传授者。角色的转换使学生在扮演教师角色的过程中对教师角色有了真切的体验和感受，培养了他们教育教学的能力。

2. 使学生参与教学全过程，熟悉教师工作

随堂试讲的一个显著特点在于使学生参与了教学过程的各个环节，使他们在备课写教案、组织课堂教学以及板书、口头表达能力、教育机智等方面都受到全面的锻炼。这对师范生熟悉教师工作、培养教育教学能力具有重要的意义。

3. 随堂试讲是教育实习的延伸和有益的补充

教育实习在师范教育中具有十分重要的意义，它是教学中理论与实践相结合的具体表现，是培养师范生教育教学能力的一个不可缺少的环节。随堂试讲把教育实习贯穿于整个师范教育的始终，每一次试讲对学生而言都可称得上是一次教育实习。因此，随堂试讲实质上是教育实习的延伸和补充，它也为学生参加教育实习及以后的教学工作打下了一个坚实的基础。

4. 随堂试讲使学科教学和培养教育教学能力两不误，教学进度和能力发展并驾齐驱

随堂试讲的另一个显著特点是寓培养教育教学能力于各科教学中。学生在试讲中是按各学科正常的教学进度进行讲授的，只不过是教授的主体发生了变化，由教师变为了学生。这样，各学科教学进度既不会受太大的影响，师范生的教育教学能力也得到了相应的提高。

（二）随堂试讲中存在的问题

随堂试讲具有上述优点，但在教学过程中采用随堂试讲方式也有其不足之处，主要表现在以下几方面。

1. 教师主导作用的发挥受到限制

传统的课堂教学模式是教师给学生传授知识，在教师和学生之间形成了一种单向的知识传授关系。虽然在这种教学模式下，学生的主动性、积极性不能充分激发，但它的优点在于能充分发挥教师的主导作用。采用随堂试讲后，让学生参与到教学过程中来，就有一个教师如何履行其职责以及如何发挥主导作用的问题。这个问题如果解决不好，就可能削弱教师的作用，降低教学的质量。

2. 课时少任务重的矛盾

在现行教学计划指导下，许多学科都不同程度地存在教学任务重和课时少两者之间的矛盾。而采用随堂试讲方式后，势必要挤占更多的正常教学时间，这也有可能使两者之间的矛盾加剧。

3. 试讲学生有限

试讲学生有限实际上与第二个问题有密切的联系。由于课时少，教学任务重，教学时间紧张，由此不可能让全班每个同学都有上台的机会。这里就有一个试讲学生有限与面向全体学生的矛盾。

4. 学生讲授降低教学质量

由于学生对学科内容理解不够透彻，这会影响他们授课内容的科学性，也使学生对教材内容难以做到前后连贯和左右逢源，从而影响他们授课的灵活性和逻辑性。因此，有人认为采用学生随堂试讲会降低教学质量，这不能说完全没有道理。

（三）改进随堂试讲方式的一些思考

针对随堂试讲方式的上述弊端，我们在教学过程中作了以下几个方面的改进。

1. 加强教师的指导作用

我们认为，随堂试讲赋予了教师角色以新的形式和特点，它特别强调要加强教师的组织和指导的功能，需要教师做好下列工作：（1）组织。整个教学过程

是一个复杂的多环节的过程，学生初次参与教学工作，对课堂教学中的偶发事件及教学进程的组织和安排难免有处理不恰当的地方，这就要求教师帮助学生组织好教学过程。（2）示范。在随堂试讲前，教师应给学生上示范课，使学生有一个模仿和学习的榜样。（3）指导。教师要向学生介绍课堂常规，并向学生讲授诸如写教案的方法、板书设计的规范及常用的教学方法等。（4）总结和评价。每个学生试讲后，教师要组织全班同学展开讨论，总结这个同学上课的成功与不足，从而既使该同学能够查漏补缺，以便继续前进，同时也使全班同学受到教育。另外，教师要针对全班同学普遍存在的情况和每个学生的个别情况，或全班讲解，或个别指导。

2. 减少每个学生试讲的内容和时间，从而使更多的学生有试讲的机会

由于存在着课时少、任务重、试讲学生有限的矛盾，如果让试讲的同学每次都讲一个大的课题或上一两节课，无疑要使上述矛盾加剧，这在实际教学工作中也是不可能的。这个矛盾，可以通过小课题、多人数的方式加以解决，即在随堂试讲中，可以让每个学生讲一个小问题，这样既可减轻试讲学生的负担，也可使更多的学生有上讲台的机会。

3. 严格把关，提高教学质量

关于学生讲授教材会降低教学质量的问题，可通过下面一些措施加以弥补：一是教师的补充讲授。如果教师感到学生的讲授在某方面不正确或不全面，教师就加以补充讲解，以对学生讲授的缺陷加以弥补。二是教师要对学生教学过程的各个环节层层把关，严格要求，其中最重要的一环是教师要指导好学生的备课工作，使学生对教材内容做到懂、透、化。同时还要使学生学会挖掘教材内容中的思想性，并在教育过程中把德育教育渗透到各科教学中去。

总之，在课堂教学中采用随堂试讲的方式有利于培养和提高师范生的教育和教学能力，为他们毕业后从事教师工作打下一个坚实的基础。因此，在师范院校的教学中应大力提倡随堂试讲方式。

二、从师范实习生中存在的问题看当前教育学科教学的改革①

教育实习是师范院校教学计划（课程计划）中的一个重要组成部分，是师范院校学生的一门公共必修课。在教育实习中，师范生开始把教师角色付诸实践，实现了从学生到教师的角色转换。在这个过程中，师范生开始体验到教师工作的酸甜苦辣，培养了与学生的感情，提高了自己的教育教学能力，增强了自己

① 褚远辉．从师范生中存在的问题看当前教育学科教学的改革［J］．大理师专学报，1996（4）：92－96.

的教师角色意识。事实证明，它是培养合格教师的一条重要途径。因此，搞好教育实习对巩固师范生的专业思想以及使他们以后成为一名合格的人民教师具有重要的意义。而要搞好实习工作，很重要的一个方面就是要探讨师范生在实习过程中存在的问题，通过发现问题、分析问题，从而解决问题。在这里，我们正是基于对师范生在实习过程中存在问题的认识，试图以师范院校公共课教育学科教学的改革来达到解决存在的问题、培养合格教师的目的。

笔者通过多次调查发现，由于实习生刚接触教育实际，缺乏教育教学经验，在实习过程中容易产生下面几方面的问题。

（一）一些学生在实习中暴露出的问题

1. 教师的职业准备心理不足、教师角色意识淡化的问题

师范生在实习前，都要在学校里进行一番紧张的实习准备工作，如备课、试讲、学习实习纪律和注意事项，等等。应该说，进行上述准备工作是必要的，它是实习生完成实习任务的前提和基础。但如果把这些工作看做是解决实习生在实习中的技术性问题的话，我们就不能不承认在部分师范生中存在着一些深层次的问题有待解决，其中的一个突出方面就是部分师范生的教师职业准备心理不够充分，对教师角色的认同感较差。师范生教师职业准备心理欠缺，其表现是多方面的，如一些学生虽然踏进师范门，但“身在曹营心在汉”，不热爱教育事业，更没有想到今后自己将成为一名教师，应以一个教师的要求来规范自己的行动。这就导致一些学生实习准备不充分，全然没有教师的风度和气质。还有极少数师范生实习时无论在知识的储备上，还是在品德修养上离教师的素质要求都有较大的差距，他们的所作所为有损教师的形象，等等。虽然这些现象并不具有普遍性，但它们又确实在部分实习生身上存在。师范生在实习过程中出现的这些问题虽与实习前的准备工作有关，但寻根究底还是一个教师职业准备心理不足的问题。而要改变这种状况，关键就是要培养和提高师范生的教师角色意识。一方面要在实习前和在实习过程中坚持加强师范生的思想政治工作，使他们真正认识到“教师是太阳底下最光辉的职业”，并能对当前社会上所出现的消极现象作客观的分析。认识到目前存在的一些问题毕竟是暂时的，教师始终是社会不可或缺的一种职业，并且随着社会的发展和进步，教师的社会地位和经济地位也必将得到改善，从而增强他们作为一名教师的自信心和自豪感。另一方面，要着重使师范生认识到教师职业的性质、意义、特点，掌握必要的教学方法等，使他们通过认识教师的责任和权利、应有的态度和情感，为他们形成牢固的教师角色意识服务。

2. 实习生在教学过程中常出现的问题

师范生的实习就其内容来讲，主要包括教学实习和班主任工作实习两个方面，其中教学实习所需时间最多，所花费的精力最多，是整个实习工作的中心环

节。而实习生在教学过程中出现的问题最多，也最普遍。由于教学过程主要包括备课和讲授两个环节。因此，我们也就主要从这两个环节来分析实习生在教学过程中常出现的问题。

（1）实习生在备课中常出现的问题。备课是讲课的准备和基础，它是每一个教师必须具备的基本功，也是实习生在实习过程中重点要解决好的一个问题。备课的主要内容是“备学生”和“备教材”，实习生在备课中常出现的问题也主要在这两个方面。具体表现在：①“备教材”时易产生的误区。实习生“备教材”的误区大致有两种类型：一是低估教材内容。实习生由于在校期间学的是高一级的课程，认为自己更深、更难的内容都学过、都能掌握，更何况中小学的课程内容了。因而在备课时容易对中小学教材内容产生一种居高临下的心理，认为中小学教材内容简单，用不着下功夫钻研，即使备课，也是迫于检查，或应付了事，或走马观花，浅尝辄止。二是缺乏备课经验。与上一类学生相比，这类学生倒也不是低估中小学课程的内容。他们在思想上对备课是重视的，但由于他们缺乏备课的知识和经验，尽管他们在备课上花费了大量的时间和精力，却仍感到无从下手，即使勉强写出教案，也与要求相去甚远。②“备学生”时易产生的误区。实习生在“备学生”时容易产生下面两个问题：一是高估学生。一部分实习生认为中小学课程内容很简单，因此就错误地推断学生一教就会，而不去了解学生原有的知识基础、学习方法、学习态度和年龄特征等方面的差异。二是把学生与自己等同起来，缺乏心理互换能力。实习生常常忽视教学的一个常识性问题，即教学内容对教师来说是已知的，而对于学生而言却是未知的；加之实习生“心理互换”的能力不高，因此他们很容易把自己和学生等同起来，认为自己懂的东西学生也应该懂，而不是从学生的实际情况出发，处处为学生考虑，做到为学而教。

（2）实习生在课堂讲授中常出现的问题。实习生在课堂讲授中常出现的问题主要表现在三个方面：①重视教材内容的知识性，忽视其思想性。实习生在课堂讲授中很重视把教材内容中所包含的知识点传授给学生，但由于受其认识水平和教学经验的局限，他们往往不能充分挖掘教材内容中所蕴涵的思想教育的因素，忽视教学的教育性，缺乏在学科教学中渗透德育的能力，即他们缺乏在课堂讲授中正确处理内容的科学性和思想性两者关系的能力。②重视教材内容的科学性、系统性，忽视学生的可接受性。实习生在内容讲授中一般都比较重视教材内容本身的逻辑体系和科学性，其着眼点在于如何把知识讲对；相对而言，他们容易忽视学生掌握知识的方式及学生目前阶段的承受力。这就表明了实习生在讲授时往往是按自己的主观愿望，而不是以学生可以理解和接受的方式来进行。他们缺乏一种把教材的知识结构有效地转化为学生的认识结构的能力。③重视教材内容的讲授，忽视教学反馈信息的收集和课堂纪律的维持。由于实习生对所讲授的内容比较陌生，加之初上讲台，心里紧张。因此，在讲授中往往把注意力集中在内容的表述上，对学生的反馈信息视而不见，更无暇顾及课堂纪律的维持。因此，在讲授的过程中，教师的讲和学生的听、教师的活动和学生的活动有脱节的现象，课堂纪律有时显得比较混乱。

（3）实习过程中师生关系上常出现的问题。师生关系是教育过程中最重要的人际关系，它具有多方面的教育价值，也是教育取得成功的一个基本条件。实习生中出现的不良师生关系主要有以下两种。一是冷漠型的师生关系。实习生由于刚从事教师工作，难以立即产生热爱学生的情感体验；加之有些实习生在读书期间专业思想就不稳固，对教师角色的认同感差，他们对学生不闻不问，师生关系淡漠。这部分实习生身上不具备热爱学生这一教师的基本素质。二是混同型的师生关系。由于实习生处于学生角色到教师角色的过渡时期，因此实习生身上兼有教师和学生两种角色的特征；加之实习生与学生年龄相差不大、共同语言多，工作热情，这样就容易与学生打成一片。这种状况，一方面为实习生的教育教学工作创造了有利的条件；但另一方面，有些实习生不善于处理与学生的关系，与学生过分亲昵，甚至称兄道弟、混为一体。这部分实习生没能正确地把握师生交往的分寸，他们不懂得适当的心理距离是建立教师威信、提高教育教学效果的一个重要条件。

（4）实习生在思想政治工作中常出现的问题。实习生在思想政治工作中常出现的问题主要是重教书、轻育人。一些实习生认为教师的主要职责就是给学生传授知识，而思想政治工作则是学校领导、政工干部和政治课教师的事，与己无关。这样，他们就把教书和育人这两者割裂开来了。这实质上也反映了部分实习生德育意识淡化，对学生进行德育教育的能力不强的问题。

上面我们列举了师范生在实习中常见的问题，这些问题的出现无疑与师范生自身的素质有关。但我们认为，我们更应该从现行师范教育本身来找问题的原因所在。固然，造成这种情况与每一门学科教学都有关系，但作为以培养师范生教育教学能力为己任的教育学和心理学的教学，在其中更负有直接的、不可推卸的责任。

基于对师范生在实习过程中所存在问题的认识，我们认为，应该对师专教育学、心理学及教学法的教学加以改革。

（二）解决实习生存在问题的设想

1. 强化师范院校的双专业性质，解决教育学科的定位问题

师范生在实习过程中存在的问题与当前师范院校教育学科教学的薄弱有直接的关系。众所周知，师范院校的主要职责是培养未来的教师，而作为一名教师，其特殊的能力结构主要包括两个方面：一是“教什么”的问题；另一个就是“怎样教”的问题。从这个意义上讲，师范院校的主要任务就是要帮助学生解决

上述两大问题。“教什么”这一问题的解决涉及师范生所学习和掌握的专业知识。如中文系的学生毕业后将成为一名中学语文教师，而数学系的学生则要成为一名中学数学教师，因此在师范院校的教学中，教给不同系科的学生相应的专业知识，并使其牢固地掌握本学科的基础知识和基本技能，无疑是至关重要的，因为这些专业知识是师范生将来要直接传授给他们的学生的东西，是他们将来对其学生进行加工改造的原材料。但是，另一方面，我们也应该看到，解决师范生“怎样教”的问题则取决于师范生教育学、心理学知识的学习及教育专业的训练，取决于师范生是否懂得教育规律，是否掌握教育和教学工作的技能技巧等。这样，从完成培养目标的角度来看，师范院校就应该具有双专业（学科专业和教育专业）的性质。这两种专业既相互联系、相互依存，共同服务于师范生教师素质的形成，同时，这两种专业又彼此独立，各有自己一整套完整的构成体系和运行机制，而又不能相互替代。只有当这两种专业达到某种平衡时，才能取得最佳的结果，这个结果就是培养出合格的教师。但是，现在的问题就在于，在我国现行的师范教育体系中这两种专业出现了严重的不平衡。这种不平衡，首先表现在观念上，即人们往往只重视师范生将来所任教学科系统知识的传授和学习，而忽视了师范生教育学、心理学知识的掌握及教育教学能力的培养和训练。在一些领导、教师和师范生心目中，专业知识是“硬件”，必须抓紧抓好；而教育理论学科知识的学习及教育教学能力的培养则是“软件”，无足轻重。甚至还有人认为，只要掌握好本学科的专业知识，就能当一名好教师，教育教学能力是在教学过程中自然形成的，不需要专门培养。这种观点显然是不正确的。同时，这种不平衡还反映在师范院校开设的课程体系上。在我国师范院校课程设置上一直存在着重学科专业、轻教育专业的弊端，并由此造成了师范院校教育专业课程门类单一、教学时间偏少的状况，有人把这种现象称为“学科本位课程的模式”，这无疑是切中其弊的。如新中国成立以来，国家教育主管部门先后于 1952 年、1954 年、1981 年、1988 年四次专门颁发了师专教学计划，其中都明确规定教育理论课（包括教育学和心理学）的课时，但在教育理论课的课时安排上却有逐渐减少的趋势。如 1952 年，教育学和心理学两门课合计课时为 184；1954 年为 190；1981 年为 108；1988 年为 102。我们知道，课程设置完全是为完成培养目标服务的，学校的课程体系和结构也反映了人们对师范院校培养目标的认识倾向。对于造成上述弊端的原因，如果从认识的角度上来看，主要是没有认识到师范院校的双专业性质；或者说，对师范院校的双专业性质认识不够。有人曾把这种状况用这样一句话来概括，即现在的师范院校“不是把师范生作为教师来培养，而是沿用与其他专门人才一样的培养模式”。那么，现在我们要解决这个问题，其关键就是要强化对师范院校双专业性质的认识，改变师范院校这两种专业的失衡状况，加强师范院校教育理论学科课程的设置和师范生教育教学能力的培养，并以此完善师范院校的培养体系，从而造就有知识、懂教育的合格的人民教师。强化和认识师范院校的双专业性质，简单地讲，就是要提高对教育学科意义的认识，解决师范院校教育学科的定位问题。

2. 加强教育学科教学的实践性，切实培养师范生的教育教学能力

我国早期马克思主义教育家杨贤江曾经说过这样一句话："各种科学完全是由实用以生，伴着实用以进步，教育这件事，本是以传达各种科学的内容为职责，它之不能离开实用，自然是当然的事。"其他学科的教学如此，教育学科的教学就更应该体现这种实用性和实践性的特点。而教育学科的实用性和实践性主要是指通过对教育学科的传授和学习，培养和提高师范生的教育和教学能力。师范生在实习过程中出现的诸多问题，实质上就是他们缺乏教育教学能力的外在表现。但是，现在的问题是学生学习了教育学和心理学的知识和理论后，并不意味着其教育教学能力就能得到提高，因为在教育学、心理学理论与教育教学能力之间有一个中间环节，即教学实践活动。因此，让师范生参与到教学过程中去，是培养师范生教育教学能力的一个有效的形式。而让师范生参与到教学过程中去，就其形式而言是多样的。在实践中，我们采用得比较多的是"随堂试讲"的方式。经过几年的实践，我们认为它对培养师范生的教育教学能力确实有效。所谓随堂试讲，是指各学科教师在平时教学中安排一定的课时或在一堂课中抽出一部分时间，在教师的指导下，让学生进行教育教学实践练习的一种方式。现在我们对这种方式作如下简单总结：[①]

随堂试讲的优点：（1）让学生体验教师角色，培养教育教学能力；（2）使学生参与教学过程，熟悉教师工作；（3）它是教育实习的延伸和有益补充；（4）它使学科教学和培养教育教学能力两不误，教学进度和能力发展并驾齐驱；（5）它是对传统师范教育模式的一种改革。

随堂试讲中可能存在的问题：（1）在随堂试讲中，教师的主导作用可能会受到限制；（2）在随堂试讲中，面临着课时少，任务重的问题，可能会使课时不够的矛盾更加突出；（3）在随堂试讲中，存在着试讲学生有限的问题，这里就有一个试讲学生有限和面向全体学生的矛盾；（4）在随堂试讲中，由于是学生讲授教材内容，有可能降低教学质量等。

改进随堂试讲方式的一些思考：（1）在组织、示范、指导、总结和评价等环节中加强教师的指导作用；（2）减少每个学生试讲的内容和时间，从而使更多的学生有试讲的机会；（3）严格把关，提高教学质量。通过实验调查发现，参加过随堂试讲的学生与没有参加过随堂试讲的学生在教育实习中的表现有显著

① 褚远辉．随堂试讲——培养师范生教育教学能力的一条有效途径［J］．云南高教研究，1994（2－3）：108－110.

的差异。

3. 改革教材内容，突出公共课教育学、心理学的实践性和针对性

有人曾做过一次统计，现在各种版本的教育学、心理学教材有几百种之多。虽然各种版本纷纭复杂，但真正有创新的并不多，称得上有突破的更少。就教育学而言，不同版本的教材虽在编写体系和具体内容上有所不同，但究其本质，基本上没有突破苏联教育家凯洛夫教育学理论“四大块”的基本框架，即教育学是由教育基本理论、教学论、德育原理和教育管理四个部分构成的。其中教育基本理论的主要内容是探讨教育学的对象、历史发展、教育与社会发展的关系、教育与人身心发展的关系、教育目的、教育体制、教师和学生等，这些内容的学习虽然有助于学生从宏观上认识教育这种社会现象的客观规律，有助于学生教育理论素养的提高。但毋庸讳言，这部分内容实践性不强，对学生教育教学技能的培养不能起直接的作用。同时，虽然教学论、德育论和学校管理的内容与实际教育教学工作有密切关系，但在这些内容的编写上又没能很好地解决理论联系实际的问题，偏重于概念的阐释和理论的研究，与培养学生教育教学能力的目的相去甚远。因此，现在就有必要对公共课教育学科的内容做一个较大的改革。一方面应该大量精减教育基本理论的内容，补充一些新的内容，如“班级管理与班主任工作”等；另一方面，又要在其他部分内容中突出实践性，使之既有理论知识，又有教育教学正反两方面的经验总结或案例分析，并使两者很好地结合起来。使学生既学理论，又学理论的运用，并在这个过程中培养他们的教育教学能力。

三、综合性大学参与教师教育和培养的个案研究：以云南大理学院为例①

大理学院是2002年经教育部批准，由原大理医学院和原大理师专合并，云南广播电视大学大理分校、大理工业学校并入而组建的一所以本科教育为主的综合性大学。大理学院现有临床医学院、文学院等15个院系，是云南省一所新的学科和专业比较齐全的综合性大学。根据国家鼓励综合性大学参与教师教育和培养的政策以及大理学院自身的实际，我们认为，培养高层次、高素质的中小学教师是大理学院的一项重要职责和任务，大理学院应该参与教师的教育和培养。在这里，我们从以下几个方面就大理学院参与教师培养和教育这一课题进行粗浅的分析和探讨。

（一）大理学院参与教师教育和培养的必要性

培养高层次、高素质的中小学教师既是地方经济和社会发展对大理学院的客

① 褚远辉．综合性大学参与教师教育和培养的个案研究［J］．大理学院学报，2004（3）：14－18.

观要求，又是大理学院自身建设和发展，并完成申报大理大学历史使命的内在需要。对大理学院参与教师教育和培养的重要性和必要性，我们是从以下几个方面来认识的。

1. 大理学院参与教师教育和培养符合我国教师教育改革和发展的基本趋势

近年来，为了培养高素质的教师队伍并跟上国际师范教育改革的潮流，国家对现行教师教育的政策和制度进行了比较大的调整和改革，突出地表现在以下三个方面：调整师范教育的结构和体系，提高教师教育和培养的起点，即由过去的三级师范教育体系过渡为二级师范教育体系；改变过去一元、封闭、定向的师范教育体系，实行开放性的全社会共同参与的教师培养和教育的新体系；师范教育的名称也逐渐由教师教育的名称所取代。我们认为，上述改革的目的是通过提高教师教育和培养的层次，最终达到培养高素质教师的目的。而要实现这一目标，当前国家很重要的一条措施就是鼓励综合性大学参与教师的教育和培养，因为综合性大学具有学科、专业较齐全，学术水平较高，科研实力较雄厚以及师资队伍较强等优势。这样，综合性大学参与教师的教育和培养就成为我国当前教师培养制度改革的一个显著特点和必然趋势。从这个意义上讲，作为一所综合性大学，大理学院参与教师的教育和培养是与我国教师教育制度的改革相吻合的。

2. 大理学院参与教师教育和培养是与当地经济和社会发展水平相适应的

大理学院是云南省的一所综合性院校，地处云南省大理市，这也就决定了大理学院发展的主要立足点应放在大理州和滇西地区。由于受经济、社会发展水平较低，经济结构比较单一及市场发育尚不成熟等因素的制约，当地对非师范专业毕业生的需求十分有限。相反，对教师，尤其是高层次和高素质教师的需求却非常大。也正是基于当地对教师需求的市场空间广和潜力大的认识，我们认为大理学院也应该大力发展师范教育专业，这是由市场经济的市场调节原则所决定的。不仅大理学院如此，我国其他以地名命名的学院大都面临同样的问题，这些高校目前大多以培养高层次、高素质的教师为切入点，推动地方经济和社会的发展，并以此发挥和体现地方高校的社会服务功能。这可谓当前我国地处非中心城市的高校所面临的一个带共性的问题。

3. 参与教师教育和培养是充分发挥大理学院的教育资源，体现合并后优势互补、资源互用的客观要求

大理学院是由原大理医学院和原大理师专合并组建的一所综合性本科院校。原大理师专有 20 多年的办学历史，并且在云南省的师范院校中有一定的地位和较高的办学声誉。这样，以此为基础之一组建起来的大理学院就有较高水平的教师教育的师资队伍和较丰富的教师教育的经验、文化、传统及设备条件等。师范教育是大理学院的两大支撑学科之一，这实际上就为大理学院参与教师教育和培养提供了一个较高和较好的平台，也为大理学院参与教师教育和培养提出了必然

的要求。

4. 培养高层次、高素质的教师要求大理学院应该参与教师的教育和培养

当前，我国中小学教师的数量已基本上能够满足基础教育改革和发展的需要，现在的主要问题已逐渐转变为基础教育的重大改革和快速发展与高层次、高素质教师比较缺乏之间的矛盾。全面建设小康社会的奋斗目标要求为广大人民群众提供更多的优质教育，而优质教育的关键和核心在于高素质的教师。大理学院是大理州目前唯一的一所本科高等学校，合并以后师范教育专业的办学层次、质量和水平在逐渐提升，这就为培养高层次、高素质的教师奠定了坚实的基础。应该讲，大理学院在培养高层次、高素质的教师方面是大有可为的。

5. 大理学院参与教师的教育和培养具有很强的地区针对性

大理学院发展的基点在滇西八个地州，这八个地州多为边疆少数民族地区。由于受历史、地理环境及人口素质等多种因素的制约和影响，这些地州的经济和社会发展相对滞后，教育与其他发达地区相比较也处于一种发展滞后的状态，其中最突出的一个问题是在这些地区广大中小学教师的素质和水平差距较大。这些地区教育发展滞后的状况也要求大理学院在培养高层次、高素质的中小学教师中发挥更大的作用。

（二）大理学院参与教师教育和培养的可行性

大理学院参与教师教育和培养不仅有必要性，而且也具有可行性。对其可行性，我们可概括为以下几个方面。

1. 师范教育专业是大理学院的重要构成部分，这为大理学院参与教师的教育和培养提供了较好的条件和基础

如前所述，大理学院的重要组成部分是原大理师专，经过二十多年的发展，它已成为滇西八个地州中小学教师职前教育和职后培训的主要基地，其间积累了丰富的教师教育和培养的经验。这是当前大理学院参与教师教育和培养的一笔宝贵财富，它也为大理学院立即参与教师的教育和培养提供了现实的可行性。

2. 办学定位、思路和观念等的转变为大理学院参与教师的教育和培养提供了可靠的思想保障

大理学院在合并组建的前期，大家在学院的定位、任务和发展思路等方面的认识是有分歧的。但随着实质性合并的结束，在学院发展的过程中，在学院领导认真学习和调查研究的过程中，且通过开展几次全院性的“转变教育思想和观念”的大讨论，大家对大理学院的院情有了更客观和清醒的认识，逐渐在大理学院应该参与教师教育和培养这个问题上达成了共识。这为大理学院参与教师教育和培养奠定了思想、观念和认识的基础。

3. 大理学院现有的学科和专业比较齐全，为培养当前基础教育亟需的综合课程的师资提供了有利的条件

当前，我国基础教育新课程改革正在全国各地的实验区紧张、有序地开展。这次新课程改革的一条重要措施是整体一贯地设置九年义务教育的课程体系。《基础教育新课程改革纲要（试行）》规定小学阶段以综合课程为主，初中阶段是综合课程和分科课程相结合，高中阶段则以分科课程为主。这就是说，今后我国在基础教育阶段将大量设置综合类课程。由于历史和教育传统等原因，我国过去的师范院校主要是分专业地培养教师，通过这种方式培养出来的教师的知识结构和能力结构比较单一，这样的教师难以完全适应基础教育新课程改革的需要。因此必须对教师职前教育的课程结构和体系进行改革。由于大理学院现有的学科和专业比较齐全，通过相关学科和专业的整合，就可以为培养综合课程类的教师提供学科和专业的基础。

（三）大理学院在参与教师教育和培养的过程中遇到的困难和存在的问题

大理学院作为一所新建院校，在参与教师教育和培养的过程中也遇到了一些问题和困难，主要表现在以下几个方面。

1. 思想认识和观念转变的问题

大理学院作为一所合并院校，学院领导来自不同的工作岗位和不同性质的高校，在学院是否参与教师教育和培养以及参与教师教育和培养的具体思路等方面存在着分歧和差异，这是一件十分自然的事情。但大家的意见，尤其是决策层的意见的不统一在客观上影响了大理学院参与教师教育和培养的进程和程度。这也是合并院校的一个带共性的问题。

2. 师范性有弱化的倾向

就全国范围来看，当前合并的综合性大学参与教师教育和培养的方式大致有两种：一是合并后成立师范学院或教育学院，专门从事教师教育和师资的培养。如新集美大学合并前有一所集美师专，合并后集美师专成为集美大学的师范学院。另一种方式是合并后把原有的各个系科和专业全部打乱，对学科和专业进行重组，然后在部分系科和专业通过专业教育 + 教师教育的模式来培养中小学师资。我们认为这两种模式各有利弊。采用第一种方式，师范教育的体系被比较完整地保留了下来，师范教育的特色、传统、文化和氛围也得以延续和发展，培养的学生的师范意识也较强，教师培养的规格和质量有一定保证。但这种方式的缺点是在充分利用合并学校资源互补的优势上有一定的局限性。而采用第二种方式，其突出的问题是师范教育的地位有所下降，师范教育的部分功能丧失，教师培养的专业化水平也有所降低。大理学院目前就存在这一问题，其实当前全国合并的综合性大学参与教师教育和培养都不同程度地存在这一问题。

3. 在招生和毕业生分配上出现了一些困难

在边远和少数民族地区，师范教育专业的毕业生就业前景较好，就业渠道相对比较畅通，中学毕业生报考师范院校的积极性也较高。而以地名命名的综合性学院由于其校名比较笼统、模糊，当前社会上普遍存在着对这类学院的性质、定位、培养目标和任务等认识不清等问题，加之由于这些院校对外宣传的力度不到位等原因，导致在生源的组织上出现了一些困难，报考人数减少，录取后不到位的现象较之过去也有所增加；另外，与上述问题相关联，这种状况也可能给毕业生的就业带来一定的困难。这可谓由于学院无特定行业标识所潜伏的危机。

4. 现行的教师教育和培养模式滞后于当前基础教育改革和发展的要求

当前大理学院参与教师教育和培养所遇到的另一个突出问题是学院现行的教师培养和教育模式滞后于当前基础教育改革和发展的客观需要。众所周知，我国当前基础教育正在进行新中国成立以来的第八次课程与教学改革。虽然这次改革是以课程改革命名的，但我们认为它并不仅仅只是停留在课程本身改革的层面上，实际上它还涉及教育思想观念的更新、教学的改革和管理及评价制度的重建等，而且这次课程改革观念之新、力度之大都是前所未有的。基础教育的巨大变革在客观上要求我们教师职前教育的模式也要发生相应的变化，以适应当前中小学教育教学改革的需要。但大理学院合并以后，工作千头万绪，对现有师范教育模式的改造难以立即被提到学院的议事日程上，现行的教师教育和培养的内容、方式和体系等开始滞后于急剧变化的中小学教育。如现在大理学院从事师范教育的一些系科和专业对基础教育新课程改革就缺乏了解和研究，也未在师范教育专业的学生中开设“走进新课程”等有关新课程的通识性培训课程。如果这一问题仍没有引起足够重视的话，要培养适应当前基础教育改革和发展需要的高层次、高素质教师就只能是一句空话。

5. 目前大理学院参与教师教育和培养的具体模式尚不清晰

虽然，学院对参与教师教育和培养有了一些思路和设想，但这些思路和设想还没有转化为具体的实施方案。由于学院教育辅修专业的工作尚未真正开展起来，学院参与教师教育和培养的具体模式也没有得到认真的研究。这也在一定程度上影响了大理学院的师范教育。

（四）当前大理学院参与教师教育和培养的几点建议

针对大理学院在参与教师教育和培养过程中所遇到的实际问题和困难，我们提出如下改革建议。

1. 成立大理学院的师范学院（或初等教育学院），以强化师范教育

针对当前师范教育专业学生就业渠道比较畅通、师资需求市场的潜力较大、中学毕业生报考师范教育专业的积极性比较高的现状，应专门成立大理学院的师

范学院（初等教育学院），以明确的培养目标和定位吸引生源，并以此消除由于学院无特定行业标识所潜伏的危机。另外，根据国家有关小学教师要专科化的政策，就云南省的范围来看，在当前和今后一个比较长的时期内，专科层次小学教师需求的市场都会较大。我们认为，目前是大理学院大力发展初等教育专业、抢占小学教师培养市场的有利时机。为了加强这方面的工作，应该成立专门的初等教育学院，以使学院小学教师的培养形成规模，并提升小学教师培养的专业化水平。

2. 加快大理学院教育辅修专业的建设

大理学院参与教师教育和培养的思路已基本确立，即前期趋同、后期分化，基本模式是学科教育 + 教师教育。即前期主要进行带有综合性质的专业教育，后期愿意当教师的学生则集中选修教育、心理类的理论课程和教师的技能课程，进行教育辅修专业的学习，经考试合格后，争取授予相应的教师资格证书。应该说，这种思路是比较符合大理学院的实际的，而且也是切实可行的。但现在的问题是这一思路和设想还没有转化为具体的实施方案。因此，学院当前应该以教育辅修专业的设置为切入点，加快学院参与教师教育和培养的步伐。

3. 实现学院教师教育和培养模式与当前基础教育改革的对接

要实现学院教师教育和培养模式与当前基础教育改革的对接，就需要对学院有关师范教育专业的师生进行“走进新课程”等通识性课程、新课程标准和新教材等的培训，并在传统“教育学”、“心理学”、“学科教育学”等教育类课程中融入新课程的理念，加强这些课程学习中的实践性环节，以使师范教育专业的师生树立与基础教育新课程改革精神相适应的新观念、新角色、新行为、新的教学方式和学习方式等。

4. 加强教育科学学院建设

教育科学学院是学院最集中体现师范教育特色的一个系部，学院应加强教育科学系和高等教育研究室的建设，为学院参与教师教育和培养提供理论、学科、专业和人才上的支撑。

（五）当前综合性大学参与教师教育和培养的几点政策建设

针对学院参与教师教育和培养的实际，我们向有关教育行政部门提出如下政策上的建议。

1. 给予参与教师教育和培养的综合性大学相应的教师资格授予权

建立并完善我国教师资格的授予制度既是当前师范教育改革与发展的一个重要方面，也是教师教育走向开放化和不断提高师资质量的保证性措施。依照中华人民共和国《〈教师资格条例〉实施办法》第 4 条的规定：“国务院教育行政部门负责全国教师资格制度的组织实施和协调监督工作；县级以上（包括县级）

地方人民政府教育行政部门根据《教师资格条例》规定权限负责本地教师资格认定和管理的组织、指导、监督和实施工作。”针对现在教师资格认证的组织机构主要在各级教育行政部门及其所带来的弊端以及目前将有越来越多的综合性大学参与教师教育和培养的现状，我们认为，应对教师资格认证的组织体系加以完善，建立多元化、双轨制的教师资格认证体制，即可以把一些有条件的师范院校和综合性大学作为独立的教师资格认证单位，给予它们教师资格的授予权。

2. 建立相关的鼓励机制

当前制约综合性大学参与教师教育和培养的一个重要因素是师范教育专业学生的收费较低，并且师范生还将享受师范奖学金等。参与教师教育和培养在一定程度上降低了这些院校的办学效益，尤其是经济效益。因此，国家应给予参与教师教育和培养的综合性大学相应的政策扶持。同时，针对师范院校学生有师范奖学金等优惠待遇的状况，国家对愿意从事和实际从事中小学教师职业的综合性大学的毕业生也应建立相关配套的鼓励政策，以鼓励和提高综合性大学参与教师教育和综合性大学的毕业生从事教师职业的积极性。

3. 拓展综合性大学参与教师教育和培养的内涵

综合性大学参与教师教育和培养不能仅仅局限在教师的职前培养上，综合性大学也应该参与中小学教师的职后培训和继续教育，从而在综合性大学建立教师职前教育和职后教育一体化的教师教育和培养的新体系。尤其在西部边远地区和非中心城市更应把中小学教师的职后培训中心和继续教育基地放在综合性大学内，以充分保证培训的质量和水平。

我们以大理学院为个案，从以上几个方面对综合性大学参与教师教育和培养这一课题进行了分析和研究，目的在于理清大理学院参与教师教育和培养的思路，并期望能对其他综合性学院参与教师教育和培养提供一定的启发。

第五编　关于“素质教育”的新视点

简单地讲，素质教育就是培养和发展学生素质的教育。培养学生的素质，促进学生身心的健全发展，这本是教育理所当然的功能，但在我国，长期以来由于受升学和就业压力以及历史文化传统等多方面因素的影响，基础教育中的应试成分和特点比较突出。这不仅歪曲了教育的应然价值，而且还阻碍了青少年学生的健康成长。在这种背景下，变传统“应试教育”为素质教育就成为我国基础教育改革的必然选择，素质教育也就成为我国教育改革和发展的主旋律。在这里，我们主要分析素质教育背景下的课堂教学的特点、素质教育认识和实施中的误区等问题。

视点 1：当前素质教育认识和实施中的误区①

素质教育在具体实施过程中出现诸多误区，概括起来，大致可划分为以下两大类。

一、由没能正确认识和处理好素质教育和应试教育两者的关系造成的误区

从指导思想上看，素质教育和应试教育是两种根本对立的教育思想体系，它们有着质的区别，这是我们认识它们两者之间的关系首先要明确的一个问题。但在看到它们两者区别的同时，我们也应该看到素质教育并不是对我国过去基础教育（这种教育具有比较浓厚的应试成分）的全盘否定，素质教育与应试教育在某些方面，或者说在某些结果上也具有一定的统一性。因此，素质教育与应试教育既有区别，又有联系。在现实生活中，由于人们对它们两者的关系缺乏正确的认识，从而引发了诸多的问题，造成了一些误区。对这一问题，我们可从下面两

① 褚远辉．试论当前素质教育认识和实施中的“误区”［J］．高等师范教育研究，2001（3）：50－53.

个方面进行分析和探讨。

（一）认为素质教育与应试教育是完全对立、相互排斥的

从产生背景来看，素质教育是在针对传统应试教育的弊端并对其加以否定的过程中提出来的。有人由此出发，以此为依据，把素质教育和应试教育完全对立起来，认为两者是相互排斥、难以相容的不同的教育思想体系，甚至认为它们之间是一一对应的否定关系。于是就出现了应试教育强调什么，素质教育就应该反对什么；应试教育搞什么，素质教育就应该取消什么的认识倾向。由此也就形成了下述几个误区。

1. 把素质教育和取消考试等同起来

渲染考试、突出考试，过分地强化考试的选拔性功能，加剧学生的考试竞争，造成学生精神的高度紧张和彼此情绪上的对立，这可谓应试教育的一个突出特点和弊端。因此，有人认为实施素质教育就是要淡化，甚至取消考试。这种观点显然具有片面性。从教育发展的历史来看，有学习就有考试。考试作为检查和评价教与学效果的一个重要而有效的方法，它本身在教学过程中就是不可或缺的。实施素质教育同样需要考试，这里的关键是如何看待考试和如何科学地实施考试。具体地讲，就是要淡化考试的选拔性和竞争功能，突出考试促进发展的功能。

2. 把素质教育等同于减轻学生的课业负担

在应试教育影响下，学生学习的时间一般较长，不少学校甚至节假日也在加班加点；学生每天要完成的作业量也较大，各科作业一并压来，许多学生深夜仍忙于完成作业；各种教材、教参、复习资料和习题集五花八门，学生的书包是越来越大，越来越沉；由于眼睛负荷重，眼睛近视的学生为数不少。这些现象就是人们通常所说的学生课业负担过重的问题，这些也是应试教育的一个突出问题。因此，实施素质教育就是要减轻学生的课业负担，并且有人把减负作为促进学生主动地、生动活泼地发展的一个突破口。应该说这种思路是正确的。但这里的问题就出在有人以此认为只有轻课业负担或无课业负担的教育才是素质教育，认为素质教育就是减轻学生的课业负担，降低对教师教和学生学的要求。于是现在就有人张口“玩得痛快、学得开心”，闭口“愉快教育”，并把它标榜为素质教育；而埋头苦读、刻苦学习则被看成是应试教育的“后遗症”。其实，这种认识也具有片面性。我们知道，学生的学习是一种复杂、艰苦、紧张而长期的脑力劳动，它需要学习者个体付出巨大的心智努力，这也就意味着学习需要“苦学”。学生必须承担适量的、能满足其学习需要的课业负担量，因为这些课业负担量是他们掌握知识、发展能力、形成品德、实现个体社会化的前提和物质载体。而这里的减负实际上是指减轻学生过重的、超过学生承受负荷、影响他们身心发展的课业

量。同时，对学生课业负担本身我们也不能一概而论，而应该做具体分析。如有人就认为，当前学生课业负担有如下特点："①优等生的课业负担轻，差等生的课业负担重；②记忆的负担重，思维的负担轻；③考试课程的负担重，非考试课程的负担轻；④智育的负担重，德育、体育、美育和劳动技术教育的负担轻；⑤应试能力培养的负担重，其他基础能力培养的负担轻。"① 因此，笼统地谈减负，只是对这一问题表面、肤浅的认识。只有对学生课业负担的类型做具体分析，才能正确地把握哪些学生是应该减负的，哪些学生却是应该增负的；哪些方面的课业负担应该减轻，哪些方面的课业负担不仅不能减，反而应增加。唯有如此，才是对学生课业负担的正确认识，通过减负才能达到实施素质教育的目的。

3. 把素质教育等同于开设一些音、体、美课和选修课、活动课

学校主要是通过设置一定的课程来作用和影响学生的，而学校的教育目标也主要是通过各门学科的教学活动来实现的。在我国实施的是全面发展教育，相应的，学校里的课程体系包括德育学科、智育学科、体育学科、美育学科和劳动技术教育学科等。这些学科相互联系、相互渗透，各有自己独特的地位和作用，既不能相互替代，也不能厚此薄彼。但在应试教育中，人们习惯于把中、高考要考的学科称为"主科"；而把中、高考不考的学科（多为音、体、美、劳等）称为"副科"、"小儿科"。对主科，师生都极端重视；对副科，大家都在敷衍了事。针对这一弊端，有人认为实施素质教育就是要在学校里多开设一些音、体、美课；同时，针对过去学校里开设的课程多为学科课程、知识性课程和必修课程的状况，提出要多开设综合课、活动课和选修课。即他们把素质教育理解为开足课程和开够课时。现在我们有不少中小学教育工作者就是在这一操作层面上来阐释、演绎和实施素质教育的。从实质上说，开足课程、开够课时只是素质教育的一个基本要求和众多途径之一，而素质教育的内涵却远不止于此，并且课程的设置和课时的分配只是一种外部形式，它本身并不能作为衡量是应试教育还是素质教育的标准。这里的关键主要是看开设的这些课程是否以素质教育的思想为指导，是否以全面提高学生的基本素质为宗旨。

4. 把素质教育等同于学生的平均发展

应试教育属于选拔性英才教育范畴，在应试教育中，教师只把注意力集中在少数能升入高一级学校的学生身上，并给予这部分学生更多的关怀和期望，而对其他大部分升学无望的学生却不闻不问，对其采取忽视态度。针对应试教育面向少数学生而牺牲大多数学生的发展的这一弊端，我们认为，面向全体学生，使所有学生在原有的基础上都得到发展，就应该成为素质教育的一个基本原则和特点。但有人却把面向全体学生片面地理解为按一个统一的模式要求学生，使他们

---

① 褚远辉. 对减负的辩证思考［J］. 中小学教师培训（中学版），1998（5）.

平均发展。事实上，学生先天的禀赋具有差异性，后天所处的环境和接受的教育也各不相同，他们以后发展所能达到的水平和层次应该是有差异的。因此，用同样的标准衡量和要求每一个学生是不现实的，也是不科学的。遵循因材施教的原则，使每一个学生的素质都得到充分、自由、和谐的发展，这才应该是面向全体学生的真正含义。

（二）认为素质教育和应试教育是并列和互补的

持素质教育和应试教育是并列和互补观点的人没有看到素质教育和应试教育是两种根本对立的教育思想体系。他们认为应试教育和素质教育都能从某些方面满足个人和社会的需要，都有其存在的合理性。并且，它们两者是互补和相互完善的。这样，对传统应试教育模式不仅不能否定，而且应该保留。素质教育和应试教育是 1 +1 的关系，所谓教育的改革和合理教育结构的构建无非就是在原有应试教育的基础上再加上素质教育的模式，于是就有了“素质教育轰轰烈烈，应试教育踏踏实实”的说法，由此也引发了下面几个误区。

1. 把素质教育作为另一种教育，使之与现行教育相并列

当前一些地方在实施素质教育过程中出现了这样一种现象：一方面，进行不折不扣的正规教育，完成教学计划（课程计划）和教学大纲（课程标准）所规定的教学任务，包括开足所规定的教学科目和课时数，其教育教学目标瞄准升学。在这一类型的教育中，应试之风依旧，甚至有增无减。另一方面，为完成上级教育主管部门下达的素质教育任务或为了表明学校对素质教育的重视，他们在国家规定的教学计划之外进行大量额外办班，各种兴趣小组和选修课一夜之间都在校园里冒了出来。于是“学校教育自然就形成了正规教育和素质教育两大系统，似乎素质教育就是独立于现行教育计划以外另搞的一套教育”①。产生这一误区的主要原因就是没有正确认识和处理好素质教育同现行教育，尤其是与应试教育的关系，把两种性质各不相同的教育并列起来。

2. 课内搞应试教育，课外搞素质教育

素质教育作为一种政策理念和教育指导思想，它应该贯穿于学生接受教育的不同方面和过程的始终。从学校教育来看，我们可以把学生接受教育的时空分为课内和课外。无论在课内还是在课外的活动中都应该体现素质教育的精神和要求。其中课堂教学是实施素质教育的主渠道，课外活动的性质和特点决定了其对开展素质教育具有自己独特的意义和作用，它也是实施素质教育的有效载体，这应该是对在课内和课外实施素质教育的正确认识。然而，有人却把学生接受教育的时空截然分成课内和课外两段，认为在课内应该对学生进行踏踏实实的应试教

---

① 陈传林．试析当前学校实施素质教育的三大认识“误区”［J］．教育探索，1999（1）：10－11.

育，而在课外则应通过各种课外、校外活动对学生进行素质教育，培养和发展学生的个性、爱好和特长。即通过应试教育和素质教育这两种并列的教育培养出“合格加特长”的学生。

二、由对素质和素质教育概念理解上的歧义造成的误区

当前，实施素质教育中的误区有很多方面是由于对素质和素质教育概念理解上的歧义造成的。

（一）由对素质概念理解上的歧义造成的误区

由对素质概念理解上的歧义造成的误区主要表现为由于对素质概念褊狭的理解而否定素质命题的科学性。我们对素质概念的认识经历了一个发展的过程。在过去，人们主要是从生理学和心理学的角度来认识素质的概念。认为素质“一般是指有机体天生具有的某些解剖和生理的特征，主要是神经系统的特性，以及感觉器官和运动器官的特性，是能力发展的自然前提和基础”①。由于它主要是通过遗传的方式获得的，所以也被称为遗传素质或禀赋。有人由此认为：“素质是中国特有的术语，无论从其基本含义看，还是从其科学引申含义看，素质概念的基本特性是先天性。”② 既然素质是通过遗传获得的，是先天性的东西，那么就照此推论，我们就无法在后天环境中对其进行影响、塑造和培养，这也就意味着它不具有可塑性或可教性。这样，素质教育的命题就不具有科学性。这种由素质的概念否定素质教育命题合理性和真实性的观点主要限于一种学术和理论上的探讨和争论，并且主要存在于素质教育研究的起始阶段。这一误区产生的根源就在于对素质概念在理解上产生歧义。其实，从教育学的角度来看，素质不仅指人的生理、心理的自然特征，更重要的是指人在社会实践中后天“积淀”而形成的相对稳定的心理品质，而这部分品质主要是通过环境影响和教育训练而获得的。因此，素质既具有先天的恒定性，又具有后天的可塑性，是先天和后天的混合体。这样，对素质进行影响和塑造的教育即素质教育的命题的科学性也就成立了。

（二）由对素质教育概念理解上的歧义造成的误区

由对素质教育概念理解上的歧义造成的误区主要表现在以下两个方面。

1. 把素质教育等同于对素质的教育

---

① 心理学大词典［Z］．北京：北京师范大学出版社，1989.

② 黄甫全．素质教育悖论［J］．北京师范大学学报，1996（5）：82.

一些人对素质教育概念的理解产生歧义，认为素质教育就是指对素质的教育。他们认为对素质教育认识的关键就在于怎样理解和把握素质概念的含义。这样，他们进行素质教育的基本思路就是：先从分析素质的含义入手，尤其是要了解学生素质结构的基本要素。在这个基础上把学生的素质一一罗列出来，分别对这些素质加以培养，并最终促进学生素质的全面发展。在这种素质教育观看来，人有多少种素质，我们就要进行多少种素质教育，把这些素质组合起来，就成了素质教育所期望的全面素质。于是在素质教育的操作层面上，其具体做法就是把学生的素质划分为思想政治道德素质、知识能力素质、身体素质和心理素质等，然后通过政治课、德育课等培养学生的思想政治素质；通过语文、数学、物理、化学等课程培养学生的知识能力素质；通过体育课培养学生的身体素质；通过心理健康教育课培养学生的心理素质等。这种由素质的要素引申出素质教育结构的观点在我国当前素质教育的理论研究和实践探索中十分盛行。显然，这种把素质教育等同于对素质的教育的观点并没有真正认识素质教育的精神实质，它是对素质教育概念机械的、形而上学的理解。针对这一误区，有人就认为：“素质教育必须转向，应该从‘素质关怀’转到‘教育关怀’。”① 这种观念对促进当前素质教育理论与实践的发展都颇有启迪作用。

2. 由对素质教育概念理解上的歧义导致当前素质教育实践探索的失范

比较关心素质教育理论研究的人都会注意到这样一种现象：当前素质教育的定义太多。如果我们把有关报刊、书籍上关于素质教育的定义做一归纳和总结，大概不下一二十种，它们都从不同的角度和侧重点来界定素质教育。这种现象的产生一方面固然反映了当前素质教育研究的活跃性和研究思维的多样性、创新性；另一方面，由于缺乏一个统一的、权威和公认的定义，造成了人们对素质教育概念认识的模糊性和不确定性。尽管有人认为对“素质教育我们需要的主要不是定义”②，“对权威定义的期待，实际上是大一统传统下缺乏个性、缺乏思维甚至不愿思维的表现”③，但我们认为，当前在素质教育实践中出现许多盲目、不科学、不合理的地方，产生了许多误区，这种状况与此有直接的关系；或者说，对素质教育概念认识的莫衷一是是产生这些问题和误区的认识和理论根源。如有人就认为：“素质教育面临的首要困难就是对素质教育这个概念的理解。且不说工作在素质教育第一线的中小学教师，就是教育理论家对此概念的认识也是各抒己见，争论不休。据统计，教育理论界至少出现了 9 类 15 个关于素质教育的定义。什么是素质教育尚且含糊不清，怎能进一步全面实施素质教育呢?”④ 中共

① 刘铁芳．从“素质关怀”到“教育关怀”［J］．人大复印资料《教育学》，1999（6）：37－41.

② 石鸥．素质教育研究取向的思考［J］．中国教育学刊，1999（3）：24－27.

③ 石鸥．素质教育研究取向的思考［J］．中国教育学刊，1999（3）：24－27.

④ 张必隐，余贤君．素质教育的心理学思考［J］．宁波大学学报（教育科学版），1999（1）：1.

中央国务院《关于深化教育改革全面推进素质教育的决定》明确提出，要“以培养学生创新精神和实践能力为重点”实施素质教育，这对统一素质教育的定义、规范素质教育的实践具有重要的意义和作用。

视点2：素质教育背景下的教学①

实施素质教育是我国社会、经济、科学和教育发展的必然要求，开展素质教育势在必行，这已是全社会的共识。但对如何实施素质教育，不少人仍感到茫然。尽管教育转轨所涉及的问题是多方面的，并且全国各地开展素质教育的切入点也不尽相同，但教学在学校全部工作中的地位和作用决定了实施素质教育的主渠道应该是课堂教学。这样，如何把素质教育渗透到课堂教学中去，如何在课堂教学中落实素质教育，从而做到素质教育课堂化、课堂教育素质化，就成为当前深化素质教育研究的一个重点和难点问题。我们认为，素质教育的课堂教学应做到下面几个方面的基本要求。

一、激发学生的求知欲和认识兴趣，确立学生在学习中的主体地位

在传统应试教育中，教师往往把学生看成是消极被动接受教师灌输知识的容器。这种学生观指导下的课堂教学的显著特点是注入式和满堂灌。在这种教学模式下，学生的能动性、创造性被压制，主体性被淹没，并且学生各方面素质的发展都带有一种明显的被动的烙印。而素质教育就其实质而言，是一种主体化的教育，它特别强调培养学生的主体意识，发展学生的主体精神。因此，在课堂教学中实施素质教育，首先就要求教师转变传统的教育思想和观念，树立一种新的学生观，这种学生观就是使学生由被动的客体转变为积极的活动者，从而确立学生在学习过程中的主体地位。这对教师来讲，就是要在教学中把培养和激发学生的求知欲和认识兴趣作为教学的一项重要目标，并在这个过程中增强学生学习的内驱力，使学生由过去的“要我学”变为现在的“我要学”。也只有当学生产生主动求学和发展自己内在素质的愿望时，学生才可能得到主动的、生动活泼的发展。这无疑是在教学中实施素质教育的前提。

---

① 褚远辉．试论素质教育的课堂教学［J］．云南教育，1998（9）．

二、在课堂教学中，做到考试课程和非考试课程并重，促使学生全面和谐地发展

学校主要是通过设置一定的课程来作用和影响学生的，而学校的教育目标主要是通过各门学科的教学工作来实现的。因此，在学校里如何设计一个科学完整的课程体系，对学生的发展来说，是至关重要的。在我们社会主义国家，教育目的是培养全面发展的人，而实现教育目的的基本途径是通过全面发展教育。全面发展教育就其构成来讲，主要包括德育、智育、体育、美育和劳动技术教育等“五育”。因此，在我国中小学设置了与这“五育”相对应的德育学科、智育学科、体育学科、美育学科和劳动技术教育学科等。这些学科一方面相互依存、相互联系，形成了一个科学完整的课程体系；另一方面，它们又彼此独立，各有自己独特的作用和功能，不能相互替代。但在应试教育中，人们对学校开设的这些学科的态度和重视程度却是截然不同的。中考、高考要考的学科习惯上被称为“主科”，受到极大的重视，并在课程安排、课时数和教师配备上得到优先的照顾。而中考、高考不考的学科被称为“副科”，在课程安排、课时数及教师配备等方面都得不到最基本的保证，师生都在敷衍了事。这种在课堂教学中重视应考学科，忽视甚至取消非应考学科的做法，割裂了课程结构和体系的科学性和完整性，劣化了学生的知识结构和认知结构，并由此造成了学生片面畸形的发展。显然，这与素质教育促进学生全面和谐发展的要求是格格不入的。因此，实施素质教育就要求改变过去重考试课程、轻非考试课程，“考什么就教什么，不考什么就不教什么”的做法。在课堂教学中，一方面要按照国家制定的教学计划和教学大纲的要求，开齐规定的学科；另一方面，对学校里开设的所有课程也应以教学计划和教学大纲为依据，在课程设置、课程内容和课时数等方面都予以充分的保证。这样的教学才有助于形成学生科学完整的知识结构和认知结构，并最终造就全面和谐发展的人。

三、实行分层教学，使每一个学生都得到发展

应试教育思想影响下的课堂教学的典型形式是班级授课制，而且这种班级授课制是一种缺乏因材施教的班级教学模式。这种教学模式要求学生和教师在同一时间按照同一教学进度学习和讲授同一教学内容。这种教学模式在客观上难以照顾和适应学生的个别差异。加之应试教育属于一种选拔性的教育，它的筛选性决定了学生的学习成绩和发展呈两极分化，并导致大批学生在接受教育的过程中不断被淘汰。因此，在这种教育体制下，学生不可能都得到发展，而这与素质教育

的全体性原则是相悖的。针对应试教育的这一问题和弊端，人们在对课堂教学的组织形式进行改革的过程中提出了分层教学、分层要求、分层推进的教学策略。其具体做法主要有两种形式：一是课程类型式分层教学，主要是把教学内容和作业量及作业内容按高、中、低不同的要求分为三个不同的层次，然后学生依据自己各学科的学业水平和学习潜力，自愿选择参加某一层次的学习；二是跨班组合式分层教学，即由同年级各班学生自愿选择参加某些学科的学习而组合形成高层次辅导和低层次辅导的分层教学。不管是课程类型式分层教学，或是跨班组合式分层教学都贯穿着集体教学、小组教学和个别教学三种教学组织形式，它尤其是对教师的分类指导、个别辅导和分层评价提出了更高的要求。实施分层教学、分层要求、分层推进的教学组织形式后，所有的学生，包括差生在原有基础上都获得了提高和进步。可以说教学组织形式的这种改革是在课堂教学中实施素质教育的一条有效途径。

四、以发展学生思维能力为核心，促进学生多方面能力的发展

应试教育最显著的特点是“应试”，一切都是围绕考试，尤其是中、高考来进行的。而且我们过去的考试又主要是一种知识性的考试，它着重考查学生掌握知识量的多寡。因此，应试教育是一种知识本位的教育体系，它把知识的传授和学习作为教学最重要的任务。当然，应试教育也并非排斥发展智力，它也主张在教学过程中培养学生的智力，但它认为发展智力的目的还是为了使学生更快更多地掌握知识。这样，它始终把学生智力的发展放在从属的、服务于知识掌握的地位上。同时，应试教育在发展学生智力上也具有片面性。由于应试教育重视知识的掌握，相应的它十分注重发展学生的记忆力，特别是机械记忆能力，而对智力的其他构成要素，如思维能力、注意力、想象力和观察力则重视不够。因此，在课堂教学中实施素质教育就要求教师以促进学生思维能力的发展为核心，全面提高学生智力和能力的发展水平。而要在课堂教学中培养学生的思维能力，教师首先就要认真地设计问题，通过问题来启发学生的思维，即精心设疑、启动思维；并且教师在指导学生的过程中要交给学生学习和解决问题的方法，即引导解疑，授予方法；另外，教师还应发扬教学民主，形成一种宽松、活跃的课堂气氛，从而鼓励学生通过自己的独立思考大胆地提出问题，即教学民主，鼓励质疑。

五、精讲精练，减轻学生的课业负担

在应试教育中，由于考试的内容偏重于知识的记忆，因此，教师在教学中盛行猜题、押题，大搞题海战术。应试教育很重要的一条教学原则就是强调多讲多

练，使学生见多识广。后来人们认识到多讲多练由于造成师生双方的负担都过重，其效果并不好，从而提出了精讲多练的理念。精讲多练虽然比多讲多练前进了一步，但这种教育始终是试图通过学生做练习题数量的积累来达到应付考试的目的。这样做的结果不仅加重了学生的课业负担量，造成了我国中小学生课业负担过重的现状，而且也由于这些大量的练习题在课题性质和课题类型上相互重复，对学生智力发展的价值并不大。因此，在课堂教学中实施素质教育就必须减轻学生的课业负担，并把“减负”作为促进学生主动地、生动活泼地发展的一个突破口。这实际上也就要求教师在课堂教学中精心设计教学内容，通过增加课堂教学在单位时间内的知识容量，来提高课堂教学的效率，即向课堂 45 分钟要质量。另外，教师给学生布置的作业要少而精，要具有典型性、代表性、综合性、普遍性和可迁移性等。这样，既可减轻学生的课业负担，又可充分促进学生智力的发展。因此，精讲精练应该是素质教育的课堂教学的一个重要特征。

六、优化课堂教学的心理气氛，培养学生健康的心理素质

素质教育要求促进学生素质的全面发展，而一个人的素质主要由思想道德素质、智能素质、身体素质和心理素质等构成。在我们过去的教育中，对培养学生的思想道德素质、提高学生的智能素质、发展学生的身体素质是比较重视的，但对学生的心理素质则极大地忽视了。而学生心理素质发展上的种种缺陷和问题已成为当前实施素质教育的一个难点。因此，通过课堂教学培养，使学生形成健康的心理素质就成为开展素质教育的必然要求。在课堂教学中培养学生的心理素质，一是教师要有意识地把发展学生的心理素质作为教学工作应完成的一个目标；二是教师要加强对学生的情感教育；另外，由于学生的心理健康与课堂教学的心理气氛有直接的关系，而课堂教学的心理气氛又受制约于教师管理课堂教学的方式，这也就要求教师在课堂教学中采用民主型的管理方式，从而形成良好的师生关系，营造和谐的课堂心理气氛，而这对学生心理健康素质的形成是大有益处的。

以上从六个方面粗浅地探讨了在课堂教学中实施素质教育的基本要求，其实，只要是面向全体学生，促进学生全面地、主动地、生动活泼地发展的课堂教学，不管其形式如何，就都具有素质教育课堂教学的性质和特点，就都值得尝试和倡导。

视点3：素质教育的切入点

教育必须转轨，实施素质教育势在必行，这虽已是全社会的共识，但对于如何实施素质教育，不少人仍感到茫然。相当一部分教师认为，素质教育的内涵太广，在实践中不易操作。因此，当前的重心应转到研究怎样实施素质教育，即转到实施素质教育的途径和方法等的探索上。“素质教育”一词的广延性和高度概括性，决定了素质教育实践的复杂性、多样性和多开端性。现在全国各地许多学校都在开展各具特色的素质教育实验，其特色主要体现在他们实施素质教育切入点上的差异。了解和分析各地实施素质教育的切入点，对我们当前开展素质教育实践有较大的启发和借鉴意义。鉴于此，笔者特把当前一些地方和学校实施素质教育的切入点做一归纳和介绍。

一、从转变教育思想和观念入手

实施素质教育实质上就是一场教育思想观念的大变革，它要求学校的教育工作者、学生家长和全社会转变传统的教育思想观念，树立新的教育观、质量观和人才观。现在全国各地都在开展转变教育思想观念的大讨论，并把思想观念的变革作为实施素质教育的基础和前提。

二、从加强薄弱学校的建设入手

素质教育的一个要义就是面向全体学生，使所有的学生享有受同等教育的权利。但薄弱学校的存在客观上造成了学生接受教育的差异和不平等。因此，全国不少地方都把加强薄弱学校的建设作为实施素质教育的突破口。如天津市自1986年起就把治理基础薄弱学校作为市政府为群众办的20件实事之一；上海也推出了“长桥教育工程”等。

三、从减轻学生的课业负担入手

素质教育的另一要义是使学生主动地、生动活泼地得到发展，减轻学生的课业负担无疑是促进学生主体性发展的一个突破口。不少地方和学校都对此进行了有益的尝试，并取得了较好的效果。

四、从制定科学的教育质量评估体系入手

应试教育的一个根源是传统教育评价指标体系的不科学，它往往以学生考试的分数和升入高一级学校的学生比例作为衡量教育质量的主要的，乃至唯一的指标，因此必须重新制定科学的教育质量的评价标准，这是实施素质教育的一个关键。如广东省、山东烟台、辽宁鞍山等地都将“百分制”改为“等级制”，并制定科学的指标体系，以全面评价学校的办学质量。

五、从提高广大教师的素质入手

教师是实施素质教育的主体，素质教育需要高素质的教师队伍。教师素质不提高，素质教育就只不过是一句空话。提高教师素质，一是要加强师范教育；二是要加强教师的在职培训。如上海推出的“名师工程”等。

六、从课程、教材和教法的改革入手

从课程、教材和教法的改革入手是实施素质教育的关键性环节。课程、教材、教法的改革要做到注重基础、精简内容、降低难度和发展能力。在课程、教材改革上要特别注意改变过去“考什么就教什么”的状况，重视学校开设的活动课和科任课，并由此构建发展学生全面素质的课程、教材体系。如上海、浙江等地对课程、教材进行改革，编写出新教材，并已推广使用。在教法上，要废除满堂灌、注入式，提倡启发式，激发学生学习的主动性、积极性和能动性。

七、从进一步调整教育结构入手

传统应试教育的另一根源在于教育结构的单一性和不合理性。尽管这些年“千军万马挤过独木桥”的状况已有很大的改变，但这一问题并未从根本上得到解决。现在山东、山西、吉林、辽宁等省调整教育结构，开展了多种形式的分流教育，这为应试教育向素质教育转变提供了有利的外部条件。

八、从开展内容丰富、形式多样的课外、校外活动入手

实施素质教育要求改变过去重课内，轻课外、校外的状况。为了促进学生素质的全面发展，还应拓展学生接受教育的时空。现在不少学校通过活动课和课

外、校外活动，培养“合格加特长”的学生，充分体现了素质教育的精神实质。

九、从加强教育督导入手

由于应试教育的思想在我国根深蒂固，有较坚固的传统基础；加之目前我们实施素质教育的内外部条件尚未完善，因此当前实施素质教育肯定会有不少阻力。一些学校更是打着素质教育的幌子，行应试教育之实，即所谓的“素质教育轰轰烈烈，应试教育踏踏实实”。这样，加强教育的督导和检查就成为当前实施素质教育必不可少的一个环节。湖南汨罗、山东烟台等地区是这方面的成功典范。

总之，各地实施素质教育的“着手点”尽管多种多样。但是我们认为，只要是面向全体学生，并促进学生全面素质得到主动地、生动活泼地发展的教育，不管其形式如何，都是对素质教育的探索，都值得肯定和倡导。只有在这种全面探索、多方实践的基础上，才可以综合构建一整套科学的、完备的、符合我国教育教学实际的素质教育理论体系和实践体系。

第六编　关于“教师威信”的新视点

教师是教育过程中的组织者、领导者和管理者，在教育过程中发挥主导的作用。本次基础教育新课程改革虽然十分强调改变传统的师生关系，确立学生在学习和发展中的主体地位以及学生在法律和伦理方面的责权主体地位，但本次新课程改革丝毫没有降低教师在教育过程和学生身心发展中的主要作用，甚至它把学生生活的幸福与否都与所遇到的老师联系了起来。教师劳动与社会其他劳动相比较的一个主要区别和特点就是劳动手段的主体化。即教师主要是通过自身的知识、能力、品德、修养和学识来教育和影响学生的。这也就决定了教师自身素质的极端重要性。教师素质无疑是一个十分宽泛的概念，它包含的内容十分繁杂。在这里，我们主要就教师威信以及与之相关的学生对教师的认同感问题作一简单的分析。

视点 1：教师威信问题研究综述①

教师是教育教学过程中的一个重要因素，在教育教学中发挥着主导的作用，因此，教师问题就应该成为教育教学理论研究的一个重要课题。教师问题的研究所涉及的领域很多，其中的一个重要方面就是教师的威信问题。综观国内外的教育论著，对教师威信问题都有不少论述。在这里我们试做一个简要的评述。

一、影响教师威信形成的因素

研究教师威信，很重要的一点就是探明影响教师威信形成的因素，从而为教师在学生中树立威信创造条件。总的说来，影响教师威信形成的因素是复杂多样的，其中既有外部因素，又有内部因素；既需要主观条件，又需要客观条件；既取决于社会的影响，又与教师的主观努力有着密切的关系。如此等等，不一而

① 褚远辉．教师威信问题研究综述［J］．上海教育科研，1995（8）．

足。概括起来，影响教师威信形成的因素大致有以下几种观点。

（一）主客观因素论

翻开诸多教育论著，我们发现大多数都认为影响教师威信形成的因素从总体上可划分为两类：客观因素和主观因素。

1. 影响教师威信建立的客观因素

主客观因素论的观点认为教师威信的建立需要有一定的客观条件，这些客观条件主要包括：一定社会统治阶级对教师的重视与否，社会对教师的态度，教师本身的社会地位、经济地位以及学生家长对教师职业的看法等。我们认为，在研究影响教师威信形成的客观条件时，不应忽视的一个因素是社会文化心理对教师威信形成的外部制约作用。这种作用从性质上可分为两类：积极的强化作用和消极的阻碍作用。对这个问题，我们可以简单地从历史和现状两个方面加以探讨。

一是传统社会文化心理对教师威信的影响。一个国家历史文化发展的传统对教师威信的形成具有一定的影响。在我国历史上，对待教师的态度明显地表现出一种双重性的特征。一方面，有尊重教师的传统。在古代，人们就曾把教师和天、地、君、亲并列，教师职业受到人们的尊敬，这就为教师威信的建立提供了有利的社会条件。另一方面，又有“三教九流，教为末等”、“家有三斗粮，不当孩儿王”的说法，教师职业受到社会的轻视。显然，这又不利于教师威信的形成。二是当前社会舆论对教师威信的影响。社会舆论又称为公众的意见和看法。它是指社会上大多数人对于一种有争论的事情，用富有感情色彩的语言发表的态度、意见以及与其相伴随的意向和思想，显示出一种在心理上有制约作用的共同意见。社会舆论是一种群众性的社会心理现象，它起着一种社会评价的作用。社会舆论对教师威信的影响主要体现在当前教师职业的社会评价上。在目前，由于教师待遇较差，社会地位偏低，一些地方还不同程度地存在着拖欠教师工资和殴打、侮辱教师的现象；加之教师工作具有繁重性和艰苦性，导致教师职业声望较低，社会评价不高。现实中的情况是：一方面，优秀的初高中毕业生不愿报考师范院校，师范院校毕业生千方百计改行，流入其他赚钱多的热门行业；另一方面，在职教师不断流失，而那种“身在曹营心在汉”的隐形流失的情况更是大量存在。虽然造成这种状况的原因是多方面的，但由于没有真正认识到教育的战略地位，没有在全社会形成尊师重教的风气，从而导致社会舆论对教师职业的评价偏低，不能不说是其中的一个主要原因。现在随着国家和社会对教育重要意义认识的提高，特别是《教师法》的制定和颁布，尊师重教的风气一定会在全社会逐步形成，这就为教师威信的形成提供了社会的保障。

2. 影响教师威信形成的主观条件

教师威信的形成，除必须具备上述客观条件外，它更与教师的自身主观条件有直接的关系。这些主观条件包括：教师高尚的思想情操、良好的道德品质、渊博的知识、高超的教育教学艺术，教师的仪表、风度、生活作风和习惯以及教师给学生的“第一印象”等。

（二）内外因素论

内外因素论的观点认为，影响教师威信形成的因素主要分为外部因素和内部因素两类。

1. 外因论

外因论的观点认为，教师威信是在社会所赋予教师的一定权利和地位的基础上所建立起来的一种影响学生思想和行为的力量。即这种观点认为，决定教师威信形成的主要因素不在于教师自身内部，而在于一种外在的影响，这种外在影响是一个社会从组织上和制度上加以规定的。如在任何社会中，教师总是施教者，学生总是受教者；教师总有教导和指挥学生的权利，学生也有听从教师教导的义务。教师的威信就是在这个过程中确立的。这种观点在传统教育理论流派中体现得比较典型，如德国著名教育学家赫尔巴特等人就认为，教师就是应该在教育中处于绝对的支配地位，在学生心目中享有崇高的威信，这是一个不需论证的教育前提。

2. 内因论

内因论的观点认为，教师威信的形成主要取决于教师本人所具备的内在素质，教师威信的形成主要不是一种外塑的过程，而是一种内发的过程。如苏联著名教育家马卡连柯就认为：“……威信本身的意义，在于它不要求任何证明，在于它是一种不可怀疑的长者资望及其力量和品质。可以说，这种资望、力量和品质，连单纯的儿童的眼里也是明白的。”

（三）心理因素论

心理因素论的观点认为，教师威信的形成与下面一些心理因素有关，这些心理因素主要包括：第一印象、受教感、崇师心理及“向师性”等，简单阐述如下。

1. 教师的“第一印象”与教师威信

教师给学生的第一印象对教师威信的形成有重大的影响。因为教师在同学生初次见面时，总是作为一个新异刺激出现在学生面前。在这种情况下，教师能引起学生高度的注意，学生对教师的观察很仔细、敏锐，感受也最深刻。这时，教师如果在课堂上表现出惶恐不安、语无伦次、没有信心，则会影响教师威信的建立；相反，如果教师给学生留下一个良好的“第一印象”，则可能在学生中很快建立起威信。

2. 学生的崇师心理与教师威信

任何社会组织作为具有一定行为意向的人群集合体，为了实现统一的组织目标，必须由权威来实施领导，这是社会存在和发展的客观要求。在教育过程中，教师在学生中就扮演这种权威的角色。社会心理的研究表明，人类对自己群体中的卓越领导者，容易产生一种崇拜心理。而在学校教育中，作为学生集体的组织者和领导者的教师也容易受学生的尊重与崇拜。学生的年龄越小、年级越低越是尊重和崇拜教师。这种学生对教师的崇拜心理为教师威信的建立提供了有利条件。

3. 学生的受教感与教师威信

受教感是学生的心理倾向特征之一。所谓学生的受教感，是指学生感到要以学习为主要任务，要听从教师的教导和指挥。学生的受教感既是学生的一个重要心理特征，也是学生的一种本质属性，它实质上是学生社会角色意识的一种表现，反映了学生有吸收知识、获得发展的需要和愿望。既然学生有接受教育的自然倾向，而教育工作的主要承担者是教师，那么，学生本质上就有一种认同教师、接受教师的倾向。学生的这种受教感也有利于教师威信的建立。

4. 学生的“向师性”与教师威信

学生的“向师性”是指学生都有模仿、接近、倾向于教师的自然倾向。从幼儿园的儿童到大学生都有尊敬教师、乐意接受教师指导的倾向，都有希望得到教师热情地、认真负责地教导他们的倾向，这是学生普遍存在的一个特点。有人把学生的这种特点形象地比喻为学生好像花草树木之趋向于阳光一样趋向于教师。学生的“向师性”在不同年龄阶段具有不同的特征。幼儿园和小学低年级的儿童主要表现为对教师的一种依恋的情感，随着学生年龄的增长和知识经验的丰富，学生的“向师性”又从满足交往的需要转变为满足求知欲和完善人格的需要，并以此建立起他们与教师的感情。正因为学生具有这种“向师性”，学生才能接受教师的教育，才能尊重、热爱教师，相信教师，并与教师建立起深厚的感情。学生的“向师性”也为教师威信的建立提供了有利条件。

二、教师威信形成的过程

教师威信的形成是一个长期、复杂的过程，同时又是一个令每位教师十分向往的过程。另外，教师威信形成的过程与影响教师威信形成的条件往往是混杂在一起，不能截然分开的。我们只是为了研究问题的方便才把二者分离开来单独进行研究。对教师威信形成过程的探讨主要有下面三种观点。

（一）活动—交往说

活动—交往说的观点认为，教师威信的形成需要一定的主观条件，这是毋庸置疑的。但是仅仅具备了主观条件，教师威信的形成也不可能成为现实。教师威信的形成是在具备主观条件的基础上，在教师和学生活动和交往的具体过程中实现的。活动和交往既是教师威信形成的外在媒介，也是教师威信形成的具体形式。如王丕主编的《学校教育心理学》中就写道：“教师威信是在长期与学生交往中形成的……在相互交往中，教师如果能爱护、关心、体贴学生，师生情感很融洽，教师威信就能迅速在学生中建立起来。教师的威信也往往随着师生关系性质的变化而变化。”①

（二）榜样—模仿说

榜样—模仿说实际上是第一种观点的延伸和发展。它认为教师威信主要是在教师和学生相互交往和活动中，通过师生间的相互接触、相互了解、相互认同来形成的。而这种活动和交往就其实质而言又主要是一种榜样及其对榜样的模仿和学习。这一方面固然是由于教师自身在学生心目中的特殊地位和高大形象造成的；另一方面也是由学生的心理特征使然。因为青少年学生心理的发展特征之一是他们具有模仿性，年龄越小、年级越低的学生模仿性越强。这样，他们具有模仿的心理倾向，又有模仿的对象。教师威信正是在这种榜样（教师）—模仿（学生）的过程中形成的。

（三）动态发展说

动态发展说主要是从过程的角度来论述教师威信的形成的。它认为，教师威信的形成都要经历由言到行，在广度上由局部到全面、在深度上由浅入深这样一个过程。同时，教师威信的形成也不是一成不变的。随着外部条件的变化及教师主观努力的差异，教师威信处在不断的变化发展过程之中。原来有威信的教师如果不严格要求自己，工作马虎，处理事情不公正，那么他的威信就会下降，甚至丧失；相反，原来在学生中威信不高的教师，若能改正自己的不足，认真教书育人，他就会逐渐得到学生的认可，并在学生中树立起威信。在这里值得注意的一点是，在一般情况下，恢复威信比获得威信要困难得多。

① 王丕．学校教育心理学［M］．郑州：河南大学出版社，1988，476.

视点2：教师威信的功能及学生对教师的认同感

一、教师威信的功能

（一）促进学生认知水平发展的功能

有人曾做过这样一个实验：在大学里把一个班的学生分成两个组，由两个不同的人给他们讲授同样的内容，一个是该学科著名的专家，另一个是该班的任课教师。课后对学生进行测验，结果发现了一个有趣的现象：由专家执教的那个班学生对所讲授的材料，在识记的数量、程度及对细节的掌握上都要优于后者。这个实验给我们的启示就是威望对学生的认知活动有影响。同样，教师的威信也对学生的学习活动有积极的影响。在教学过程中，教师威信虽然不直接参与到学生的认知活动中去，但它通过激发学生学习活动的情意方面（学习动机、学习意志及学习情感等），增强学生学习的动力系统；另外，学生相信有威信的教师所讲内容的真实性和正确性，从而能增强其接收和掌握知识的积极性和主动性，促进其诱发行为的意志。上述两个方面都可以起到提高学生认知水平的作用。

（二）对学生进行思想品德教育的功能

教师威信作为教育教学过程中一个重要的教育因素，它对学生思想品德的形成有重大影响。这首先是因为教师的威信是学生是否接受教导的前提和基础。一个有威信的教师深受学生尊敬、热爱，他的话学生容易听得进去，并能很快转化为学生自己的行为；相反，一个没有威信的教师，他讲的话、布置的任务即使是正确的，也可能不被学生接受，甚至误解。其次，教师威信作为教师各种优秀品质的浓缩，它同时又是一种无形的教育影响，渗透到教育教学过程的各个方面和全部过程，对学生起着潜移默化的作用，而这种教育影响具有滴水穿石的力量。再次，富有威信的教师在学生中有很大的影响力和号召力，他对学生的批评和表扬更能唤起学生相应的情感体验，从而有助于强化或弱化学生的某种思想和行为的形成，使学生长善救失、扬善抑恶。最后，教师威信又为教师对学生的教育转化工作提供有利的条件。有威信的教师，学生容易接受其教诲，所谓的“亲其师、信其道”就是这个道理。这样，教师就可以利用自己在学生中的威望，对学生灌输马列主义、毛泽东思想及共产主义道德品质，把社会主义社会对学生的要求转化为学生的信念，并在这个过程中把学生培养成为社会主义的建设者和革命的接班人。

二、学生对教师的认同感

关于影响学生对教师认同的主要因素，人们的看法各异。综观教育发展的历史，我们发现在这个问题上主要有两种观点：一种观点是外塑论，认为学生对教师的认同是在社会所赋予教师一定权力和地位的基础上建立起来的，决定学生对教师认同与否的主要因素不在教师自身的内部，而在于一种外在的影响，这种外在的影响是一个社会从组织上和制度上加以规定的。如在任何一个社会中，教师总是施教者，学生总是受教者；教师总有教导和指挥学生的权力，学生也有听从教师教导和指挥的义务。学生对教师的认同就是在这个过程中自然确立的。另一种观点是内烁论，这种观点认为学生对教师的认同与否主要不在于社会赋予教师多大的权利和地位，而应该是教师在教育教学活动中由于自身的素养和人格魅力而在学生心目中树立的崇高威望。我们认为内烁论观点更符合学生对教师认同感的本质以及教师劳动的特点和规律。这是因为教师劳动主要是一种培养和造就人的活动，而这种劳动与社会上其他劳动形式相比较，其最显著的一个特点是教师劳动手段的主体化，即教师主要是通过自己的言行来影响学生的，并且在劳动的对象、方式及最终结果等方面都具有一定的特殊性。从某种意义上讲，教育活动不仅是一个理智的过程，更是一个情感相互影响的过程。教师劳动的这些特殊性决定了在教育活动中，学生对教师的认同感的形成主要源于教师自身的素质和人格影响。这些素质主要包括：教师高尚的思想情操和人格特征、渊博的知识和较强的教育教学能力、对教育事业的献身精神和对学生的尊重爱护，以及精湛的教学艺术和教育机智，等等。

当前，随着信息化社会的来临和知识经济的初露端倪，学生对教师的认同感问题明显地陷入一种两难境地。一方面，只有当学生对教师产生认同感，教育教学才有实效，良好的师生关系也才能顺利建立；但另一方面，在信息社会中，学生的“逆师性”增强了，他们对教师的认同感有逐渐弱化的趋势。造成这种状况的原因主要是由于教师和学生在年龄、所受教育、社会经历及生长背景等方面的不同而这导致教师文化和学生文化两者具有明显的差异性和矛盾性。这主要表现在下面三个方面。首先，相对来讲，教师文化比较稳定、发展滞后，而学生文化却变化不定、富有生机，并具有一定的超前性。其次，在现代社会中，学生的精神生活空间和社会交往日益扩大，接受影响的媒体也大大增多，他们的主体意识开始觉醒，独立性和自主性不断发展。学生对教师的教育影响也由过去的无条件接受变为现在的有选择性地接受，这也使两者之间产生了矛盾。加之，在信息社会中，现代教育技术手段广泛地运用于教育教学领域，传统教学的时空被突破和拓展，教师的部分角色已被现代教育技术手段所替代。尽管我们反对“学校消亡论”和“教师消亡论”的观点，但在当代社会中教师在学生心目中的权威地位受到严重挑战却是不争的事实，这也加剧了两者的矛盾。虽然教师文化和学生文化的差异性和矛盾性自教师职业产生之日起就存在，但现在这两者的矛盾性和差异性加剧了，这在客观上也影响了学生对教师的认同。因此，如何正确认识和处理其间的矛盾，解决这个问题，无论在理论上还是在实践上都具有重要的意义。

第七编　关于“比较教育”的新视点

在全球化和国际化的背景下，世界各国的教育从来没有像现在一样紧密地联系在一起，每个国家的教育都不可能在一个封闭的环境中孤立地发展；同时，每个国家的教育也总是在不断学习和借鉴其他国家教育优点和长处的过程中得到发展的。在这种背景下，比较教育研究应运而生了。比较教育研究产生以后，又在世界各国教育的改革和发展中发挥了愈益重要的作用。在本编中，我们主要探讨比较教育学科建设和理论研究中的两个重要问题：比较教育研究中的“两端对立”现象和比较教育研究中的价值问题。

视点1：比较教育研究中的“两端对立”现象①

比较教育学术界一般把法国比较教育学家朱利安（Marc - Antoine Julian）在1817年发表的《比较教育的研究计划和初步意见》作为比较教育学成为一门独立学科的标志，并把比较教育学的发展历史划分为比较教育学的史前时期（1817年以前）、比较教育学的初创时期（1817年至19世纪末）、比较教育学的发展时期（19世纪末至20世纪40年代）和比较教育学的新探索时期（20世纪50年代以后）四个阶段。纵观比较教育学的整个发展历史，人们普遍认为它远远尚未成为一门成熟的学科，其中的一个直接证据就是直到今日比较教育学自身还存在着身份危机的问题，人们对比较教育学科内部的理论框架、构成范畴、研究方法、专门术语、基本体系和结构等诸多方面的认识还存在着很大的分歧和差异。比如，比较教育学到底是不是一门独立的学科，比较教育学研究的价值取向是什么，比较教育学有没有自己独特的研究方法以及如何构建比较教育学的基本概念、基本范畴、基本原理、基本理论、基本结构、基本范式、基本话语体系和基本理论解释框架等。对上述问题，不同的人总是有不同的描述、解释和结论。在

① 褚远辉，陈时见．析比较教育研究中的“两端对立”现象［J］．外国教育研究，2010（6）：11－15.

比较教育学这门学科的研究中似乎从来就没有在多少领域中和在多少具体问题上形成过共识。作为一门以异质领域为主要研究对象的比较教育学，应该讲，出现这样的现象是十分自然和正常的。但作为研究者，就不能仅仅停留和局限在这种认识上。如果沿着这一问题再作进一步的考察和思考，我们就会发现其间存在着一种十分独特而有趣的现象：在比较教育学这门学科的研究中，证明某一论断的各个观点之间的分歧往往是两端对立和相互矛盾的，并由此构成了比较教育学研究中的未确定性。这种矛盾对立性和未确定性，从消极的方面来讲，它反映了比较教育学科自身的松散性、矛盾性、分裂性和不成熟性等，它带来的是比较教育学的学科同一性不足以及由此引发的身份危机问题；从积极的方面来看，它又体现了制约比较教育学研究因素的多样性和复杂性，反映了比较教育学研究中的活跃性和多元化；同时，也反映了比较教育学还存在着众多的未定领域，具有巨大的探索空间、潜力和极大的学术魅力等。总之，研究这一现象对深化比较教育学科本体的认识和促进其学科建设都具有一定的理论意义和学术价值。在这里，我们以对比较教育学科独立身份的认识为例来具体地说明和分析这一现象。

一、从对比较教育学科独立身份的认识看比较教育研究中的“两端对立”现象

（一）从“学科化”看比较教育学科独立身份的两种对立观点

学科化是获得学科独立身份的最重要的一个表征。一般认为，朱利安（Marc - Antoine Julian）的《比较教育的研究计划和初步意见》发表后，比较教育学就开始从教育学这个母体学科中分化出来成为一门独立的学科。这即是说，比较教育开始成为一门有自己独立身份的学科。从这个意义上讲，比较教育学的发展历史就是作为一门独立学科的比较教育学通过不断加强自身的学科建设、构建和完善本学科的理论体系以及运用其原理和理论，指导教育教学改革和经济社会的发展，并充分发挥自身独特的功能和价值的过程。这可谓关于比较教育学科独立身份的主流观点。但与此同时，又存在着另一种相反的观点，即比较教育学“非学科论”。持这种观点的人认为，由于自身的研究对象太宽泛和笼统，加之缺乏独特的研究方法、完整的理论体系和有解释力的理论框架等，比较教育尚未成为一门独立的学科，这也就意味着比较教育尚未取得独立的学科身份。其中的代表性观点主要有：（1）比较教育是一种研究领域，而非一门独立的学科。如法国学者黎成魁（Lê Thành Khoi）就认为：“比较教育不是一门‘学科（discipline）’，

而是一个‘研究领域（field of study）’。”① 我国学者马骥雄也认为：“比较教育还是一个研究领域，尚未建成严格意义上的‘学科’。”②（2）比较教育是一种具体的研究方法或方法论原则，而非一门独立的学科。如认为比较教育是一种研究教育问题和事实的具体方法或方法论原则，在其中最核心的成分和要素就是比较研究。（3）比较教育是一种国际教育交流论坛，而非一门独立的学科。如有人就认为它是一切愿意贡献教育见解的社会群体的公共领域，“一言以蔽之，比较教育是国际（跨文化、民族间）教育交流的论坛”③。（4）比较教育是一门大学科或超学科，而非一门具体的学科。他们认为，比较教育很难说就是一门独立或单纯的学科，它大于一门具体的学科，是多种学科的混合体，具有大学科和超学科的性质和特点。如阿根廷比较教育学家奥利韦拉（Carlos E. Olivera）就把比较教育学凌驾于教育学之上，认为它处于一个超过具体社会科学的水平面上。（5）比较教育是一种有关教育的思维形式和认知过程。如认为比较教育的核心就在于比较，而比较就其实质而言是人类在头脑中进行的一种思维形式和认知过程。并由此认为，比较教育是一种对教育问题和现象进行探讨的思维形式和认知过程，它从属于人类的心理活动。如此等等，不一而足。总之，在学科独立身份这一问题上就存在着两种完全对立的看法，其中在每一种看法内部又存在着诸多观点各异的认识。在这一点上，比较教育学表现得十分典型，堪称教育学各学科之最。

（二）从“跨学科性”看比较教育学科独立身份的两种对立观点

跨学科性，或者是多学科性和大学科性是比较教育学的一个重要性质和特点。在跨学科性与比较教育学独立身份两者之间关系的认识上，也存在着两种相互对立的观点。一种观点认为，跨学科性有助于比较教育学科独立身份的获得。他们认为，跨学科性的性质和特点为比较教育学成为一门独立的学科提供了学科和理论上的支撑。在他们看来，跨学科性和多学科性的特点在客观上使比较教育学可以从其他多门学科中移植、借鉴和吸收各种观点、内容、结构、话语体系和研究的方法等，这就为比较教育学独立学科身份的形成和增强奠定了广泛的学科基础和提供了丰富的养料。但另一种观点则认为，恰恰是跨学科性和多学科性这一性质和特点构成了比较教育学成为一门独立学科的最大威胁。因为如若这样的话，比较教育学就只能从其他主流社会科学中吸收和借用基本概念、基本原理、基本理论、基本研究范式、基本结构和范畴等，这就在很大程度上影响了比较教育学科独特性的形成和独特价值的发挥，从而不可避免地造成了比较教育学科自身理论体系的脆弱性、松散性和结构的不完整性，并削弱了比较教育学科的内聚

① 赵中建，顾建民．比较教育的理论与方法——国外比较教育文选［M］．人民教育出版社，1994，3.
② 全国比较教育研究会．国际教育纵横——中国比较教育文选［M］．人民教育出版社，1994，44.
③ 顾明远，薛理银．比较教育导论——教育与国家发展［M］．人民教育出版社，1996，15.

力，由此造成了比较教育的非学科化。

（三）从“研究方法”看比较教育学科独立身份的两种对立观点

研究方法是一门独立学科形成的内在要素和重要基础，并且研究方法的独立性、独特性和发展水平往往是衡量和判断一门独立学科形成及成熟与否的一个重要标志。在这个问题上，比较教育学界也有两种截然相反的看法。一种观点认为比较教育学有自己独有的研究方法，或者认为所有社会科学的研究方法都是相通的，并以此肯定了比较教育学的独立学科身份。如有人就认为，社会科学的研究方法都是相通的，其他社会科学的研究方法也都适用于比较教育学。诘难比较教育学没有自己独特的研究方法，并以此来否定比较教育学独立学科身份的观点是一种对比较教育学的吹毛求疵和苛刻要求。持这种观点的人通常的解释有两点：(1) 把比较教育学与它的母体学科教育学作比较，认为教育学本身就很难说有自己独特和独立的研究方法，但并没有多少人怀疑教育学的独立学科身份。如此，以缺乏自己独有的研究方法为证据来否定比较教育学的学科独立身份就具有主观臆造性。(2) 认为比较教育学也有自己独有的研究方法，其中最独特，也是构成比较教育学方法论基础的就是比较研究法。而另一种观点则以缺乏自己独特的研究方法为由来否定比较教育学的独立学科身份。他们认为，每门独立和成熟的学科都应该有自己独立和独特的研究方法，而比较教育学往往是在运用教育学和其他社会科学的研究方法，即便是它引以为自豪的比较研究法也不是比较教育学独有的研究方法，因为其他自然科学和社会科学也都在广泛地使用比较研究法，并由此以缺乏自己独立和独特的研究方法为依据来否定比较教育学的独立学科身份。

（四）从“全球化背景”看比较教育学科独立身份的两种对立观点

当今世界，以经济的全球化为牵引和先导，各国之间的国际交流与合作日益频繁。从横向来看，各国交流与合作的领域在不断拓展，涉及政治、经济、文化、科技、教育和其他意识形态等方方面面；从纵向来讲，各国之间的交流和合作也在往纵深方向深入和发展，所谓的全球化时代已经来临。在全球化的时代背景下，比较教育学的发展更是遇到了许多前所未有的新情况和新问题，其中很重要的一个方面就是全球化趋势对比较教育学发展的影响，而首当其冲的还是对比较教育学独立身份的影响。在这里也有两种完全不同的认识。一种观点认为，全球化的趋势将导致比较教育学科的最终消亡。持这种观点的人认为，全球化的一个显著特点是趋同和一体化。具体反映在教育上，就是在全球化浪潮的影响下，世界各国的教育在基本理念、基本目标、内容、方式方法、组织形式和考试及评价等方面的要求和内涵将越来越趋于一致，与国际教育接轨就意味着各国教育中原有的差异性、独特性和民族性等方面的成分将逐渐减少，最终的结果必然是世界教育的大同化和一体化。而没有差异就无从比较，因为差异的丧失将从根本上动摇以比较作为重要基础和方式的比较教育学的根基，并最终导致比较教育学科的消亡。另一种观点则认为，全球化为消除比较教育学的学科同一性危机提供了新的契机。他们认为，全球化、一体化与多样化、差异性、独特性和民族性并非是完全排斥和相互对立的，两者之间的关系应该是对立统一的。即一方面，文化与教育的全球化和一体化在客观上要求并需要文化与教育的多元化、多样性、个性化和民族性。大家耳熟能详的一句话就是“越是民族的，就越是世界的”；另一方面，文化与教育的独特性、差异性和民族性等又丰富了文化与教育全球化的内涵和营养。正如同生物的多样性维持着生物的平衡和生命在地球上的延续一样，文化和教育的全球化不等于文化与教育的一元化，要像保护生物多样性一样尊重文化和教育的“多元之美”。这也就要求在全球化的背景下更应该张扬、尊重和保护各国文化与教育中的个性、独特性、差异性和历史传统等，而这又巩固了比较教育学的学科基础，增添了比较教育学无穷的发展动力。所有这些对保持和促进比较教育学的独立身份是大有益处的。世界比较教育学会秘书长马克·贝磊（Mark Bray）先生就认为：“比较教育学与全球化之间存在着天然的、内在的联系，比较教育学者完全有理由和有资格在人类全球化进程中发挥更积极和主动的作用。”① 有人也认为：“比较教育从一开始即具有全球化的视野，只是由于条件的限制，没有得到很好的表现。新世纪为比较教育的全球化铺平了道路。”②

（五）从“未确定性”看比较教育学科独立身份的两种对立观点

从比较教育学的发展历史和现实状况来看，它在研究主题、研究领域、研究取向、研究方法、基本概念范畴、基本原理、基本结构和话语体系等方面都具有很大的未确定性。关于这种未确定性与比较教育学科独立身份的关系，人们的看法和观点也迥异。一种观点认为，这种未确定性本身就是比较教育学不是一门独立学科的最好证明。在他们看来，研究的未确定性表明了比较教育学的不成熟性，更有人极端地说：“比较教育学还不是一门成熟的学科，而且永远也不可能成为一门成熟的学科。”即正是这种未确定性影响了比较教育学独立学科身份的获得。另一种观点则得出了相反的结论。他们认为，虽然比较教育学诸多领域中的未确定性是客观存在的，但这种未确定性却意味着比较教育学具有巨大的研究空间和潜力，并且认为这是比较教育学研究的基本活力所在。他们得出的结论是比较教育学已经是一门独立的学科了，而且这门学科正在逐渐走向成熟。

---

① 郭元婕．世界比较教育论坛大会综述［J］．比较教育研究，2003（1）：88－90.

② 陈时见．比较教育导论［M］．商务印书馆，2007，138.

以上我们以对比较教育学科独立身份的认识为例来具体说明该学科研究和认识中的“两端对立”现象。其实，这种现象在对比较教育学其他领域和问题的认识中也广泛存在，并具有一定的代表性，由此也就构成了比较教育学的一种十分特殊的发展图景。

二、比较教育学研究中观点“两端对立”现象的原因及启示

我们以对学科独立身份的认识为例，具体罗列了比较教育学研究中观点的“两端对立”现象。那么，究竟应该怎样看待这种现象呢？我们认为，在这里实际包含了两个方面的问题：第一，为什么在比较教育学的研究中会出现这种现象，即造成这种现象的原因是什么；第二，这种现象对比较教育学的研究和发展将产生什么样的影响和启示。

（一）原因分析

在比较教育学的研究和发展中之所以出现“两端对立”现象，原因无疑是多方面的，但概括起来主要无非有外部原因和内部原因两个方面。

1. 外部原因

要探明比较教育学研究和认识中的两端对立现象，还需要我们跳出教育和比较教育本身，从教育与社会的联系以及社会发展对教育的制约和影响这一更上位的视野来研究和分析这一现象。从外部原因来看，这种现象主要是由于各个国家历史文化传统的独特性和差异性以及教育与外部社会发展联系的多方面性和紧密性等因素造成的。从比较教育学的发展来看，它从产生之日起，就一直把对各国教育制度的比较与借鉴作为自己十分重要的研究对象和问题。而教育制度本身并不是孤立的，它深深植根于各国的政治、经济、文化、科技和历史文化传统之中，并受这些因素的影响和制约，每个国家的教育及其制度都可以从这个国家的历史文化传统和民族性中找到其根据。这就决定了它具有复杂性、独特性、异质性和多因素制约性等特点，这也很容易导致以此为主要研究对象的比较教育学在认识和观点上出现多样性、差异性和多元化。这可谓比较教育学内部认识分歧和对立的外在原因。正如英国著名比较教育学家萨德勒（M. Sadler）所说的：“在研究外国教育制度时，我们不应忘记校外的事情比校内的事情更重要，并且制约和说明校内的事情。”①

① 赵中建，顾建民．比较教育的理论与方法——国外比较教育文选［M］．人民教育出版社，1994，115.

2. 内部原因

从教育和比较教育自身来看，造成这一现象的根本原因则在于教育自身的极端复杂性，人们对教育本质和规律的认识很难一步到位，在其间出现认识上的差异在所难免。而从比较教育学这门学科本身来看，出现这种现象的内部原因可能有以下三个方面：一是与比较教育学发展历史的短暂密切联系的学科的不成熟性有关。可以说比较教育学认识和研究中的两端对立现象就是这种不成熟性的一个具体表现。二是与比较教育学的学科性质和特点有关。如前所述，比较教育学的一个重要性质和特点是跨学科性、大学科性和超学科性。这一性质和特点决定了比较教育学的研究者必然要涉及多种学科和领域，由于看问题的角度、立场和方法等的不同，他们似乎很难在该学科的话语体系上取得基本一致，观点和认识出现差异甚至相互矛盾就不难理解了。三是与比较教育学的进步和发展有关。近年来，随着比较教育学的发展，尤其是随着比较教育研究者的主体意识和问题意识等的觉醒，在对比较教育学进行批评和反思的过程中出现了不同的声音，这也是十分正常的。

（二）启示分析

比较教育学研究中的“两端对立”现象对比较教育学发展的影响，我们也可以从两个方面来认识：一方面，比较教育学研究中的两端对立现象的直观表象是由于研究者观察和思考问题的角度、标准和立场的不同而导致认识和观点上的差异，而其深层的原因则在于目前该学科尚缺乏一个相对统一的、大家比较认同的，并且具有较强解释力和说服力的理论框架和结构体系，反映了比较教育学自身的未成熟性以及由此带来的身份同一性危机，这也预示了比较教育学科的建设任重而道远，需要比较教育学的研究者和关心比较教育学的人付出更大的努力。从这个意义上讲，它增强了比较教育研究者的紧迫感和责任感。另一方面，比较教育学研究中的两端对立现象也反映了该学科领域研究的活跃性，而诸多领域和问题的未确定性也意味着比较教育学具有巨大的研究潜力和空间，意味着它又是一个充满生机、活力和魅力的研究领域及学科。从这个角度来讲，从事比较教育学研究的人是幸运和幸福的，也应该是充满信心的。同时，比较教育学研究中的两端对立现象还要求我们对比较教育学的研究方法进行检讨和反思。从根本上讲，比较教育学研究中的两端对立现象是传统二元对立、非此即彼的刻板思维模式的一个具体反映。事实上，比较教育学研究中的诸多相互对立和矛盾的观点是可以折中和调和的，比较教育学研究的一个重要任务就是要在诸多貌似对立的观点之间寻找到一个平衡点，而这个平衡点很可能就是对比较教育各种问题的接近真理性的认识。应该讲，所有这些努力对比较教育学自身的学科建设以及摆脱身份危机是大有帮助的。

视点2：比较教育价值问题的研究

比较教育价值研究主要回答的是“为什么要开展比较教育研究”、“开展比较教育研究到底有什么用途和意义”等问题。回顾比较教育发展的历史，比较教育价值问题既是比较教育学科构建中的一个重要问题，它对比较教育的其他概念和范畴发挥着引领和统帅的作用；同时，它又是比较教育学科建设中的一个比较薄弱的环节，有关比较教育价值问题的专门研究少之又少。在这里，我们对有关比较教育价值问题做一些分析和研究。

一、比较教育价值问题研究的理论意义①

比较教育缘何而生？比较教育缘何而发展？比较教育与社会主体和个体主体之间到底是一个什么样的关系？比较教育的哪些属性和功效能够满足社会主体和个体主体的需要？一句话，比较教育有什么用？人们又是怎样理解和认识比较教育的这些作用的？把所有这些问题归结起来，就是一个比较教育的价值及价值论的问题。研究比较教育，首先就要认识和明确比较教育的价值。尽管比较教育的价值研究所涉及的问题是多方面的，但首先要回答的还是一个为什么要研究比较教育价值的问题。

事实上，在任何一门学科的研究中，价值及价值论问题的探讨都占据了十分重要的地位，并对整个学科的研究发挥着导向的作用。无论是在社会科学还是在自然科学的研究中，相关的价值问题都引起了人们的广泛关注和高度重视，并留下了诸多精辟的论述。如“正是一个人的目的才给了他视野”②，“只有通过承认比较教育研究中价值的存在，我们才能更好地认识和反思所从事的活动，从而达到一种学术自觉”③ 等等。研究比较教育的价值问题具有重要的理论和实践意义。在这里，我们从下面几个方面分析比较教育价值问题研究的理论意义。

（一）价值及价值论问题的研究关乎对比较教育自身的认识

世界是由什么组成的？人们又是怎样认识世界的？这是一个哲学的基本问

---

① 褚远辉，陈时见．比较教育价值问题研究的理论意义［J］．教育评论，2010（1）：12－15.

② ［德］卡尔·曼海姆．意识形态与乌托邦［M］．黎明，李书崇译．北京：商务印书馆，2002，173.

③ 生兆欣．论比较教育学术研究的价值涉性［J］．比较教育研究，2006（10）：27－31.

题。在这方面，西方一些哲学家关于“二重世界”以及“价值知识和事实知识”的划分为我们认识和解决这一问题提供了依据和启示。在西方近现代哲学发展史上，第一个将“事实”和“价值”加以区分的哲学家是休谟。他认为：“人们关于世界的认识可划分为两大领域，即‘事实的认识’和‘价值的认识’，首次在认识论上确立了价值理论的地位。”① 德国著名哲学家文德尔班也指出：“人类面临着二重世界，即‘事实的世界’和‘价值的世界’，也称‘现实’的世界和‘理论’的世界，与这两种世界相适应，产生了两种不同的知识，即事实的知识和价值的知识。”② 我们认为，二重世界以及在此基础上引出的事实知识和价值知识的划分一方面在客观上奠定了价值及价值论问题研究的地位和作用；另一方面，也为我们全面认识外部世界和人类社会提供了一种认识论和方法论的指导。

哲学上关于二重世界以及事实知识与价值知识的划分对我们认识比较教育自身也颇有启发。作为一门制度化的学科，比较教育主要是从国际教育的跨文化研究这一特殊的方面和视角来认识和反映教育的。根据事实认识和价值认识的划分，比较教育的整个理论和知识体系就应该包括两个方面的内容：一是有关比较教育“事实”的认识，这种认识主要回答的问题是“比较教育是什么”。它具体涉及比较教育的历史发展、研究对象、理论基础、理论流派、研究方法、理论体系、学科框架、发展趋势以及有关比较教育的名人名作等，这部分知识又被称为有关比较教育的事实陈述知识。一般来讲，这部分知识具有客观性和绝对性。另一方面就是有关比较教育“价值”的认识，它所要回答的就是为什么要开展比较教育研究，开展比较教育研究有什么用以及怎样开展比较教育研究等诸多问题。这部分知识既体现了社会的需要，又是与人的情感和意志等因素联系在一起的。它既有客观性，又有主观性；既有绝对性，又有相对性。同时，这两方面的认识和知识又是相互联系、有机统一和辩证发展的。由于比较教育研究的主体都是社会化了的个体或群体，他们总是要根据一定社会和个体的需要来开展比较教育研究，在此基础上生成的比较教育的观点、知识、理论、方法和体系等就难免带有一定社会的痕迹和个人的主观色彩，体现和反映了一定社会和个体的价值取向。从这个意义上讲，比较教育的事实知识和价值知识的划分也只具有相对性，纯粹的事实知识实际上并不存在。同时，在比较教育研究中，有关比较教育的价值认识还对比较教育的事实认识发挥着指引和导向的作用。在不同价值观及价值取向的影响和指导下，研究所得出的结论（或者是对结论的解释）就可能完全不同，由此得到的所谓的事实认识也就不可能是绝对的和唯一的。另一方面，有

① 王坤庆．教育哲学——一种哲学价值论视角的研究［M］．武汉：华中师范大学出版社，2006，165.

② 王坤庆．教育哲学——一种哲学价值论视角的研究［M］．武汉：华中师范大学出版社，2006，167.

关比较教育的事实认识又要对比较教育价值认识的形成和改变产生影响。通过比较教育的事实认识，人们又可以挖掘和发现比较教育新的属性和功效，并进一步认识到比较教育的属性和功效与客观主体需要之间的关系，从而形成新的价值认识和价值关系，并以此促进比较教育价值认识的新发展。因此，比较教育的价值认识与事实认识又是相互联系和相互促进的，通过比较教育的价值认识深刻了对比较教育事实的认识，比较教育新的事实认识反过来又生成了新的比较教育的价值认识，这两者共同构成了比较教育的整个知识和理论体系。两者之间的这种互动关系促进了比较教育整个理论体系的进步和发展。基于此，我们认为缺失了价值认识的比较教育的理论体系是残缺的，离开比较教育的价值知识和认识，我们也不可能对比较教育学科自身形成全面和清晰的理解和认识。

（二）价值及价值论问题的研究关乎比较教育发展的根本动力

作为一种社会实践活动，人类的教育比较活动源远流长。有人就提出，在原始社会，随着人类的产生，就产生了人类的教育，从此也就开始了人类教育比较活动的历史。只不过在这一时期由于受生产力发展水平极端低下和人类认识水平不高等诸多因素的局限，这时候的教育比较活动尚未有明确的目的，并且比较的内容贫乏，比较的水平很低。另外，作为一门制度化的学科，比较教育也有了近两百年的发展历史。其间需要我们搞清楚的一个问题就是比较教育的理论研究和实践探索活动为什么能一直延续下来，或者说在这个过程中推动比较教育发展的根本动力是什么。

比较教育发展的根本动力来源和存在于比较教育发展过程中的内部矛盾，而这种矛盾就其实质而言就是客观主体（包括世界、民族、国家、群体和个体等）对比较教育不断提出的新要求和新需要与比较教育自身发展水平之间的矛盾，比较教育的发展过程就是比较教育不断提高自身的发展水平，以适应和满足社会和个体主体不断提出的新要求的过程。从比较教育的发展历史来看，学术制度化的比较教育研究发端于民族国家建立近现代教育制度的需要以及不断变革和完善教育自身的需要。并且随着教育在经济和社会发展中的基础性、全局性和先导性地位的确立以及优先发展战略的实施，比较教育研究的重要性也愈益显露了出来。社会和经济的发展开始向比较教育研究提出了越来越多的新要求，也迫切需要比较教育从自身研究对象、研究方法、研究范式和理论解释框架等方面的改造入手，进一步加强自身的学科建设，以自身更多和更突出的有用性和功效性满足社会和个体主体的需要。如此，比较教育的价值就成了比较教育发展根本动力的内在依据和重要方面。因为道理再简单不过了，如果一门学科的研究是毫无意义和价值的（当然这里只是一个假设，事实上这种学科是不存在的），社会和个体主体就不会对这门学科产生需求，也就无所谓产生这门学科发展过程中的内部矛盾和根本动力了。相反，只有当一门学科的研究与客观主体（社会主体和个人主体）的需要发生联系，或者说，通过这门学科的研究能够在某些方面和某种程度上符合和满足个体和社会主体发展的主客观需要，研究这门学科对个体的发展和社会的进步是有用的时，人类社会（个体）才会有开展这项研究的愿望和动力。因此，对比较教育价值问题的研究关涉比较教育的社会需求和根本动力。

（三）价值及价值论问题的研究关乎比较教育学科体系的建设

比较教育自身的学科建设是比较教育这一学科建立、变革和发展过程中的一个带根本性的问题。回顾比较教育的发展历史，比较教育从产生到现在，就一直不断地受到来自内部和外部各个方面的广泛质疑，出现了诸如“‘生存危机’、‘身份危机’、‘学科同一性危机’和‘周期性危机’”①等争论以及比较教育到底是一门学科，还是一个研究领域，抑或是一种研究方法以及研究的新的思维方式等诘问。其实这些问题都是由比较教育自身学科建设的不成熟和不完善派生出来的。比较教育的学科建设无疑是一个十分复杂的系统工程，目前学术界对其具体内容和结构的认识也不尽相同。美国学者霍尔斯在《比较教育：当代的问题与趋势》一书中就把比较教育的学科体系划分为“比较研究、外国教育、国际教育和发展教育”②。尽管在这里霍尔斯并没有直接提出比较教育价值问题的研究，但其实无论是比较研究、外国教育、国际教育还是发展教育都涉及一个研究的价值取向和选择的问题。因为在不同价值观的指导下，对同一问题的研究就可能得出不同的甚至是完全相反的结论。当然，也有学者直接把价值论作为比较教育学科体系建设的一个重要方面。如有人就把比较教育的学科体系概括为由“比较教育研究的本体论、认识论、方法论和价值论等问题和范畴所构成”③。法国比较教育学者黎成魁也提出：“一门学科是由它的目的、概念和方法所界定的。”④澳大利亚比较教育学者特雷舍韦也认为：“倘若比较教育正在摆脱陈规旧俗的羁绊并仍在探寻一种新的体系，那么，确定明确的目的已经成为主要的问题，这是可以理解的。”⑤这里他所谓的目的实际上即为比较教育研究的价值或价值取向。基于这样的认识，我们认为价值及价值论问题就构成了比较教育学科体系的一个重要组成部分，任何比较教育的学者和学派在论述比较教育的学科体系建设时都

---

① 孔锴．关于比较教育三个基本问题的认识［J］．外国教育研究，2006（9）．

② C. F. W. D. Halls（Ed.）. Comparative Education：Contemporary Issues and Trends.

③ 朱旭东．民族国家教育知识与比较教育研究——比较教育学科体系的再思考［J］．比较教育研究，2007（3）．

④［法］黎成魁．比较教育［A］．赵中建，顾建民．比较教育的理论与方法——国外比较教育文选［C］．北京：人民教育出版社，1994.

⑤［澳］特雷舍韦．比较教育的目的［A］．赵中建，顾建民．比较教育的理论与方法——国外比较教育文选［C］．北京：人民教育出版社，1994.

难以回避比较教育的价值问题。其实，比较教育的价值问题与比较教育的学科建设两者之间存在着内在的联系。一方面，研究价值及价值论问题有助于从根本上加强比较教育自身的学科建设；另一方面，加强比较教育的学科建设又有助于进一步认识和实现比较教育的价值；或者说，加强学科建设是比较教育价值实现的一个重要条件、途径和形式等。

（四）价值及价值论问题的研究关乎比较教育学科凝聚力的增强

比较教育独立学科身份受到质疑的一个证据就是比较教育自身的学科凝聚力不强。对于这一点，已故的美国知名比较教育学者凯利（G. P. Kelly）作了深刻的描述，他在对截至20世纪90年代初比较教育学科领域的认识演进历程作了回顾后写道："该领域多年来要么在其研究方法上要么在指导研究的理论构造上寻求对其自身的界定，并且多年来它始终未能形成一个公认的定义、方法或理论。比较教育依旧是一个难于界定的学科领域，它的各种理解参数是模糊的。……这一领域没有中心——相反，它是一个各种跨学科研究的混合物，充满着一批不同的理论框架。该领域中的争论可能会随着时间的推移、教育实践与需要的变化而更换，信奉于特定理论、社会制度或改革的责任感会自行地去证明其正确或不正确。该领域未能解决有关文化、方法和理论的各种争论，这一事实也许是一种优点而不是缺点，它有助于该领域产生活力以及它持续地成长。"① 国内也有学者指出："比较教育给人留下的印象是，比较教育家们都研究各自感兴趣的外国的教育，除此之外很难找到共同点。"②

如此，在比较教育学科建设中就有一个如何增强学科凝聚力的问题，而解决这一问题的关键就是要为比较教育寻找到一个理论的基石。并通过这个理论基石，把比较教育的各个概念、范畴和理论联结起来，最终构成一个富有逻辑性并具有实践指导作用和理论解释力的比较教育的学科体系。显然，这一关键问题早就引起了比较教育学者们的关注和重视。不同历史时期的比较教育学者们也对此进行了不同路径的探讨。早在19世纪末20世纪初，萨德勒、康德尔和汉斯等人就试图以"民族性"和"民族主义"作为比较教育学的理论基础。如康德尔就指出："除非比较教育寻求发现作为教育制度基础的民族主义的意义，否则就毫无意义。"③ 也有的学者提出以文化作为比较教育理论体系的基石，并设想通过文化把比较教育的基本概念、原理和范畴联结起来。如："比较教育学家就不得不占领一个能让他们看到全景的'中心地带'（middleground），这个能够看到全

---

① G. P. Kelly. Debates and Trends in Comparative Education [A//C]. Robert F. Amove, et al (eds.). Emergent Issues in Education [M]. Albany: State University of New York Press. 1992: 14, 21 - 22.

② 顾明远，薛理银．比较教育导论——教育与国家发展［M］．北京：人民教育出版社，1999，28.

③ 王承绪．比较教育学史［M］．北京：人民教育出版社，1999，75.

景的‘中心地带’显然只能是‘文化’，只有站在‘文化’的视角上，比较教育学者才有可能把比较教育学全部的研究对象都尽收眼底。”① 又如：“把‘文化’作为比较教育学的理论基础，以促使比较教育向整体、系统的方向发展，这是近几年来比较教育学者努力的一个方向。”② 项贤明教授也指出：“对比较教育学来说，‘文化’意味着我们应该以此为基础来建立一个同一的比较教育学理论基础，并由此而建构成比较教育学的‘学科同一性’。”③ 王长纯教授则提出要以中国传统哲学作为比较教育学的理论基石，从而构建起“和而不同”的比较教育的理论体系。如此等等，不一而足。应该讲，所有这些都对比较教育体系的理论基石问题进行了有益的探讨。在这里，我们提出价值及价值观是构成比较教育理论的基石。之所以提出这样的观点，主要是基于以下认识：一是价值及价值论是比较教育这一学科最上位的一个概念，比较教育的其他概念和范畴都是在此基础上生发和引申出来的，它在客观上发挥着对比较教育的其他概念和范畴的统整作用；二是价值及价值论是比较教育这一学科得以产生和发展的内在依据，也是比较教育研究的最终归宿，出发点和落脚点的双重属性使价值及价值论问题在比较教育学科体系中占有十分特殊的地位。因此，比较教育的价值及价值论就应该成为比较教育学科的理论基石和逻辑起点，加强比较教育价值及价值论的研究无疑有助于增强比较教育学科的凝聚力。如有人就认为：“在我们思考面向二十一世纪的比较教育时，我以为首先应该清楚比较教育的价值和作用。因为这不仅是预测下一个世纪比较教育学科发展趋势的前提，而且还因为有不少人对比较教育学科认识不足或者抱有这样那样的偏见。从这个意义上讲，不在这个问题上取得共识，其他一切问题都难以得到很好的解决。”④

（五）价值及价值论问题的研究关乎比较教育自身理论体系的构建

从比较教育的历史发展中我们发现，比较教育学科建设比较薄弱的一个重要表现就是比较教育自身理论体系的构建能力不足，这导致人们往往借助于其他主流社会科学的理论来构建比较教育自身的理论，同时这也导致不同比较教育学者和流派的主张和观点往往存在着较大的差异，似乎在比较教育研究中只有分歧和争论，而无共识和一致。对比较教育自身理论构建能力不足的状况，有学者作了如下描述：“总是把比较教育的性质有意无意地界定为‘跨学科’，总是从其他

① W. D. Hall. Culture and Education：The Culturalist Approach to Comparative Studies［A//C］. Reginald Edwards，Brian Holmes，and John van de Graaff（eds.）. Conparative Education［M］. New Jersey：Unesco Institute for Education，1973，120.

② 陈时见，袁利平．比较教育学的范式与学科生长点［J］．比较教育研究，2007（3）：18.

③ 项贤明．比较教育学的文化逻辑［M］．哈尔滨：黑龙江教育出版社，2000，30.

④ 李守福．比较教育的价值及其实现［J］．比较教育研究，1996（2）：7－8.

学科中去寻找比较教育的理论支柱，总是从教育与社会的关系框架内来理解比较教育的基点。这种尝试直接导致两个不良后果：一是比较教育这门学科长期以来一直未能形成自己的理论体系，比较教育学科实际上由于无奈的‘折中’而变成了一个多学科的理论‘大杂烩’；二是由于过多地关注了诸如教育制度（并且基于它与社会政治、经济、文化的关系）、‘民族性’等主题的研究，大大忽视了对学校教育本身的‘过程研究’，这多多少少使比较教育陷入了‘缘木求鱼’的认识困境之中。”① 而探明比较教育的价值对改变这一状况具有重要的意义。首先，从宏观层面上看，比较教育的价值及价值论是衡量比较教育这一学科有无存在必要的根本标准和依据；其次，从比较教育自身理论体系的构建来看，比较教育的价值及价值论也发挥着至关重要的决定作用。因为有什么样的研究目的和价值取向，就决定了应该有什么样的研究内容、研究方法、研究范式、研究模式和理论体系等。一旦比较教育在研究的目的和价值取向方面发生了变化，比较教育的其他概念、范畴和体系也将发生相应的改变。从这个意义上讲，比较教育的目的和价值取向就构成了比较教育理论体系和学科解释框架的基石，它直接决定了比较教育其他概念、范畴和体系的内容与特点，由此也就直接决定了比较教育学科理论体系本身的构建。

总之，价值问题是比较教育研究的一个重大理论问题，研究比较教育的价值和价值论具有多方面的理论意义和作用。

二、比较教育研究价值取向的几个特点

比较教育研究既是一个事实认识的过程，更是一个价值认识、选择和判断的过程。同时，比较教育研究的价值及取向又是该学科赖以产生和发展的内在依据和动力。基于这样的认识，比较教育研究的价值取向就不能不成为比较教育理论和实践的一个核心问题。因为它既关系到比较教育自身的学科建设，又直接决定比较教育研究功能的实现程度等诸多问题。尽管比较教育价值取向的研究涉及的问题很多，但其中很重要的一个方面就是认识比较教育价值取向的特点，并以此为基础揭示其本质和规律，为比较教育的学科建设及其作用和功能的充分发挥服务。从历史发展的角度来看，比较教育研究的价值取向主要呈现出了以下几个方面的特点。

（一）价值取向问题的研究从来就是比较教育的一个重要主题

为什么要开展比较教育研究？开展比较教育研究到底有什么用？开展比较教

① 方展画．国外比较教育学科建设及其研究方法论的演变［J］．比较教育研究，1998（4）：12.

育研究到底应该解决哪些问题和能够解决什么样的问题？所有这些都是从事比较教育研究首先要回答的问题，而这些问题实际上就涉及比较教育研究的价值及其取向问题。纵观比较教育学的整个发展历史，不同历史时期和不同国家的比较教育学者们大都比较关注这一问题，其中不少学者更是把该问题作为其比较教育研究的一个重要的主题和稳定的内容。尽管他们在研究这一问题时所使用的具体名称有差异（如有的用“比较教育研究的目的”、有的用“比较教育研究的功能”、有的用“比较教育研究的作用和意义”等），但共同的一点就是他们都十分强调研究比较教育的价值以及选择比较教育价值取向的重要性和必要性。对研究该问题的重要性，比较教育的学术理论界一般是从以下两个方面来认识的：（1）比较教育研究的价值及取向是比较教育成为一门独立学科或研究领域的前提条件和内在的依据，通过它就把比较教育学与教育学的其他分支学科区别了开来；（2）比较教育的价值及取向是比较教育理论体系的基石，是构建比较教育学科体系的一条主线。提出这个观点的主要依据如下：首先，从比较教育学科建设的具体内容来看，它主要涉及比较教育研究的价值、对象、方法、术语、人员和领域等诸多问题，而其中最上位的问题还是比较教育研究的价值及取向。正如著名哲学家陆宰（R. H. Lotz）所指出的“只有价值领域才是一切的目的”①。澳大利亚著名比较教育学者特雷舍韦（Trethewey，A. R.）也指出：“倘若比较教育正在摆脱陈规旧俗的羁绊并仍在探寻一种新的体系，那么，确立明确的目的已经成为主要的问题，这是可以理解的。”② 其次，在处理比较教育研究的价值及取向与比较教育研究其他方面范畴（尤其是比较教育研究的技术、方法和途径等）的关系时，大多数比较教育学者都主张，比较教育研究的目的和价值取向决定了研究所采用的途径、方法、程序和步骤等，因为方法和手段等技术层面上的东西完全是为达到研究的目的和价值取向服务的；有什么样的研究目的和价值取向，就要求有与之相适应的方法体系和技术手段等。如康德尔（Issac Kandel）就认为，对各国教育制度进行比较研究可以采用多种方法，这首先取决于研究的目的。埃德蒙·金（Edmund J. King）也主张研究的方法应视研究的目的和问题而定。如此等等。这样，价值认识问题的基础性和重要性决定了它必然成为比较教育研究的一个重要而稳定的范畴。

（二）教育借鉴是比较教育研究最基本的价值取向

比较教育直接产生于世界各国教育之间的交流、学习与借鉴，并且相互交流和借鉴贯穿于比较教育的始终，并成为这一学科存在和发展的根本动力。我们甚

---

① 王坤庆．现代教育哲学［M］．武汉：华中师范大学出版社，1996.

② ［澳］特雷舍韦．比较教育的目的［A］．赵中建，顾建民．比较教育的理论与方法——国外比较教育文选［C］．北京：人民教育出版社，1994，12.

至可以这样讲，一部比较教育的发展历史，就是世界各国在文化和教育等方面相互学习、相互借鉴的过程。这一点我们可以从比较教育的发展历史中找到有力的依据。如在比较教育发展的史前期，这一时期被认为是比较教育研究的萌芽阶段，而这一时期的比较教育研究与战争和旅行有着直接的关系。国家之间的战争和一些政治家、旅行家和学者们的周游活动为了解、描述和介绍别国的政治、经济、文化以及教育的状况提供了客观的可能性，这也为各国教育之间的相互比较奠定了初步的基础。而对别国教育具体做法和经验的介绍以及与本国教育的初步比较，除了好奇外，其主要的目的就是借鉴并用以改进本国的教育。到了19世纪，比较教育进入了学科初创的阶段。这一时期的比较教育研究更是以“教育借鉴”为其鲜明的特征。马克—安托万·朱利安（Marc - Antoine Julian）、维克多·库森（Victor Cousin）、霍勒斯·曼（Horace Mann）和巴纳德（Henry Barnard）等人都是其中的典型代表。他们关注的主要问题就是如何学习和引进国外先进的教育制度和经验，他们从事比较教育研究的出发点和最终的归宿都落脚到如何通过移植和借鉴他国优秀的教育制度和经验，以建立本国的近现代教育制度。到了20世纪初期，比较教育研究进入了所谓的“因素分析”的时代。在这一时期涌现出了许多著名的比较教育学家，如迈克尔·萨德勒（M. Sadler）、艾萨克·康德尔（Issac Kandel）和尼古拉斯·汉斯（Nicholas Hans）等。他们感兴趣并着重研究的一个问题是民族国家教育制度建立的社会基础和社会背景。在他们的研究中十分强调把这个国家的教育制度与其具体的政治、经济、历史、文化、传统、民族、自然条件和社会状况等联系在一起，并从“民族性”和“民族主义”的视角分析影响和制约各国教育制度的各种内外因素。通过这个研究过程，他们认识到教育制度以及教育借鉴本身的复杂性，因而反对对外国教育制度的照抄照搬和简单移植。尽管如此，在他们心目中暗含的研究目标还是在于教育借鉴上。他们之所以采用“因素分析的方法”，其目的还是为了通过这种方法来提高和保证教育借鉴的科学性和有效性，就其实质而言主要还是为了更好地促进教育借鉴。到了第二次世界大战后，比较教育研究进入了所谓的“社会科学方法”阶段。这一时期的比较教育学家大多热衷于为比较教育寻找独特的和实证的研究方法，试图为比较教育独立学科地位的建立奠定方法论的基础，并以此摆脱比较教育的身份危机。虽然从表面上看，这一时期比较教育研究的重点和中心在于寻找新的研究方法并构建方法论体系，但实际上大家关心的还是教育借鉴。只是保证教育借鉴科学性和有效性的途径和手段发生了较大的改变，那就是试图从方法论构建和完善的角度来实现这一价值取向和目的。在这一时期，随着自然科学的发展，自然科学的一些研究方法也开始被引进到比较教育研究的领域，尤其是自然科学量化分析和实证研究的方法论特点对比较教育的研究产生了很大的影响和启示。这一时期出现了诸如贝雷迪（George Z. F. Bereday）的“比较四步法”、诺亚（H. J. Noah）和埃克斯坦（M. A. Eckstein）的“验证假说的程序和方法”、霍姆斯（Brian Holmes）的“问题法”以及埃德蒙·金的“比较研究的生态背景”和“比较研究的理论框架”等都是对比较教育研究方法问题探讨的代表。这时的比较教育学家都把注意力转移到为比较教育学寻找科学的研究方法上，出现了“方法论过度”的学科发展特点。但其实在方法论研究繁荣的背后隐藏的价值取向还是在于教育借鉴上。只是与前几个阶段不同的是，他们是在为比较教育研究中的教育借鉴提供科学方法论的基础。

通过以上简单回顾，我们发现，教育借鉴的价值取向贯穿了比较教育学发展的始终，教育借鉴使比较教育具有了自己独特的学科功能和作用，它把比较教育与其他教育学科区别了开来，为比较教育赢得了独立学科和研究领域的地位；同时，教育借鉴又充分体现了比较教育的跨国家、跨学科、跨文化的学科性质和实践性很强的学科特点。也正是基于教育借鉴在比较教育研究中的特殊意义和价值，我国比较教育学者冯增俊教授干脆就以“借鉴”作为比较教育发展阶段划分的标准，并由此把比较教育的历史分期划分为三个阶段：“整个19世纪为‘形式借鉴时期’或曰‘全盘借鉴阶段’；20世纪上半叶为‘经验借鉴时期’；第二次世界大战后，特别是60—70年代后，进入了‘理性借鉴时期’。”① 而且他还把中国比较教育学的发展历程划分为“移植借鉴中崛起的中国比较教育学；经验借鉴中转型的中国比较教育学和理性借鉴中创建的中国比较教育学科体系”。② 当然，在当代，以教育借鉴为基本价值取向的比较教育研究也在悄然发生改变，比较教育研究在教育信息输出、达成国际教育理解和培育国际主义精神等方面的作用和价值取向在逐渐增强。尽管如此，以教育借鉴为本的价值取向并没有发生根本性的改变。

（三）从整体上确立了比较教育研究的二元价值取向

在比较教育研究的价值取向这一问题上，还有一种现象值得我们注意和重视：在比较教育学的研究过程中，绝大多数比较教育学家都坚持比较教育的研究具有理论探索和实践应用双重价值取向。他们普遍认为，由于比较教育本身学科的性质和特点就是理论性和实践性相结合和统一。与此相对应，在比较教育的研究中就应该体现学术理论性和实用性的价值取向。就前者而言，主要就是指通过比较教育的研究生产出新的教育知识、观点和理论，揭示出教育的本质和规律。一方面，为人类的知识宝库增添新的内容和要素；另一方面也为教育学及其他分支学科的发展提供知识基础和研究的资料；同时，也为比较教育学自身的发展奠

---

① 冯增俊．比较教育学［M］．南京：江苏教育出版社，1996，28.

② 马早明，冯增俊．改革开放以来中国比较教育学的发展与转型［J］．教育研究，2009（6）：3－4.

定学科和理论的基础。而通过后者，就是要充分发挥比较教育研究的应用性和实践性功能，为制定教育政策和促进本国教育的改革和发展服务，为世界教育的改革和发展服务，并以此作为推动整个世界经济和社会发展以及促进人类文明进步的强大动力和力量。在如何处理好这两者的关系方面，绝大多数比较教育学家都赞同这样的观点：（1）比较教育既是一门理论性的学科，更是一门实践应用性的学科，比较教育的研究应该以实践应用性为主。如大多数比较教育学家就认为，一方面，比较教育研究的实用性价值是第一位，但另一方面比较教育研究实用性价值的发挥又是建立在其认识性和理论性价值实现的基础上，当然从总体上看它的理论性价值是为其实用性价值的实现服务的。（2）要把比较教育研究中的实践性价值和理论性价值有机地结合起来，而不是把这两者对立起来。如西班牙比较教育学家何塞·加里多（Jose Luis Garcia Garrido）就对在这个问题上的二元对立和非此即彼的思维方式进行了批评。他指出："虽然难以找到绝对只谈理论的比较教育家，但事实上存在着一种不容置疑的倾向，特别是在欧洲大陆的一些作者和机构之中，他们过分强调我们学科的理论方面，而忘记这门学科的可能的和重要的应用性。但是，也存在相反的倾向，这种倾向同样包含着危险，急于把比较知识应用于行动，可能会对而且已经多次地对比较教育学科产生了副作用。……无论多么有用的学科，如果不注意不断地提高和建立自己的核心理论，它就不能得到完善，甚至不能生存下去。"① 我国比较教育学者顾明远和薛理银把比较教育研究的目的和价值取向归纳为三个方面："科学知识的目的、人文知识的目的和教育决策的目的。科学知识和人文知识是教育决策的基础，教育实践是科学知识与人文知识的源泉。"②

他们在这里所谓的"三大目的"实际上也可概括为"两大价值取向"：知识（理论性和认知性）的价值取向和实用性的价值取向。另外，也有人根据研究价值取向的不同，把比较教育学划分为三种形态："（1）作为学术形态的比较教育学；（2）作为改革政策的比较教育学；（3）作为实践技术的比较教育学。"③ 但后两种形态在研究的价值取向上实际上是一致的，即强调比较教育研究的实用性和实践性。

总之，尽管各国比较教育学者关于比较教育价值取向的观点是有差异的，但这种差异主要体现在具体内容和数量上的不同，在其实质上却是惊人的一致，即认为比较教育研究具有理论性和实践性双重价值取向。

---

① ［西班牙］何塞·加里多著，万秀兰 译，朱伦 校．比较教育概论［M］．北京：人民教育出版社，2001，77－78.

② 顾明远，薛理银．比较教育导论——教育与国家发展［M］．北京：人民教育出版社，1998，30.

③ 朱成科．真实的"虚幻"与虚幻的"真实"——论教育改革中中国比较教育学的学科边界、价值定位与实践尺度［J］．外国教育研究，2005（5）：2.

（四）比较教育研究价值取向的新拓展

在当代社会，在全球化和国际化的大背景下，比较教育学科发展的社会和教育大背景已经发生了巨大而深刻的变化。随着社会和教育对比较教育的影响、需要以及要求等方面的改变，比较教育自身的概念、范畴和理论体系也在悄然发生变化。就其中的比较教育研究的价值取向而言，这种变化主要表现为在整体二元价值取向的基础上，比较教育研究的具体价值取向开始走向多元化，具体的价值取向领域在不断被拓展。如在传统教育借鉴价值取向的基础上，有的学者就提出“解释和理解”是比较教育研究的新的价值取向。认为：“阐释或理解一种教育，是比较教育的重要价值取向。作为阐释或理解教育的工具，比较教育通过对象化的描述和研究揭示其内表特征，向人们提供一个可对比的、反识的参照系，目的在于帮助认识本国的教育或他国的教育。”[①] 另外，张璠和马慧在《解释学视角下的比较教育目的论》，李磊在《比较教育的“理解”功能的再思考》等文章中就对比较教育研究的理解和解释的价值取向进行了比较具体和深入的分析。还有人提出“从借鉴到理解，是比较教育功能的时代转换”[②] 等观点。也有的学者把“教育审美”也作为比较教育研究新的价值取向。[③] 有的学者指出，比较教育研究的价值取向经历了“从翻译到理解，从理解到建构，从建构到创造的过程”。[④] 如此等等，不一而足。这种状况实际上是比较教育研究理论性和实践性双重价值取向研究的具体化和深化，它反映了人们对比较教育研究价值取向的认识越来越深入。

（五）比较教育研究的价值取向开始由宏观走向中观和微观，直接指向学校里的教育过程和教育教学质量的提高

从比较教育学的产生来看，它主要起源于在资本主义社会的早期，由引进和借鉴国外先进的教育制度并构建本国的近现代教育制度这一客观的需要而产生。因此，在比较教育研究的初期，它关注的主要都是国家层面和制度层面上的教育问题，更多地属于一种教育的宏观研究。当然，这种研究也带来了一些负面的结果。如有人就指出：“其结果是比较教育学过分重视研究教育与政治、经济、文化的联系，重视学校教育的政治、社会和经济效果，而在很大程度上忽视了教育内部，尤其是学校和教与学的方法的研究，忽视了教育过程和认知结果的研究，

---

① 吴忠魁．论比较教育的价值取向［J］．比较教育研究（所庆专刊），1995.

② 彭虹斌．比较教育功能的时代转换：从借鉴到理解［J］．比较教育研究，2007（3）：29－32.

③ 吴忠魁．论比较教育的价值取向［J］．比较教育研究（所庆专刊），1995.

④ 李文英，程绍仁．比较教育：从建构走向创新——比较教育学科建设研讨会纪要［J］．比较教育研究，2007（11）：3.

从而导致了对教育过程和教育结果的忽视。”① 这样的研究状况和特点持续了很长一段时间，影响了比较教育研究价值（尤其是在改善教与学的方式以及提高学校教育教学质量方面的价值）的充分发挥。一些比较教育学家意识到了这一问题，并对这种现象进行了批评和修正。如美国著名比较教育学家凯利和阿尔特巴赫（Altbbach G.）在《比较教育：挑战与应战》一文中就指出：“比较教育直到最近仍然是这样一个领域：主要注重教育和发展的问题、教育规划、单一国家条件下的学校教育的结果，以及注重对教育制度与问题的一系列描述性分析和讨论。大多数研究都充塞着结构功能主义，或者基本上是非理论性的和描述性的。很少有试图理解学校在教什么和把教育过程同教育结果联系起来的定性研究发表在该领域的杂志上。过去十年里，这一领域已受到挑战，要求它研究迄今还忽视的一些课题。”② 到了20世纪70、80年代，这种情况发生了较大的改变。教育的微观问题，尤其是有关学校具体教与学的过程和方法以及学校教学质量的提高等问题开始进入了比较教育学研究的视野。如“从70年代起，比较教育学研究就开始在某种程度上从完全注重学校教育的社会、经济和政治效果转向关注学校教育的认知效果及教育的效益。到了80年代，比较教育学更多地注重学校教育本身，开始了对课程、语言使用和选择、教科书、教师和考试的研究”③。这一趋势和特点实际上是比较教育实用研究价值取向的进一步延伸和具体化，这也可谓比较教育研究实用价值的进一步拓展和丰富。

以上我们结合比较教育学的历史发展，分析了比较教育研究价值取向的几个特点和趋势。探讨比较教育研究价值取向的特点和趋势，有助于我们认识比较教育研究价值取向的本质和规律，也有助于比较教育研究价值的充分发挥与实现。

三、比较教育价值取向的发展与演变

尽管比较教育研究涉及的问题是多方面的，但首先要回答的还是“为什么要开展比较教育研究”、“开展比较教育研究有什么用”以及“开展比较教育研究到底能够解决哪些方面的问题”等等。把这些问题归结起来，实际上就构成了比较教育研究的价值及取向。在比较教育发展的不同阶段，有关比较教育价值取向的思想和主张是各不相同的，明显地呈现出了阶段性的特点。这既反映了当时社会政治、经济和教育的改革发展对比较教育研究的不同需求，同时也是比较教育自身价值取向逻辑发展的必然结果。研究比较教育价值取向的发展演变，有助于

---

① 卢晓中．比较教育学［M］．北京：人民教育出版社，2005，310.

② ［美］凯利，阿尔特巴赫．比较教育：挑战与应战［A］．赵中建，顾建民．比较教育的理论与方法——国外比较教育文选［C］．北京：人民教育出版社，1994，342.

③ G. P. 凯利，郑桂泉．比较教育学的论争与趋势［J］．比较教育研究，1992（5）．

我们认识比较教育发展的阶段特征和研究的根本目的，并为比较教育的学科独立身份寻找依据和证明。在这里，我们主要是以时间为线索，并根据比较教育研究的主要目的和内容等，把比较教育研究的价值取向划分为以下五个阶段，并研究在每一阶段比较教育价值取向的主要内容和特点等。

（一）第一阶段：“教育借鉴”的价值取向阶段

在比较教育发展史上，最早关于比较教育价值取向的思想就是“教育借鉴论”。早期的比较教育学家大都持这种观点，他们认为开展比较教育研究最重要和最基本的价值取向就在于“教育借鉴”上，即借鉴其他国家和地区先进的教育制度、经验和做法等，以改进本国的教育。在比较教育发展的早期，主张“教育借鉴”价值取向的比较教育学家主要有朱利安、库森、霍勒斯·曼和巴纳德等人，代表性的著作和论文有朱利安的《比较教育的研究计划和初步意见》，库森的《关于德意志各邦，特别是普鲁士公共教育状况的报告》、《1831 年间普鲁士王国中等教育状况》和《论普鲁士王国的中等教育》以及霍勒斯·曼发表在第七年报中的研究报告和巴纳德的《德国的学校和教师》、《欧洲国家的教育》和《英国教育》等。在这些论文和论著中，他们都提出了教育借鉴的主张。如库森就说道：“我研究的是普鲁士，而我思考的始终是法兰西。”霍勒斯·曼也认为：“我毫不犹豫地认为国外的许多东西值得我们国内效仿。”在整个 19 世纪，教育借鉴在比较教育研究诸多价值取向中占据了主导的地位，直到现在教育借鉴仍然是开展比较教育研究最基本和最重要的价值取向之一。在这一点上国内也有学者指出：“从 19 世纪学科萌芽时期起，就提出比较教育研究的目的在于借鉴他国的教育经验，改进本国的教学实践。这个目的一直延续至今。……尽管如此，借鉴外国教育经验，仍然是现阶段比较教育研究的主要目的。”① 也有学者指出：“比较教育学的主要目的是教育借鉴，即借鉴发达国家教育发展经验，立足于服务本国教育实践。”② 等等。

由于过于强调教育借鉴，在这一时期的比较教育研究中存在着全盘引进和简单移植的倾向，但与此同时也有不少比较教育学家认识到学习和借鉴别国的教育制度和实践要与本国教育的实际结合起来。如库森就研究了教育借鉴的两个重要前提，霍勒斯·曼也提出了“有限度借鉴”的思想，等等。

（二）第二阶段：“因素与力量”的价值取向阶段

到了 19 世纪末 20 世纪初，“因素与力量”开始成为当时比较教育研究最重

① 吴文侃，杨汉清．比较教育学（修订本）［M］．北京：人民教育出版社，1999，4.

② 商秀梅，陈时见．中国大陆比较教育学科体系研究的内容分析［J］．比较教育研究，2008（2）：40－44.

要的价值取向。所谓“因素与力量”的价值取向实质上是教育借鉴价值取向的延伸和深化。持这种观点的比较教育学家认为，开展比较教育研究的主要价值取向就在于寻找影响和制约一个国家教育制度的各种因素与力量，即探讨形成一个国家教育制度的社会、政治、经济、文化、民族、宗教和自然的基础。他们开展比较教育研究最显著的一个特点就是从“民族性”和“民族主义”的分析视角出发研究一个国家的教育制度。应该说，这种以“因素与力量”为主导价值取向的研究一方面为教育借鉴提供了进一步的理论依据；另一方面也在一定程度上促进了教育借鉴本身的科学性和有效性。20 世纪初期是“因素与力量”价值取向十分盛行的时期。持这种观点的著名比较教育学家主要有萨德勒、康德尔、汉斯和施奈德等人。代表性的著作和论文有：萨得勒的《我们从对别国教育制度研究中究竟能学到什么有实际价值的东西?》，康德尔的《比较教育》（1955 年改名为《教育的新时代：比较研究》），汉斯的《比较教育：教育的因素和传统研究》以及施奈德的《各国国民教育的动力》等。如萨得勒就认为，“在研究外国教育制度时，我们不应忘记校外的事情比校内的事情更重要，并且制约和说明校内的事情。我们不能随便漫步于世界教育制度之林，犹如一个小孩逛花园一样，不时地从一堆灌木丛中摘下一朵花，从另一棵树上采一些树丫，并期望如果我们将这些采集的东西移植到本国的国土上，我们就能拥有一棵茂盛的大树。”① 康德尔则说道：“比较研究首先要求理解形成教育的无形的、不可捉摸的精神和文化力量，这些校外的力量和因素比校内事务更重要。……为了理解、体会和评价一个国家教育制度的真正意义，有必要了解该国的历史与传统、统治其社会组织的力量与态度，决定其发展的政治与经济条件。”② 而汉斯则直接把影响教育制度的因素划分为“自然因素（种族因素、语言因素、地理和经济因素）、宗教因素（天主教传统、英国国教传统、清教徒传统）和世俗因素（人文主义、社会主义、民族主义、民主主义）”等三大类。③ 这些思想和观点充分体现了这时比较教育研究中的“因素与力量”的价值取向。

如果说教育借鉴时期的比较教育着重研究的是“为什么要进行教育借鉴”，那么，“因素与力量”时期的比较教育则把研究的重心放在了“怎样进行教育借鉴”以及探寻教育借鉴的科学依据和基础等方面上。

（三）第三阶段：“社会科学方法”的价值取向阶段

到了 20 世纪 50 年代，比较教育研究进入了所谓“社会科学方法”的时代，

① Sadler, M. E.. How Far Can We Learn Anything of Practical Value from the Study of Foreign Systems of Education Comparative Education Review, February 1964.

② Kandel. Comparative Education [M]. London: Greenwood Press Publishers, 1933, 19.

③ 王承绪. 比较教育学史 [M]. 北京：人民教育出版社，1999, 91.

在这一时期比较教育研究的主要价值取向已经由“教育借鉴”和“因素与力量”转变为构建比较教育研究的方法论。此时比较教育研究的一个显著特点是通过借鉴和移植自然科学等学科的研究方法，借此寻找和构建比较教育独特的研究方法，并试图通过研究方法的发展和完善来提高比较教育学科的科学化水平，进而以此为基础奠定比较教育的独立学科身份和地位。持这种观点的比较教育学家主要有贝雷迪、诺亚、埃克斯坦、霍姆斯和埃德蒙·金等人。代表性的著作、论文和观点主要有贝雷迪在《教育中的比较法》中提出的“比较四步法”，诺亚和埃克斯坦在《比较教育科学的探索》中提出的“科学与量化”的方法，霍姆斯在《教育问题：一种比较的方法》、《教育的比较方法》和《比较教育：对方法的思考》等著作中提出的“问题法”以及埃德蒙·金在《别国的学校和我们的学校：今日比较教育》中提出的“比较研究的理论框架”，等等。在这些比较教育学家的研究中，非常共同的一点就是从比较教育研究方法的科学化和独特化这一特殊的视角出发来寻找比较教育作为独立学科领域的理由和依据，由此也就把构建比较教育研究独特的方法论作为了他们研究的侧重点和主要的价值取向。

尽管从外在表现来看，这一时期比较教育研究的主要价值取向在于构建比较教育的方法论体系，但比较教育研究“社会科学方法”的价值取向与“教育借鉴”的价值取向两者之间仍存在着内在的关系。因为随着研究方法的完善和进步，比较教育研究的科学化水平得到了提高，而这实际也就为教育借鉴的科学性和有效性进一步奠定了学科和研究方法的基础。

（四）第四阶段：“教育决策和教育政策制定”的价值取向阶段

比“社会科学方法”价值取向稍晚一点的就是比较教育研究在教育改革、教育决策和教育政策制定等方面的功能得到了强化，相应的，比较教育研究在这些方面的价值取向开始显现了出来。持这种观点的比较教育学家们认为，比较教育研究的主要价值取向就是为制定教育政策和决策以及为教育的改革和发展服务。如“埃德蒙·金就强调教育的比较研究可以为教育决策作出贡献”,[①]“霍姆斯也认为通过比较研究，可以为教育决策者指明某项政策不可行或不明智”[②]。我国比较教育学家顾明远和薛理银也认为：“比较教育研究可以为教育的改革与发展作出贡献。在这里，我们从教育政策的制定、批评和辩护的角度来看比较教育的作用。”[③] 另外，教育决策和教育政策制定的价值取向总是与促进教育改革和发展的价值取向联系在一起的。因为通过比较教育研究制定出教育新政策和决策的过程，实际上就是一个促进教育不断改革和发展的过程。

---

① Edmund King. Comparative Studies and Educational Decision , London Methuen, 1968.

② 薛理银．问题法与比较教育——对布莱恩·霍姆斯的一次采访［J］．比较教育研究，1992（3）．

③ 顾明远，薛理银．比较教育导论——教育与国家发展［M］．北京：人民教育出版社，1998，30.

（五）第五阶段：多元化的价值取向阶段

在当代，比较教育研究的价值取向呈现出了多元化的发展特点。在坚持教育借鉴这一基本价值取向的基础上，在充分肯定比较教育研究以实践应用性为主导价值取向的过程中，随着社会需求的变化、比较教育自身的发展以及对比较教育价值取向本身认识的逐步深入，一些学者提出并阐释了比较教育研究的另外一些价值取向，概括起来主要有以下一些观点。

1. 重新解释和理解教育的价值取向

一些学者认为，比较教育的跨国性、跨学科性、跨文化性和跨民族性等学科性质和特点为重新认识和理解教育提供了一条新的有效途径。如特雷舍韦就认为，比较教育的第一个目的就是“研究别国的教育可以增进对本国教育的理解”[①]。国内也有一些学者认为：“阐释或理解一种教育，是比较教育的重要价值取向。作为阐释或理解教育的工具，比较教育通过对象化的描述和研究揭示其内表特征，向人们提供一个可对比的、反识的参照系，目的在于帮助认识本国的教育或他国的教育。”[②] 对比较教育研究的这一价值取向进行了分析和说明。

2. 促进国际相互交流、合作和理解的价值取向

与传统比较教育的民族主义和国家主义的价值取向相反，一些学者注意到了比较教育研究在促进国际相互交流、合作与理解中的作用。他们认为，比较教育的跨国性和跨民族性等学科性质也为国际交流合作以及进行国际理解教育和培育国际主义精神搭建了一个学科平台。早在20世纪初，康德尔就认为：“必须以那种新民族主义和国际主义精神来促进培养世界意识的教育。而且，比较教育学能够通过让各国人民以各自的方式来依靠教育制度对世界进步作出贡献，使他们理解将要通过各自的学校去实现的理想，并为国际意识的发展作出贡献。”[③] “阿诺夫和托雷斯则以科学、实用和全球理解的文化视角，阐述比较教育试图解释教育在民族国家建立与发展过程中的角色作用，其目的在于使比较教育对世界和平与正义作出贡献。”[④] 库伯和弗索姆也认为：“比较教育发展的历史包括旅行者记述、教育借鉴和国际合作等三个阶段，记述、借鉴和合作的目的是了解其他国家及其独特的教育制度，为在关于教育与社会关系、教育发展研究的实际应用和国

---

① ［澳］特雷舍韦．比较教育的目的［A］．赵中建，顾建民．比较教育的理论与方法——国外比较教育文选［C］．北京：人民教育出版社，1994，16.

② 吴忠魁．比较教育：文化思维的冲突与选择［J］．比较教育研究，1998（1）：1－4.

③ ［日］小林哲也．国际化社会与比较教育学［A］．赵中建，顾建民．比较教育的理论与方法——国外比较教育文选［C］．北京：人民教育出版社，1994，76－77.

④ R. F. Arnove. Reframing Comparative Education：The Dialectic of the Global and the Local［A//C］. New York：Comparative Education：The Dialectic of the Global and the Local［M］. Roman and Littlefield Publishers，1999.

际理解与合作等方面作出贡献。”① 等等。

3. 教育审美的价值取向

一些学者认为，比较教育研究还具有教育审美的价值取向。如有人就指出比较教育研究的目的在于“借鉴与交流，评价、选择与教育审美”②。也有人指出：“比较教育不仅具有为民族国家教育决策服务的工具性，而且在促进国际关系和谐的过程中具有立美和审美的功效，因而还具有审美性……比较教育的美来自民族国家内部教育关系的和谐和由比较教育所促进的国际关系的和谐。两种和谐，一内一外，同声相应、欣然契合。由之而产生的美，不仅有助于各民族国家的教育决策与发展，还有助于各民族国家的和平共处与人类进步。所以，比较教育审美是以民族国家的教育为审美对象，对比较教育所促进的国际关系的和谐进行欣赏和创造。” 等等。③

4. 学科构建的价值取向

还有学者认为，比较教育研究具有学科构建的价值取向。如从比较教育学与教育学的关系来看，比较教育学虽然是教育学的一门分支学科，它本身就是教育学不断综合和分化的产物。但作为一种研究教育的新学科、新方法、新领域、新论坛和新的思维方式，通过比较教育的研究又总会对教育科学的发展贡献出一些新的东西和元素，这也就使比较教育学反过来又对教育学科体系的构建发挥着十分重要的作用，尤其是在当代，教育科学体系中的不少新兴学科和边缘学科的产生，很多直接就是比较教育研究的结果和成果。这样，比较教育研究无疑又具有学科构建的价值取向。

5. 教育批判的价值取向

“比较”具有对比、确定优劣和寻找参照体系等诸多含义。这样，比较教育中的“比较性”就必然使“教育批判”成为比较教育研究的一个重要功能和特点。由此，有人就提出教育批判也应该成为比较教育研究的一个重要价值取向。如：“比较教育研究不仅是一种阐释活动，也是一种批判活动。这里的批判是指，人们根据一种应然的、理想的状况来分析现实状况的不足或缺陷。”④ 也有人直接以“比较教育与批判”为题分析了批判在比较教育目的和方法论发展中的作用，并构建了比较教育研究的四种批判模式：比较教育研究的对象批判模式；比较教育研究的立足点批判模式；比较教育研究的过程批判模式；比较教育研究的

① P. K. Kubow & P. R. Fossum. Comparative Education: Exploring Issues in International Context [M]. New Jersey: Pearson Education, Inc., Upper Saddle Rive, 2003.

② 吴忠魁．论比较教育的价值取向［J］．比较教育研究（所庆专刊），1995（10）．

③ 李剑．论比较教育的目的性与审美性［J］．比较教育研究，2005（3）：54.

④ 郑富兴，范增钰．比较教育研究与教育理论的中国原创［J］．比较教育研究，2005（10）：14－18.

结果批判模式。① 明确地提出了比较教育研究中的批判的价值取向。

总之，在不同的历史发展时期，比较教育研究价值取向的主要内容和特点是有差异的，比较教育的价值取向经历了一个发展和演变的过程。研究这一演变过程有助于我们认识比较教育价值取向本身，也有助于我们构建比较教育完整的价值结构和体系。

① 辛治洋．比较教育与批判［J］．西南师范大学学报（人文社会科学版），2002（6）：63－67.

后　记

把教学与研究结合起来，对于一名高校教师而言，这无疑是题中应有之义，高校教师应该而且必须搞研究，但并不是每个人搞研究都是发自内心并乐在其中的！

我本科、硕士和博士都就读于师范大学，在我身上有着浓郁的“师范情结”。我学的都是教育学专业（学校教育、课程与教学论和比较教育学），这更使我有可能进入师范教育的核心地带和领域。在学习和工作的过程中，我对思考教育问题、撰写教育科研论文产生了浓厚的兴趣。但一说起研究，就不能不从教学谈起了。

1991 年，我硕士研究生毕业后被分配到云南大理师专，主要担任师范专业“教育学”的教学工作。第一个学期，由于自己比较缺乏教育教学经验和技能，对教学工作的环节和程式也不熟悉，加之当时用的《教育学》教材对我来讲还比较陌生，我花费了大量的时间和精力在备课及熟悉教材内容上，当时感到上“教育学”课对自己来讲颇有挑战性：第二个学期，我又回过头来重新教这本《教育学》。由于是重复课，感到自己对教材内容有些熟悉了，教学相对来讲也轻松了；第三个学期，我还是来讲这本《教育学》。随着对教材内容的进一步熟悉和教学经验的丰富，我的教学也开始有了渐入佳境的感觉，这时的我感到当一名大学教师太轻松、太简单、太幸福了！因为大学教师没有更多的升学和学生管理的压力，并且上的大都是重复课。就这样，第四、第五、第六个学期……我还是在这本《教育学》的教学上周而复始地循环着。也不知是从什么时候开始，我逐渐对教学有了一丝厌倦感，认为自己翻来覆去，讲的都是同样的话，举的都是同样的案例，就好像自己的嘴巴一张开，这些话就自动冒了出来，根本就没有经过大脑的思考一样；再往后，这种感受越来越强烈，终于有一天感到自己再也不能这样教下去了！从内心里感到这种机械化、形式化和模式化严重的重复性劳动简直就是一种对自己的折磨和摧残！

这样的教学是搞不下去了，但教师职业还得继续。没办法，我只得穷则思变，只得在转变教学的思维方式上寻找工作和生存的新切入点。也正是在这个时候，我想到了教学改革和研究。其实，当时自己的想法也很单纯，主要就是为了证明自己。感到自己虽然很早就研究生毕业了，但如果没有什么像样的科研成果，是没有什么说服力的，也是得不到别人认可的。如此的话，自己的处境就会很尴尬。这样，也就是仅仅为了证明一下自己，我开始思考如何搞研究了。一开始，我的研究主要是一种“教学研究”，重点探讨的是教学内容、方法和手段等方面的改革。同时，我还注意把自己在教学过程中遇到的问题和困惑作为研究的课题，通过研究来解决这些问题，以此促进教学工作的顺利进行并达到提高教学质量的目的。在这个过程中，我对教学工作的感受在不知不觉中发生了改变。一方面，感到这种充满问题与研究意识和色彩的课堂教学不再是一种对自己的折磨，而成了自己的一种最好的享受；另一方面，随着研究成果陆续见诸于各种报纸杂志，自己也有了工作上的成就感和满足感，而这种积极的心理体验和感受反过来又成为了一种巨大的内驱力，促使自己更加全身心地投入到教学和研究中去。就这样，教学与研究之间的结合和良性互动，从根本上改变了我的工作方式、生活方式和生存的状态，使自己越来越喜欢教学工作，越来越热爱教师职业，也越来越体会到教学与研究相结合给自己带来的双重乐趣！同时，教学与研究的结合，促进了自身专业化的发展，也使自己取得了优秀的工作业绩。

总之，这些年的教学和研究经历给我体会最深的一点就是，教学的性质和特点很容易使教师在工作过程中养成一种教学的惯性和惰性。作为一名教师，一定要以研究和探索的态度和方式来对待教学工作。当然，这里所谓的研究不是指狭义的研究，而是指一种广义的研究；不只是指一种外在的技术手段和过程，更主要地还在于一种内在的思想意识和观念；不仅仅是指专家、学者和专业人员的研究，而主要是指一种人人都能搞、都会搞的研究。研究型的教学不仅拓展了教学的广度和深度，从深层次上提升了教学的质量和有效性，而且使教师的教学充满了创造性和情趣。而一个真正从事具有创造性质和特点工作的人，是无所谓心理疲惫和职业倦怠的，因为他可以从中获得极大的心理满足。以研究与探索的态度和方式来对待教学工作，给教师带来的是无穷的魅力和乐趣！

《当代教育问题新视点》这本书记录了这些年我从事教育科研的过程和结果，它既是我研究和思考的一个总结和概括，又是我今后进一步学习、研究和思考的出发点和立足点。

著　者

2011 年春节于大理学院

图书在版编目（CIP）数据

当代教育问题新视点/褚远辉著．—昆明：云南大学出版社，2011

ISBN 978-7-5482-0504-3

Ⅰ．①当…　Ⅱ．①褚…　Ⅲ．①教育—文集　Ⅳ．①G4-53

中国版本图书馆 CIP 数据核字（2011）第 124869 号

当代教育问题新视点

褚远辉　著

策划编辑：邓立木
责任编辑：冯　峨　邓立木
装帧设计：猎鹰创想 | 书籍设计
出版发行：云南大学出版社
印　　装：昆明卓林包装印刷有限公司
开　　本：787mm×1092mm　1/16
印　　张：14.625
字　　数：285 千
版　　次：2011 年 8 月第 1 版
印　　次：2011 年 8 月第 1 次印刷
书　　号：ISBN 978-7-5482-0504-3
定　　价：38.00 元

地　　址：昆明市翠湖北路 2 号云南大学英华园内
邮　　编：650091
发行电话：5033244　5031071
网　　址：http://www.ynup.com
E-mail：market@ynup.com

图书在版编目（CIP）数据